混合动力汽车构造、原理与检修

主　编　赵振宁

主　审　李春明

北京理工大学出版社

BEIJING INSTITUTE OF TECHNOLOGY PRESS

内 容 提 要

本书共分 13 章，第一章绪论叙述混合动力系统省油原因和国内外混合动力汽车的发展；第二章叙述混合动力技术的类型和具体结构；第三章叙述混合动力汽车高压安全技术；第四章叙述混合动力汽车的发动机技术；第五章叙述电机驱动系统的原理与检修；第六章叙述电机驱动系统传感器的原理与检修；第七章叙述 DC/DC 转换器的结构、工作原理与检修；第八章叙述变速驱动桥电控系统的检修；第九章讲解线控制动系统的工作原理和检修；第十章讲解电动汽车空调系统；第十一章讲解丰田普锐斯混合动力系统的检修；第十二章讲解奥迪 Q5 混合动力汽车的元件、结构和功能；第十三章介绍大众混合动力汽车的元件、结构和功能。

图书在版编目（CIP）数据

混合动力汽车构造、原理与检修/赵振宁主编 . —北京：北京理工大学出版社，2021.1 重印

ISBN 978 – 7 – 5682 – 0074 – 5

Ⅰ.①混…　Ⅱ.①赵…　Ⅲ.①混合动力汽车 – 构造 ②混合动力汽车 – 车辆修理　Ⅳ.①U469.7

中国版本图书馆 CIP 数据核字（2015）第 040967 号

出版发行 /	北京理工大学出版社有限责任公司	
社　　址 /	北京市海淀区中关村南大街 5 号	
邮　　编 /	100081	
电　　话 /	（010）68914775（总编室）	
	82562903（教材售后服务热线）	
	68948351（其他图书服务热线）	
网　　址 /	http://www.bitpress.com.cn	
经　　销 /	全国各地新华书店	
印　　刷 /	三河市华骏印务包装有限公司	
开　　本 /	787 毫米×1092 毫米　1/16	
印　　张 /	15.5	责任编辑/封　雪
字　　数 /	362 千字	文案编辑/封　雪
版　　次 /	2021 年 1 月第 1 版第 7 次印刷	责任校对/孟祥敬
定　　价 /	39.90 元	责任印制/马振武

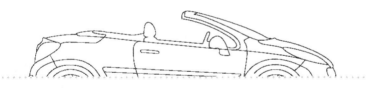

前言

PREFACE

混合动力汽车是集机电领域多学科新技术于一体的产品。如果说汽车发动机电控化是汽车的第一次技术革命，那混合动力技术可以称为汽车的第二次技术革命，这场革命必将引起汽车产业结构的调整，具体在汽车研发、汽车生产和汽车售后服务三方面会发生很大的变化。

为了使现代职业教育内容跟上汽车生产和售后服务的步伐，我们编写了这本书。本书为高职高专学校"新能源汽车技术""汽车检测与维修"和"汽车电子"课程的专业教材，也可供从事本专业工作的工程开发和售后维修技术人员作参考。

学习本教材要以《汽车发动机构造、原理与检修》（上、下册）、《汽车底盘构造、原理与检修》（上、下册）、《汽车电气构造、原理与检修》（上、下册）、《电工学和电子学》、《电力电子变换技术》为基础。

本书共分 13 章，第一章绪论叙述混合动力系统省油原因和国内外混合动力汽车的发展情况；第二章叙述混合动力技术的类型和具体结构；第三章介绍混合动力汽车高压安全技术；第四章讲解混合动力汽车发动机技术；第五章讲解电机驱动系统的原理与检修；第六章讲解电机驱动系统传感器的原理与检修；第七章讲解 DC/DC 转换器的原理与检修；第八章讲解变速驱动桥电控系统的原理与检修；第九章讲解汽车线控制动系统的原理与检修；第十章讲解混合动力汽车空调系统；第十一章讲解普锐斯混合动力汽车检修；第十二章讲解奥迪 Q5 混合动力汽车技术；第十三章介绍大众混合动力汽车技术。

本书由长春汽车工业高等专科学校赵振宁老师编写，由长春汽车工业高等专科学校校长李春明主审，在此对他的工作深表感谢。

电动汽车科学技术的飞速发展导致各车厂电动汽车技术设计差异很大，技术含量不尽相同，加之作者的有限水平及本书的有限篇幅，难免会有错漏之处，希望读者不吝指正，作者也会尽量把最新、最准的电动汽车技术展现在读者面前。

未经作者同意，严禁复制和摘抄任何内容。

赵振宁

2014 年 10 月

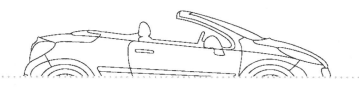

目录
CONTENTS

目录

第一章

第一节 混合动力汽车的定义和分类

一、混合动力汽车的定义

"hybrid"译为混合，车尾部标有 hybrid 字样的汽车称为混合动力汽车，混合动力汽车是个大的概念，范围较广，由于实用的混合动力汽车是由内燃机和电动机两种动力混合作为输出，因此称为油电混合汽车，本书的"混合动力汽车"特指油电混合动力汽车。

从能量源来看，"油"可以代表汽油、柴油，甚至是天然气，"电"是以蓄电池、电容、储能飞轮三种形式储能，但三者储存的能量都是由内燃机带动的发电机发出的，即此时"电也是油"。

从动力机械看，"内燃机"将化学能转为机械能，机械能一部分直接输出至车轮，一部分通过发电机发出电能，储存在上述三者之中，在需要的时候电能再输出给一个电动机，电动机可以以纯电动机工况行驶、发动机和电动机同时工作的混合工况行驶和纯发动机工况行驶，释放三者之中储存的电能。然后发动机在适当的时候通过发电机发电给三种储能装置，再在适当的时候以纯电动机工况或混合工况行驶，释放储能装置中储存的电能，而这里的关键问题是什么是"适当"，这个问题在丰田普锐斯汽车工作原理中讲解。

这里的"电动/发电机"是指以电动机工况为主，以发电机工况为辅。而"发电/电动机"是指以发电机工况为主，以电动机工况为辅。

[**完成任务**] 混合动力中的 H 是什么的缩写？＿＿＿＿＿＿＿＿＿＿＿＿。

二、油电混合动力汽车的分类

1. 按串并联分类

传统的混合动力电动汽车分为串联式和并联式两种。近年来出现了一种同时具有串并联特征的混合动力电动汽车，因而其分类延伸为三种：串联式、并联式和混联式，2000 年混合动力电动汽车的类型进一步延伸增加了复合式电动汽车，至今共有四种。

（1）串联式。

串联式混合动力电动汽车也称为"增程式"电动汽车。如图 1-1 所示为串联式混合动力汽车基本结构和简化结构示意图，串联就是与车轮直接机械连接的仅是电机。串联式混合动力汽车的工作方式就是用传统发动机直接通过发电机为电池充电，然后完全由电动机提供动力驱动的汽车。其目的在于使发动机长时间保持在最佳工作状态，从而达到减排效果。具体说发动机输出的机械能首先通过发电机转化为电能，转化后的电能一部分用来给蓄电池充电，另一部分经由电动机和传动装置驱动车轮。和燃油车相比，它是一种发动机辅助型的电动车，主要是为了增加车辆的行驶里程。由于在发动机和发电机之间的机械连接装置中没有离合器，因而它有一定的灵活性。尽管其传动结构简单，但它需要三个驱动装置：发动机、发电机和电动机。如果串联混合型电动车在设计时考虑爬长坡，为提供最大功率，三个驱动装置的尺寸就会较大，如果用作短途运行，如当通勤车用或只是用于购物，相应的发动机发电机装置应采用低功率的。这种形式的好处是发动机可以不受行驶状态的影响，一直处于最佳工作状态，对于改善排放大有好处，但转换效率偏低。丰田曾经将这种串联形式应用在考斯特上，并进行了批量生产。

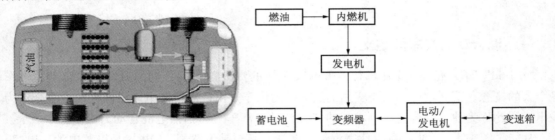

图1-1 串联式混合动力汽车基本结构和简化结构示意图

串联结构特点如下：

①车载电能源环节的混合。

②单一的动力生成装置。

③发动机转速解耦。

④结构简单，布置方便。

⑤控制策略简单。

⑥效率低，造价高。

串联混合动力车辆其驱动系间的联合是车载电能源环节的联合。

[完成任务] 请上网查找什么叫解耦：_____。

（2）并联式。

如图1-2所示为并联式混合动力汽车示意图和简化结构，所谓并联式混合动力，就是说电动机和发动机并行排布，动力可以由两者单独提供或是共同提供。在并联混合动力系统

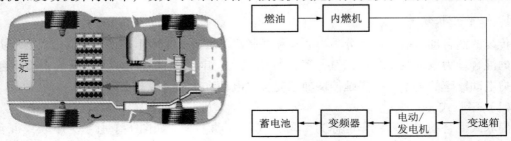

图1-2 并联式混合动力汽车示意图和简化结构

中，电动机同时也是发电机，其作用是让发动机尽量靠近最有效率状态，从而达到节油的效果。并联混合动力汽车受电动机和电池能力的限制，仍然要以发动机为主要动力，但由于保留了常规汽车的动力传递形式，效率更高。

具体来说，与串联式混合动力电动汽车不同的是，并联式混合动力电动汽车采用发动机和电动机两套独立的驱动系统驱动车轮。发动机和电动机通常通过不同的离合器来驱动车轮，可以采用发动机单独驱动、电力单独驱动或者发动机和发电机混合驱动三种工作模式。从概念上讲，它是电力辅助型的燃油车，目的是降低排放和燃油消耗。当发动机提供的功率大于驱动电动车所需的功率或者再生制动时，电动机工作在发电机状态，将多余的能量充入电池。与串联式混合动力电动汽车相比，它只需两个驱动装置——发动机和电动机，而且在蓄电池放完电之前，如果要得到相同的性能，并联式混合动力电动汽车的发动机和电动机的体积比串联式的小。即使在长途行驶时，发动机的功率也可以达到最大，而电动机的功率只需发出一半即可。

并联结构特点如下：

①机械动力的混合。

②两个或两个以上动力生成装置。

③每个动力系统都有独立的车载能源。

④动力系统效率高。

并联混合动力驱动系之间的联合是车辆动力传递系统环节的联合，通过对不同的动力生成装置输出的动能的联合或耦合，满足车辆行驶要求。

（3）混联式。

如图1-3所示为混联式混合动力汽车示意图和简化结构，混联式也称功率分流式，混联形式顾名思义就是结合了并联和串联两种形式。其在并联的基础上，将发电机和电动机分离开，这样电动机在运转过程中也能进行充电，使车辆能以串联和并联两种形式工作。目前的混合动力汽车基本属于这种模式。具体说：混联式混合动力电动汽车在结构上综合了串联式和并联式的特点，与串联式相比，它增加了机械动力的传递路线；与并联式相比，它增加了电能的传输路线。尽管混联式混合动力电动汽车同时具有串联式和并联式的优点，但其结构复杂，成本高，不过，随着控制技术和制造技术的发展，现代混合动力电动汽车更倾向于选择这种结构。

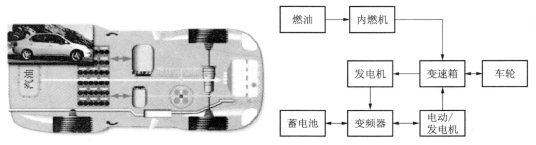

图1-3　混联式混合动力汽车示意图和简化结构

功率分流式混联结构特点如下：

①转速与转矩混合耦合方式。

②发动机转速解耦，工作平稳。

③实现 ECVT（电控无级变速器）功能，结构紧凑。

为优化驱动系统的综合效率和充分发挥车辆的节能、低排放潜力，在实际应用中，混合动力车辆驱动系统并非单纯是简单的串联式结构或并联式结构，而是由串联式结构和并联式结构复合组成的串并联综合式结构，即所谓的混联式结构。并联式与混联式是如今混合动力车的主流。

开关式混联结构特点如下：

①转矩耦合方式。

②工况适应性强。

③节能潜力大。

④技术难度小。

[完成任务] 请上网查找什么叫耦合：＿＿＿＿＿＿＿＿＿＿＿＿＿＿＿＿＿＿。

（4）复合式。

如图 1-4 所示为复合式混合动力汽车简化结构图，复合式混合动力电动汽车结构更复杂，难以把它归于上述三种中的一种。其结构似乎与混联式混合型电动车相似，因为它们都有起发电机和电动机作用的电机，二者的主要区别在于复合型中的电动机允许功率流双向流动，而混联式混合型中的发电机只允许功率流单向流动。双向流动的功率流可以有更多的运行模式，这对于采用三个驱动动力装置的混联式混合动力电动汽车而言是不可能达到的。复合式混合动力电动汽车同样具有结构复杂、成本高的缺点，不过，现在有些新型的混合动力电动汽车也采用这种双轴驱动的复合式系统。

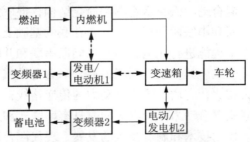

图1-4　复合式混合动力汽车简化结构图（两粗箭头只能有1个）

为了实现混联式以及复合式的混合驾驶模式，发动机与发电/电动机之间以及电动机与变速器之间必须进行机械连接，其中机械连接装置可以选择行星齿轮机构。

复合结构特点如下：

①地面附着性能好。

②具有两套或两套以上独立驱动系统。

③整车布置方便。

复合式结构的机械动力的混合是在车辆驱动轮处通过路面实现的，由于具有两套独立的驱动系统直接驱动车辆，因此在充分利用地面附着力方面具有优势，通过合理的控制，可大大改善车辆的动力性能。

复合结构车辆拥有一台发动机和两台电机。发动机和电机 1 安装于前桥上。电机 2 则安装于后桥上。这种方案适用于四轮驱动车辆。发动机和电机 1 通过行星齿轮组连接至车辆变速箱。同样，在这种情况下，各动力源输出的动力并不全部传递给车轮。后桥上的电机 2 会在需要时起动。由于这样的设计，高压蓄电池通常安装在车辆前、后桥之间。

2. 按照混合度分类

目前，按照混合度的分类说法也比较流行。按照我国汽车行业标准中对混合动力汽车的分类和定义，按电机峰值功率占发动机功率百分比多少分为微混、轻混、中混、重混四种。

（1）微混。

"微混"也称"起停"（Start-Stop）式，一般情况下电动机的峰值功率和发动机的额定功率比小于等于5%的为微混合动力，在交通拥堵的城市，节油率可达 5% ~10% 。微混合动力车型的电机基本不具备驱动车辆的功能，一般是用作迅速起动发动机，实现 Start/Stop 功能，例如 Smart fortwo mhd 就属于这种类型。其优点是汽车结构改变很小，成本增加很少，易于实现，有可能成为乘用车的标准设置；主要缺点是当停车需要空调时，空调不起作用。推广"起停式"结构，需要提高公众的节能意识，学术界有人认为"起停式"算不上混合动力系统。

（2）轻混。

电动机的峰值功率和发动机的额定功率比在5% ~15%的为轻度混合动力。在这种类型中，发动机依然是主要动力，电动机不能单独驱动汽车，只是在爬坡或加速时辅助驱动，平时主要使用发动机动力，电池电机在汽车加速爬坡时提供辅助动力，同时具有制动能量回收和"起停"功能；发动机排量可减少 10% ~20% ，节油率可为 10% ~15% ；技术难度相对低，成本增加不是很多。别克君越 Eco-Hybrid 属于这种轻混类型。

轻混合动力汽车的特性：车辆停止时，关闭发动机。起步和加速时电动机起辅助发动机作用。减速/制动时，发动机依据传统电控发动机系统控制而执行断油模式，并将获得的再生制动能量充入蓄电池。其有技术结构较简单、成本低、应用广泛的优势。

（3）中混。

电动机的峰值功率和发动机的额定功率比在15% ~40%的为中度混合动力。

（4）重混。

电动机的峰值功率和发动机的额定功率比在 40% 以上的为重混合动力。这两类车型可由电动机或发动机单独驱动，丰田普锐斯就属此类。重混合动力汽车的电动机和发动机可以独立或联合驱动车辆，低速起步、倒车和低速行驶时可以纯电动驱动，同时具有制动能量回收和"起停"功能；电动机的功率约为发动机功率的50%，节油率为30% ~50%；技术难度较大，成本增加多。典型的重混动力汽车是丰田普锐斯（Prius）。

[完成任务] 混合度的定义是_____。

按混合度分类，微混的混合度为：_____；轻混的混合度为：_____；中混的混合度为：_____；重混的混合度为：_____。

3. 按能否外接电源进行充电分类

按能否外接电源进行充电，混合动力汽车分为混合动力汽车（Hybrid Electric Vehicle，HEV）和插电式混合动力汽车（Plug-in Hybrid Electric Vehicle，PHEV）（图1-5）两种。

插电式混合动力系统是根据欧美驾车习惯而来，能外接电源充电更有利于节能减排。国外研究机构根据资料统计得出结论，法国城镇居民80%以上日均驾车里程少于 50 km，美国汽车驾驶者也有60%以上日均行驶里程少于50 km，80%以上日均行驶里程少于90 km。因此，在车辆上安装一套巨大的电池组，使其电量足以撑过这一历程，就可以在大部分日常行驶中达到零排放。

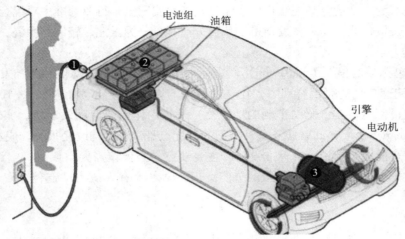

图1-5　插电式混合动力示意图

1—充电插头；2—蓄电池组；3—电动机

插电式混合动力的特征是可由电能单独驱动，并配备一个大容量的可外部充电的蓄电池组，显著的特性是可通过外部工业380 V或家庭220 V电源进行充电。插电式混合动力汽车电机的功率接近发动机，可实现较长距离的纯电动行驶，电池容量依纯电动行驶里程来选定，电池成本增加很多，节油率在不计电能时最大可达到100%。

比亚迪F3 DM和雪佛兰VOLT，以及长春一汽新能源汽车公司下线并投入市场的奔腾B50插电式混合动力轿车都属于这种类型。

[完成任务] 按能否能外接电源进行充电，混合动力汽车分为混合动力HEV（_____）和插电式混合动力PHEV（_____）两种。

第二节　混合动力汽车为什么节能和环保

从汽车的发展来看，纯电动汽车（这里指高速电动汽车）是未来发展的终极方向（但并不是要全部代替燃油车，至少在燃油完全枯竭前）。但目前电动汽车成本高、充电时间长和续驶里程偏短等仍阻碍着电动汽车产业的快速发展，因此从节能和环保两大主题出发的混合动力汽车发展起来。

从技术上讲，混合动力汽车的纯电动工况就是纯电动汽车，混合动力汽车在内涵上就包括了纯电动汽车，区别是混合动力汽车原则上不需要充电，纯电动汽车必须要充电。

如图1-6所示为目前最好的电控发动机系统控制下的机械外特性曲线形状，除了发动机的升功率（接近75 kW/L）大大提升外，同时发动机在1 800 r/min至5 000 r/min时都能输出最高扭矩280 N·m，这说明汽车在不同车速都有极好的加速超车能力，这是涡轮增压和可变配气相位技术的功劳。图中 1 800 r/min 以下时的扭矩特性不适合汽车起步需要大扭矩的要求。

在图 1-6 中若将发动机高于 1 800 r/min 以后扭矩的两段曲线保留，低于 1 800 r/min 的第一段曲线删去，则就非常适合汽车驱动了，但这是内燃机在控制上不能做到的。

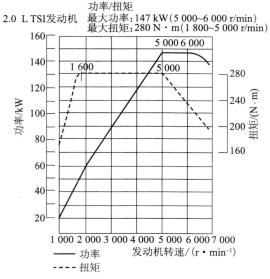

图 1-6　目前最好的电控发动机系统控制下的机械特性曲线形状

[完成任务] 在图 1-6 中两条曲线是如何画出来的？_____

_____。

扭矩和功率曲线哪个要先画出来？_____。

如图 1-7 所示为电机在变频器控制下的机械特性曲线，可以看出电动机的机械特性为图 1-6 的后两段曲线，曲线图中，低速时扭矩先大后小，同时电动机最高转速时的扭矩也不是很低，可以看出电动机的机械特性比发动机更适合驱动汽车。

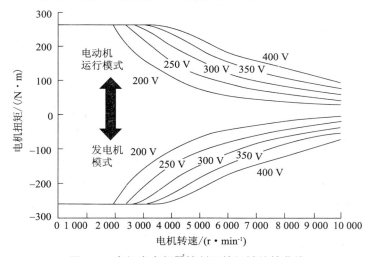

图 1-7　电机在变频器控制下的机械特性曲线

[**完成任务**] 请在图 1-6 中找出适合驱动汽车的两段扭矩特性曲线。

现在开始回答混合动力汽车为什么省油和环保的问题。

第一，一般传统汽车为保证其加速和爬坡性能，发动机的最大功率选定为车辆以 100 km/h 在平路上行驶时需求功率的 10 倍，或者是在 6% 坡度上以 100 km/h 行驶时需求功率的 3~4 倍。如图 1-8 所示，可以看出传统汽车为了保证动力性，匹配了过大的发动机，导致发动机大部分时间以低负荷工作，出现"大马拉小车"的现象，这是发动机低效率的主要原因之一。为了节油，混合动力汽车发动机采用了 DOWNSIZE 技术，也就是采用小排量发动机的技术。

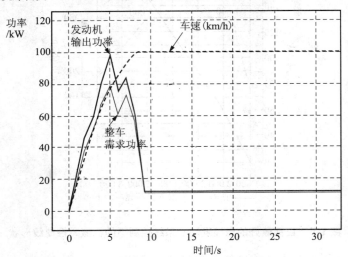

图 1-8　汽车一般行驶需求功率和保证加速时的最大功率

第二，为适应驱动的需要，发动机工作是变工况工作，所以效率覆盖从低效率到高效率的整个范围，但平均效率仍然很低，电动机和发动机混合驱动可以提高发动机效率。原因是发动机的效率虽很低，但永磁发电/电动机的发电和电动效率都在 95% 左右，感应电动机效率也在 80% 以上。发动机在怠速、低转速和高转速时效率低，而发动机在中等转速时（相对也是汽车的中等车速）效率最高（一般汽车恒速在 60~90 km/h）。混合动力汽车利用发动机在高效率区工作驱动汽车的同时也发出电能来保存在蓄电池内，储存的能量会在发动机进入低效率区域时发挥作用，比如低速时采用纯电动工况，中高速时则采用发动机工作发电的混合动力工况，急加速和高速采用发动机和电机同时工作的混合动力工况。这样发动机基本都工作在高效率区，因此省油。

第三，怠速工况是耗油增加的原因之一。混合动力汽车没有怠速工况，以前发动机需要产生扭矩以维持自身怠速运转，基本不向外输出扭矩，这个最低扭矩也很大（从图 1-7 可知）。其次，发动机扭矩要以怠速扭矩为基础，在一定范围内，随转速上升其输出扭矩上升，这种特性不利于汽车行驶。而电动机则在起动开始就能达到峰值扭矩，根本不需要怠速。当电动机转速上升时，输出扭矩也随之降低，这种特性恰好适用于汽车低速大扭矩、高速小扭矩的动力需求。

第四，传统汽车在制动过程中没有能量回收功能，而混合动力汽车有此功能。

结论是混合动力汽车省油，而省油就会环保。

第三节　国外主要国家混合动力汽车技术路线研究

一、各国混合动力车型数量及类型统计

如图 1-9 所示为截至 2010 年世界主要国家（地区）混合动力车型统计图，从图中可以看出，各个地区的混合动力车型构成都不相同。每个主机厂会根据其国家政策和自身的优势开发出独特的混合动力结构和技术。其中，真正意义上实现量产的车型还主要集中在美国和日本的汽车制造商中。

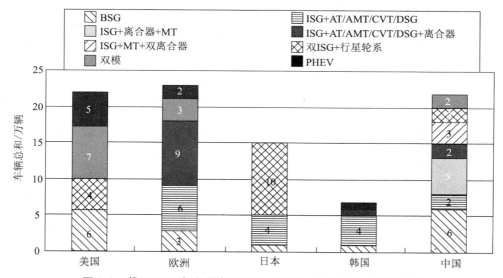

图 1-9　截至 2010 年世界主要国家（地区）混合动力车型统计图

从图 1-10 所示截至 2010 年全球混合动力汽车的燃料和发动机排量比例可以看出全部车型中汽油混合动力车型占所有车型的 76%，占主要地位，并且这些柴油混合动力车型绝大多数来自欧洲，同时 1.5 L 左右和 2.6 L 以上排量的发动机在整体中所占的比例较高，大排量混合动力主要集中在美国。在汽车发展过程中我国仍然要继续向这些汽车发达国家学习。

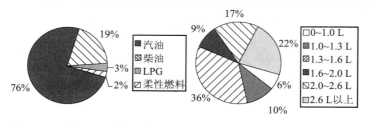

图 1-10　截至 2010 年全球混合动力汽车的燃料和发动机排量比例

二、各国（地区）混合动力发展趋势汇总

各国（地区）混合动力发展趋势汇总见表 1-1。

表 1-1　各国混合动力发展趋势汇总

国家（地区）	发展趋势	代表车型	混合动力结构	发动机类型	发动机功率/kW	电动机功率/kW
美国	1. 以汽油混合动力为主 2. 以大排量汽车为主	君越 Eco-Hybrid	BSG	汽油 2.4 L	123	3
		福特 Escape SUV	双 ISG + 行星轮系	汽油 2.3 L	97	70
		凯迪拉克 Escalade	双模	汽油 6.0 L	248	—
		通用 VOLT	PHEV（串联式）	柔性燃料 1.0 L	—	—
欧洲	1. 柴油混合动力车型居多 2. 以小排量混合动力车型为主	雪铁龙 C2、雪铁龙 C3	BSG	汽油 1.4 L	—	—
		BMW X5	ISG + AT	柴油 2.0 L	150	15
		S400 Blue Hybrid		汽油	205	15
		雪铁龙 C4	BSG + ISG + AMT + 单离合器	柴油 1.6 L	66	23
日本	以 THS 和 IMA 汽油混合动力系统为主，避免柴油开发	丰田 Prius	双 ISG + 行星轮系	汽油 1.5 L	57	50
		本田 Civic	ISG + CVT	汽油 1.3 L	70	15
韩国	以汽油和液化石油气为主，主要应用锂电池	SantaFe Hybrid	ISG + AT	汽油 2.4 L	—	30
		Soul Hybrid	ISG + AT	LPG 1.6 L	—	—
中国	1. 汽油混合动力为主 2. BSG、中混、强混的比例相等，趋势不明显	比亚迪 F6DM	双模	汽油 1.0 L	50	50
		奇瑞 A3	ISG + MT + 双离合器	柴油 1.3 L	60	10
		长安杰勋	ISG + MT + 单离合器	汽油 1.5 L	75	15
		上海荣威 750	ISG + AT	柴油 1.8 L	118	28
		一汽奔腾 B70	BSG + ISG + AMT + 单离合器	汽油 1.5 L	67	20

三、美国

如图 1-11 所示为美国三大汽车厂家的混合动力汽车研发统计表，表 1-2 为通用混合动力汽车研发统计表，表 1-3 为福特混合动力汽车研发统计表，表 1-4 为克莱斯勒混合动力汽车研发统计表。

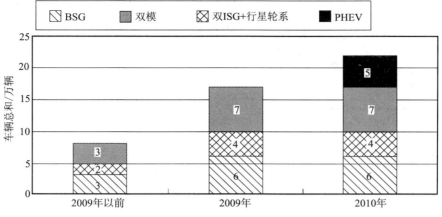

图1-11　美国三大汽车厂家的混合动力汽车研发统计表

表1-2　通用混合动力汽车研发统计表

名称	混合动力形式	发动机形式	上市时间
别克君越 Eco-Hybrid	BSG	汽油 2.4 L	2008 年
VUE Green Line	BSG	汽油 2.4 L	概念车
Chevy Malibu Hybrid Car	BSG	汽油 2.4 L	2009 年
Saturn VUE Hybrid SUV	BSG	汽油 2.4 L	2009 年
Saturn AURA Hybrid Car	BSG	汽油 2.4 L	2009 年
Cadillac Escalade Hybrid SUV	双模	汽油 6.0 L	2009 年
Chevy Tahoe Hybrid SUV	双模	汽油 6.0 L	2009 年
Chevy Silverado Hybrid Truck	双模	汽油 6.0 L	2009 年
GMC Sierra Hybrid Truck	双模	汽油 6.0 L	2009 年
GMC Yukon Hybrid SUV	双模	汽油 6.0 L	2009 年
Saturn VUE Hybrid SUV	双模	汽油 3.6 L	2009 年
欧宝飞灵	PHEV	柴油 1.3 L	概念车
雪佛兰 VOLT	串联式 PHEV	柔性燃料 1.0 L	2010 年

表1-3　福特混合动力汽车研发统计表

名称	混合动力形式	发动机形式	上市时间
Hytrans	BSG	柴油	2006 年以前
Escape SUV	双 ISG + 行星轮系	汽油 2.4 L	2005 年

续表

名称	混合动力形式	发动机形式	上市时间
Mercury Mariner SUV	双 ISG + 行星轮系	汽油 2.5 L	2007 年
Fusion Hybrid	双 ISG + 行星轮系	汽油 3.5 L	2010 年
Mercury Milan Hybrid	双 ISG + 行星轮系	汽油 2.5 L	2010 年
Volvo ReCharge Concept	串联式 PHEV（轮毂电机）	柔性燃料 1.6 L	概念车

表 1-4 克莱斯勒混合动力汽车研发统计表

名称	混合动力形式	发动机形式	上市时间
Aspen SUV	双模	汽油 5.7 L	2008 年
Jeep Renegade	串联式 PHEV	柴油 1.5 L	概念车
克莱斯勒 200C	串联式 PHEV	—	2010 年

从美国三大汽车制造商混合动力汽车投放市场的情况来看，混合动力量产车型正在逐年增多。尤其是受到美国政府政策影响，PHEV 车型将成为发展方向。在其他混合动力方面，2008 年，通用的君越 BSG 混合动力汽车已经投入市场。在 2009 年，通用汽车有 3 款配备该系统的新车型投入市场。同时，通用汽车还量产了其他 5 款双模式混合动力汽车。而福特则主要以双 ISG + 行星轮系结构的汽油强混车型为主，其 Escape 和 Mariner 这两款混合动力 SUV 已经累计销售超过 10 万辆。

美国混合动力车型特点如下：

（1）以中、高级轿车或 SUV 等大排量汽车为主。

（2）绝大多数为汽油混合动力，并且混合动力模式以强混为主。

1. 别克君越 Eco-Hybrid

表 1-5 所示为别克君越 Eco-Hybrid 车型基本参数。

表 1-5 别克君越 Eco-Hybrid 车型基本参数

混合程度	微混	
发动机	2.4 L VVT Ecotec 汽油发动机	
电动机	BSG 电机	
最大功率/kW	发动机	123（6 300 r/min）
	电机	3
最大扭矩/（N·m）	发动机	221（4 500 r/min）
动力电池类型	镍氢电池	
输出最大电压/V	36	

系统结构介绍：BSG 电机布置在发动机前端轮系处，36 V 镍氢电池包布置在后备厢。此系统可实现怠速停机、制动能量回收和扭矩辅助功能。百公里油耗由原车的 9.8 L 降低到目前的 8.3 L。

2. 福特 Escape SUV

如图 1-12 所示为福特 Escape SUV 和车标，表 1-6 所示为福特 Escape SUV 车型基本参数。

图 1-12　福特 Escape SUV 和车标

表 1-6　福特 Escape SUV 车型基本参数

整车参数		发动机参数	
车身结构	五门五座	类型	L4 汽油机（Atkinson）
驱动形式	前横置前驱（四驱）	排量/L	2.4
整备质量/kg	1 645（2WD）/1 720（4WD）	功率/kW	97（6 000 r/min）
百公里加速/s	10.3	扭矩/（N·m）	175（4 500 r/min）
百公里油耗/L	6.32	压缩比	12.3:1
电机参数		变速器形式	E-CVT
类型	永磁交流同步电机	电池类型	镍氢电池
电动功率/kW	电动机	70（3 000~5 000 r/min）	电池电压/V	300
	发电机	28		

发电机、驱动电机与电机控制器和一套行星轮系集成在一起组成变速器结构，并与发动机结合起来横向布置在机舱内。300 V 的镍氢电池组布置在后备厢地板下部。混合动力车百公里油耗为 6.32 L，燃油经济性较普通车型提高 25% 以上。

3. 凯迪拉克 Escalade

如图 1-13 所示为凯迪拉克 Escalade 和车标，表 1-7 所示为凯迪拉克 Escalade 车型基本参数。

图 1-13　凯迪拉克 Escalade 和车标

表 1-7　凯迪拉克 Escalade 车型基本参数

整车参数		发动机参数	
车身结构	五门八座	类型	V8 汽油机
驱动形式	前纵置后驱（四驱）	排量/L	6.0
整备质量/kg	—	功率/kW	248（5 100 r/min）
百公里油耗/L	11.8	扭矩/（N·m）	497（4 100 r/min）
电池类型	镍氢电池	变速器形式	全电子双模混合动力变速箱
电池电压/V	300		

电池组布置在地板中部，全电子双模混合动力变速箱与发动机结合后采用纵向布置。电机控制器以及逆变器等电子部件布置在机舱内部。

双模式工作原理：

双模式系统由双 ISG 电机 + 行星轮系结构 + 发动机构成。根据整车需求及控制策略，两个 ISG 电机可以同时作为发电机、同时作为驱动电机或者一个作为发电机、另一个作为驱动电机。这样既可以保证系统的最大功率输出，又可以保证最好的燃油经济性。

该车型工作可分为两种模式：

（1）低速轻负荷模式。

该模式下，汽车可以工作在纯电动、混合动力或者纯发动机模式下，发动机只有 4 个缸工作。

（2）高速或大负荷模式。

此时发动机 8 个缸同时工作，汽车同样可以工作在纯电动、混合动力或者发动机模式下。但此时汽车发出的动力性能要高得多。

4. 通用雪佛兰 VOLT

如图 1-14 所示为通用雪佛兰 VOLT 和车标。

图 1-14　通用雪佛兰 VOLT 和车标

　　增程式混合动力汽车，整个系统采用串联式结构。发动机的动力经过发电机转化后再传递给驱动电机。动力系统由 1.0 L 三缸涡轮增压柔性燃料发动机和 16 kW·h 锂电池组组成，可实现最大行驶里程 1 030 km，单靠电池驱动里程为 64 km。用家用 220 V 电源 3.5 h 可将电池充满，同时也可以在行驶中使用发动机充电。如果使用汽油，通过能源转换后，每升汽油可以使汽车行驶 17 km，是传统汽车的两倍。

四、欧洲车系

　　图 1-15 所示为欧洲混合动力汽车研发统计图，表 1-8 所示为奔驰混合动力汽车研发统计表，表 1-9 所示为宝马混合动力汽车研发统计表，表 1-10 所示为标致·雪铁龙混合动力汽车研发统计表，表 1-11 所示为菲亚特混合动力汽车研发统计表，表 1-12 所示为大众混合动力汽车研发统计表。

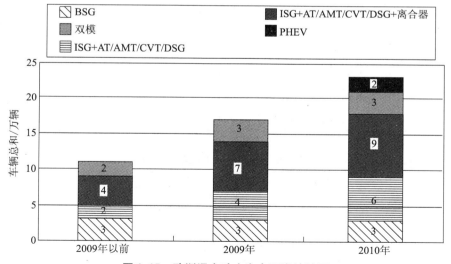

图 1-15　欧洲混合动力汽车研发统计图

表 1-8　奔驰混合动力汽车研发统计表

名称	混合动力形式	发动机形式	上市时间
Smartfortwo	BSG	汽油 1.0 L	2007 年
S400 BlueHybrid	ISG + AT	汽油 3.5 L	2009 年

续表

名称	混合动力形式	发动机形式	上市时间
ML450BlueHYBRID	双模	汽油 3.5 L	2008 年概念车
Blue zero E-Cell plus	双模	汽油	2009 年概念车

表 1-9　宝马混合动力汽车研发统计表

名称	混合动力形式	发动机形式	上市时间
X3	ISG + AT	汽油	2006 年概念车
X5	ISG + AT	柴油 2.0 L	2008 年概念车
X6	双模	汽油 3.0 L	2008 年概念车
7 系混合动力	ISG + AT	汽油 4.4 L	2009 年

表 1-10　标致·雪铁龙混合动力汽车研发统计表

名称	混合动力形式	发动机形式	上市时间
C2	BSG	汽油 1.4 L	2006 年以前
C3	BSG	汽油 1.4 L	2006 年以前
C4	BSG + ISG + AMT + 单离合器	柴油 1.6 L	2010 年
C-Cactus	BSG + ISG + AMT + 单离合器	柴油 1.6 L	2008 年概念车
C-Metisse	BSG + ISG + AMT + 单离合器	柴油 1.6 L	2008 年概念车
G-T Hybrid	BSG + ISG + AMT + 单离合器	柴油 1.6 L	2009 年概念车
307CC	BSG + ISG + AMT + 单离合器	柴油 1.6 L	2008 年概念车
Efficient-C	BSG + ISG + AMT + 单离合器	柴油 1.6 L	2006 年样车
308	BSG + ISG + AMT + 单离合器	柴油 1.6 L	2009 年概念车
RC Hybrid4	BSG + ISG + 6AT + 单离合器	汽油 1.6 L	2009 年概念车

表 1-11　菲亚特混合动力汽车研发统计表

名称	混合动力形式	发动机形式	上市时间
Fiat 500	串联式 PHEV	汽油 0.9 L	2010 年

表 1-12　大众混合动力汽车研发统计表

名称	混合动力形式	发动机形式	上市时间
Golf	ISG + 单离合器 + DSG	柴油 1.2 L	2010 年
Audi A3	ISG + AT	柴油	2010 年样车
Audi A1	PHEV	汽油	2010 年概念车

由于欧洲致力于发展高效能柴油机，因此到目前为止投入市场的混合动力主要以 BSG 形式为主。但从各厂家车展展出车型的趋势来看，以小型柴油机加上中、强混合动力系统从而达到更高的动力性和燃油经济性的车型应该会在未来市场中占据主要地位。欧洲混合动力车型特点：①混合动力车型中柴油车占半数以上；②绝大多数发动机排量都在 2.0 L 以下。

1. 雪铁龙 C2、C3

如图 1-16 所示为雪铁龙 C3 和车标。

图 1-16　雪铁龙 C3 和车标

雪铁龙 C3 配备 1.4 L 90 马力①的发电机、电控变速箱和 BSG 电机。该系统可实现发动机自动起动和停止，并且 0.4 s 即可使静止状态的发动机起动。配备该 BSG 系统的 C2、C3 在城市内运行可节油 10% 以上。

2. 雪铁龙 C4 混合动力 HDi

如图 1-17 所示为雪铁龙 C4 混合动力 HDi 和车标。

图 1-17　雪铁龙 C4 混合动力 HDi 和车标

车型参数：发动机采用 1.6 L "HDi" 柴油发动机，最大功率 66 kW，电动机直流无刷最大功率 23 kW，电动机最大扭矩 130 N·m，综合工况油耗为每 100 km 3.4 L，纯电续驶 5 km，动力电池类型为镍氢电池，最大电压为 288 V。

该车由 "HDi" 柴油发动机、DPF（柴油颗粒过滤器）、BSG 电机、DC 无刷电机、逆变

―――――――――――

① 1 马力 = 735.499 瓦

器及镍氢充电电池构成，配套使用 6 速手自一体变速箱。"HDi"柴油发动机同时匹配一款 ISG 电机和 BSG 电机，如遇红灯、临时停车和交通堵塞，引擎停止工作，抬起刹车时发动机重新起动，这保证了汽车在停车时不会有任何污染物排放。柴油混合动力车的燃油效率为 29.4 km/L，比汽油混合动力车提高 25%，每 100 km 可节省 1 L 左右的燃料。另外，二氧化碳排放量在 NEDC 循环下总耗油为 90 g/km，在高速行驶模式下为 80 g/km，与 C4 的柴油发动机车型相比，减少了 45%。

3. BMW 车系

如图 1-18 所示为 2013 年首款搭载 BMW5 系 Active Hybrid 技术的概念车。该车发动机前置后驱，电机串联在变速器与发动机之间。锂离子电池包布置在后备厢内。此外车顶还装有太阳能转化板，当车辆闲置时，能够自动转化热能预热空调及提供通风系统的电力保证。

图 1-18　2013 年首款搭载 BMW5 系 Active Hybrid 技术的概念车

4. S400 BlueHybrid

如图 1-19 所示为 S400 BlueHybrid 和车标。

图 1-19　S400 BlueHybrid 和车标

车型参数：发动机最大功率 205 kW，电机 15 kW，电机最大扭矩 160 N·m，综合工况油耗为每 100 km 7.9 L，0～100 km/h 加速时间 7.2 s，动力电池类型是锂电池。

S400 BlueHybrid 为奔驰首款搭载车用锂电池的量产车型，使用了 7G-Tronic 自动变速箱，保证动力输出高效平缓的同时运动感并不损失。同时将 ISG 电机、电机控制器与变速箱集合成一个整体纵置在地板下部。在锂离子电池热管理方面，梅赛德斯将电池组与汽车温控系统进行整合，全新设计锂离子电池单元组、电池监测系统、电池管理系统、高强度的外壁结构、冷却胶以及高压连接装置等。汽车温控系统能够保证电池组在 59℉～95℉ 下运行。

五、日本车系

如图 1-20 所示为日本混合动力汽车研发统计图，表 1-13 所示为日本混合动力汽车研发统计表。

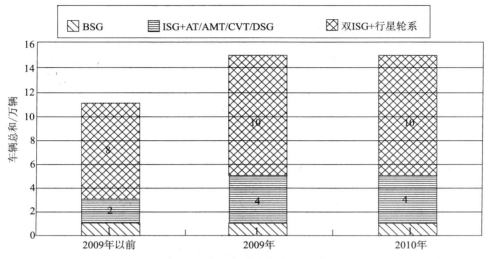

图 1-20　日本混合动力汽车研发统计图

日本混合动力汽车主要制造商为丰田和本田，所以日本的混合动力车型也以丰田的 THS 混合动力系统和本田的 IMA 混合动力系统为主。同时，丰田公司称其正在进行 Prius PHEV 车型的研发。日本的混合动力市场特点是以发展汽油混合动力为核心，以汽油混合动力代替柴油从而达到减少 CO_2 排放的目标。

表 1-13　日本混合动力汽车研发统计表

厂家	名称	混合动力形式	发动机形式	上市时间
丰田	Prius	双 ISG + 行星轮系	汽油 1.5 L	2005 年
	Camry Hybird	双 ISG + 行星轮系	汽油 2.4 L	2009 年
	Crown Hybird	ISG + AT	汽油 3.5 L	2009 年
	RX400h	双 ISG + 行星轮系	汽油 3.3 L	2005 年
	GS450h	双 ISG + 行星轮系	汽油 3.5 L	2006 年
	Highlander	双 ISG + 行星轮系	汽油 3.3 L	2007 年
	LS600h	双 ISG + 行星轮系	汽油 5.0 L	2006 年
	Estima	双 ISG + 行星轮系	汽油 2.4 L	2006 年
	Yaris	BSG	汽油	2007 年

第一章

绪　论

续表

厂家	名称	混合动力形式	发动机形式	上市时间
本田	Insight	ISG + CVT	汽油 1.3 L	2009 年
	Civic Hybrid	ISG + CVT	汽油 1.3 L	2006 年
	Accord Hybrid	ISG + AT	汽油 3.0 L	2008 年
	飞度混合动力	ISG + AT	汽油 1.5 L	2009 年
日产	Altima Hybrid	ISG + CVT	汽油 2.5 L	2005 年

1. 丰田 Prius（普锐斯）

如图 1-21 所示为第二代（a）和第三代（b）丰田普锐斯汽车外形和内饰。

丰田普锐斯技术参数：动力系统采用双 ISG + 行星轮系，发动机采用汽油 1.5 L 发动机（Atkinson），电动机采用交流永磁同步电动机，发动机最大功率 57 kW（5 000 r/min），电机功率 50 kW（1 200~1 540 r/min），发动机最大扭矩 115 N·m（4 200 r/min），电机 400 N·m（0~1 540 r/min）；综合工况油耗为每 100 km 4.7 L；动力电池类型 Ni/MH，输出最大电压 200 V，输出最大功率 20 kW。200 V 镍氢电池通过逆变器转换后，系统的工作电压最高可达 500 V。

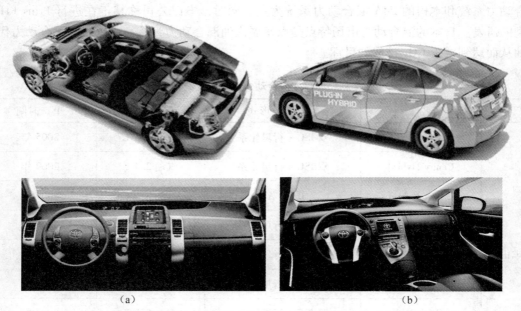

（a）　　　　　　　　　　　　　　　　　　（b）

图 1-21　第二代（a）和第三代（b）丰田普锐斯汽车外形和内饰

2. 本田 Civic Hybrid

如图 1-22 所示为本田 Civic Hybrid 汽车，图 1-23 所示为本田 Civic Hybrid 动力总成。

此车采用本田新一代混合动力系统，由 70 kW "i-VTEC" 汽油机和 IMA 综合电机组成。发动机采用智能化 VTEC 结构，可在低转速区、高转速区及气缸停止工作 3 个层次进行气门控制，与 IMA 系统的高效率化相比，该系统的动力性能及燃油经济性都有很大改进。

技术参数：汽油 1.3 L 发动机，最大扭矩 123 N·m（4 600 r/min），最大功率 70 kW（6 000 r/min），电动机为永磁无刷 15 kW（2 000 r/min）电动机，最大恒扭矩 103 N·m（0 ~ 1 160 r/min），综合工况油耗为每 100 km 4.7 L，动力电池类型 Ni/MH（158 V）。

图 1-22　本田 Civic Hybrid 汽车　　　　　　图 1-23　本田 Civic Hybrid 动力总成

结构形式：发动机、ISG 与 CVT 串联起来，横向布置在机舱内。发动机飞轮重新设计，与 ISG 电机集成在一起，与发动机和 CVT 共同组成一个紧凑的动力总成。

六、韩国

如图 1-24 所示为韩国混合动力汽车研发统计图。

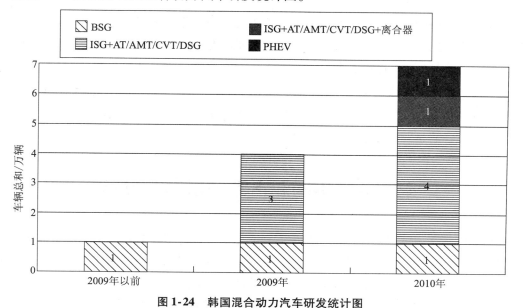

图 1-24　韩国混合动力汽车研发统计图

表 1-14 所示为现代混合动力汽车研发统计表，表 1-15 所示为起亚混合动力汽车研发统

绪论

计表。

表 1-14　现代混合动力汽车研发统计表

名称	混合动力形式	发动机形式	上市时间
Mobis	BSG	汽油	2007 年样车
索纳塔领翔	ISG + AT + 单离合器	汽油 2.4 L	2010 年
Elantra 悦动	ISG + AT	液化石油气 1.6 L	2009 年概念车
SantaFe Blue Hybrid	ISG + AT	汽油 2.4 L	2009 年概念车
Blue – Will	串联式 PHEV	汽油 1.6 L	2009 年概念车

表 1-15　起亚混合动力汽车研发统计表

名称	混合动力形式	发动机形式	上市时间
Soul Hybrid	ISG + AT	液化石油气 1.6 L	2009 年概念车
Forte	ISG + AT	液化石油气 1.6 L	2010 年

韩国混合动力汽车主要以现代公司的"Blue Drive"技术和 LG 公司研发的锂离子电池为主。发动机形式以汽油和液化石油气为主。

1. SantaFe Blue Hybrid

SantaFe Blue Hybrid 技术参数：汽油发动机 2.4 L，电机最大功率 30 kW，最大扭矩 205 N · m，综合工况油耗每 100 km 为 6.2 L，变速器类型 6AT，动力电池类型锂聚合物，输出最大电压 270 V，电池容量 5.3 Ah。

2. 起亚 Soul Hybrid

起亚 Soul Hybrid 的发动机前横置前驱，ISG 盘式电机串联在变速器与发动机之间，锂离子电池包布置在后备厢地板下部。

第四节　中国混合动力轿车的发展

汽车发展至今，可以说已经成为千家万户必不可少的交通工具，然而，随着汽车数量的不断攀升，空气污染问题也日益严重。环保已经成为全球最为关注的问题之一，经常在世界范围的多国研讨会上被提及。有统计表明：在超过 80% 的道路条件下，传统燃油公交车仅利用了其动力潜能的 35%，在市区还会跌至 25%，更为严重的是排放废气污染环境。为了解决"环保"这个迫在眉睫的问题，许多汽车厂商纷纷着手研发新能源、绿色环保汽车，希望通过引入新能源，获得更多消费者的青睐和国家的大力支持。

我国混合动力汽车研发具有一定的基础，一些企业在20世纪90年代中期就已推出混合动力汽车样车，但研发和生产是两个过程。人们常说在传统汽车领域，我国落后于发达国家二三十年，而在混合动力汽车领域，我国与国外的技术水平和产业化程度差距相对较小，比如说五年。事实上混合动力汽车领域相差的是两者的和，因为到2013年还是仅有几款纯电动和混合动力汽车有小批量生产，质量还不太稳定，而如日本丰田、本田混合动力汽车在国外销售已达近千万辆了。不过赶上只是时间问题。

"十五"期间启动电动车专项后，"十一五"期间应该是电动车的商业化应用阶段，国家发展改革委工业司在《中国汽车产业"十一五"发展规划纲要》中提到"积极推广新能源汽车，企业应根据市场需求积极做好产业化工作。"但从目前来看，产业化之路似乎充满坎坷，所以"十二五"仍然会坚持做扎实"十一五"的目标，一步一个脚印地做下去。

据统计，我国新能源汽车产业目前已经发展出上千家产学研单位。依托一汽、东风、长安、奇瑞、五洲龙、南车、万向等企业，中国汽车技术研究中心、中国汽车工程研究院等研究机构以及清华、同济及北理工等大学，建立起一批我国自己的电动汽车动力系统技术平台。

"三纵三横"总体路线。"三纵"指混合动力汽车、纯电动汽车和燃料电池汽车。"三横"指在三纵的侧翼分出的多能源动力总成控制系统、电机及其控制系统和电池及其管理系统。"三纵三横"清晰地指明了研发和产业化思路。2014年再次确定在以后一段时间仍保持"三纵三横"不变的总体路线。

"三纵"中三种技术的特点不同，产业化的时间不尽相同。混合动力是最先初步实现产业化的技术，目前国内一些混合动力轿车已经实现小批量生产。目前我国电动汽车主要性能指标已达或接近国际先进水平，纯电动客车整车能量消耗率降到每100 km 83.8 kW·h，达到国际先进水平。轿车最高车速150 km/h，一次充电里程120~300 km。在燃料电池汽车方面，客车耗氢量为每100 km 9.56 kg，轿车最高车速达150 km/h，0~100 km/h的加速时间14 s，一次加氢续驶里程300 km，氢气消耗为每100 km 0.912 kg，均达到国际先进水平。

在零部件方面，"三横"中的多能源动力总成电控、动力电池（包括燃料电池）系统和电机驱动系统等作为动力系统平台的核心技术得到加强，在全产业链范围内掌握了电动汽车关键产业化技术。在动力电池方面，镍氢电池功率密度最高达1 225 W·h/kg，锂离子电池的功率密度最高达2 178 W·h/kg。

目前生产成本是制约混合动力轿车市场发展的重要因素，混合动力轿车造价比同类型普通轿车要高20%~30%，纯电动造价比传统汽车高1倍多，所以新能源汽车销售和生产受到市场的制约。为此国家和地方联手出台了补贴政策，鼓励私人购买新能源汽车。不过随着生产力的发展、生产成本的降低和人民生活水平的提高，新技术代替旧技术，就像智能手机代替传统手机一样，这个趋势是不可改变的。

图1-25所示为中国混合动力汽车研发统计图，表1-16所示为奇瑞混合动力汽车研发统计表，表1-17所示为比亚迪混合动力汽车研发统计表，表1-18所示为吉利混合动力汽车研发统计表，表1-19所示为江淮混合动力汽车研发统计表，表1-20所示为长安混合动力汽车研发统计表。

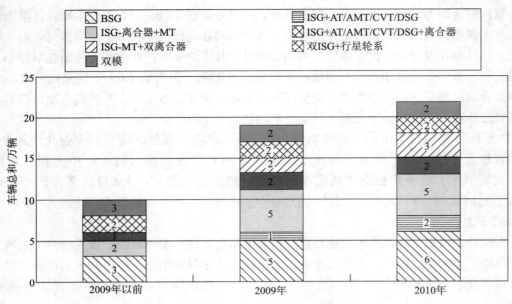

图 1-25　中国混合动力汽车研发统计图

表 1-16　奇瑞混合动力汽车研发统计表

名称	混合动力形式	发动机形式	上市时间
奇瑞 A3BSG	BSG	汽油 2.0 L	2008 年
奇瑞 A5BSG	BSG	汽油 1.6 L	2008 年
奇瑞风云 Ⅱ Hybrid	BSG	汽油 1.5 L	2009 年
奇瑞 A3ISG	ISG + 双离合器 + MT	柴油 1.3 L	2009 年
奇瑞 A5ISG	ISG + 双离合器 + MT	汽油 1.3 L	2010 年

表 1-17　比亚迪混合动力汽车研发统计表

名称	混合动力形式	发动机形式	上市时间
比亚迪 F3DM	双模	汽油 1.0 L	2008 年
比亚迪 F6DM	双模	汽油 1.0 L	2008 年

表 1-18　吉利混合动力汽车研发统计表

名称	混合动力形式	发动机形式	上市时间
SMA7151	BSG	汽油	概念车
吉利海尚 305	ISG + 双离合器 + MT	汽油 1.8 L	2010 年
吉利 FC – E	双 ISG + 行星轮系	汽油 1.5 L	概念车
吉利 FC – 1C	双 ISG + 行星轮系	汽油 1.5 L	概念车

表 1-19　江淮混合动力汽车研发统计表

名称	混合动力形式	发动机形式	上市时间
江淮瑞风祥和	BSG	汽油 2.3 L	概念车
江淮宾悦 Hybrid	BSG	汽油 2.0 L	2009 年

表 1-20　长安混合动力汽车研发统计表

名称	混合动力形式	发动机形式	上市时间
长安志翔 HEV	ISG + MT + 单离合器	汽油 1.5 L	概念车
长安杰勋 HEV	ISG + MT + 单离合器	汽油 1.5 L	2009 年

其他 2009 年和 2010 年上市车型有：华晨中华尊驰 Hybrid，采用 ISG + MT + 单离合器，发动机 1.8 L；华晨骏捷 Hybrid，采用 ISG + AT + 单离合器，发动机 1.8 L；东风 EQ7200HEV，采用 BSG + ISG + AMT + 单离合器，发动机 1.6 L；东风风神 Hybrid，采用 ISG + MT + 单离合器，汽油发动机 1.6 L；一汽奔腾 B70，采用 BSG + ISG + AMT + 单离合器，汽油发动机 1.5 L；力帆 520，采用 ISG + MT + 单离合器，汽油发动机 1.3 L；上汽荣威 750，采用 ISG + AT，柴油发动机 1.8 L；长丰猎豹 CS7，混合动力采用 ISG + CVT。

国内混合动力技术呈多元化发展，BSG、中混、强混各占 1/3。目前长安杰勋、比亚迪双模、奇瑞 BSG 等车型都已经上市。但从发动机燃料类型上比较，除奇瑞和上汽有两款柴油混合动力车型外，其余均为汽油混合动力。同时国内混合动力车型的特点是手动变速器车型居多。

1. 比亚迪双模 F6DM

如图 1-26 所示为比亚迪双模 F6DM 和车标。

图 1-26　比亚迪双模 F6DM 和车标

比亚迪双模 F6DM 技术参数：发动机型号 BYD371QA，总排量 0.988 L，压缩比 10.5∶1，功率 50 kW；发电机功率 20 kW，电动机功率 50 kW，EV/HEV 百公里综合能耗 ≤ 16 kW·h，EV 续驶里程 100 km，HEV 续驶里程 330 km。

电池类型磷酸铁锂，额定容量 30 Ah，工作电压 330 V，传动装置为固定速比。电源需求 AC 220/10A。

两个电机与变速传动机构集成为一个整体，和发动机一起布置在机舱内，构成一个前置前驱的混合动力结构。所谓双模是既可以在并联混合动力模式下运行，又可以在串联混合动力模式下工作。

2. 奇瑞 A3 技术参数

如图 1-27 所示为奇瑞 A3 混合动力和车标。

图 1-27 奇瑞 A3 混合动力和车标

奇瑞 A3 1.3D ISG 三厢轿车是柴油双离合器并联式混合动力轿车，动力系统装配了奇瑞 ACTECO 1.3 L 柴油发动机，在 A3 整车平台上匹配强混合动力系统，实现百公里油耗 3.0 L 的超低油耗和优于欧 V 标准超低排放。

奇瑞 A3 技术参数：长×宽×高为 4 352 mm×1 794 mm×1 464 mm，轴距 2 550 mm，整备质量 1 405 kg，发动机类型 1.298 L 柴油发动机，发动机额定功率 60 kW（4 000 r/min），发动机最大扭矩 171 N·m（2 000 r/min），电机额定功率 10 kW，变速器类型 AMT，电池类型镍氢电池，电压 144 V。

3. 长安杰勋技术参数

如图 1-28 所示为长安杰勋和车标。

图 1-28 长安杰勋和车标

长安杰勋技术参数：汽油发动机 1.5 L，额定功率 75 kW，电机额定功率 15 kW，变速器类型 MT，电池类型镍氢电池，电池电压 144 V。

4. 上汽荣威 750 技术参数

如图 1-29 所示为上汽荣威和车标。

图 1-29 上汽荣威和车标

上汽荣威 750 技术参数：柴油发动机 1.8 L，发动机额定功率 118 kW，电机额定功率 28 kW，变速器类型 AT，电池类型镍氢电池，电池电压 288 V。该车型综合油耗比原车减少 25% 以上，排放达到欧 IV 标准。该系统采用了电动自动变速器，使用驱动电机与行星齿轮组合替代液力变矩器，形成电动自动变速器，既实现了 AT 的功能，又达到了与手动变速器相同的燃油经济性。

5. 一汽奔腾 B70 技术参数

如图 1-30 所示为一汽奔腾 B70 和车标，如图 1-31 所示为中国一汽红旗轿车整车主要结构示意图。

图 1-30　一汽奔腾 B70 和车标

一汽奔腾 B70 技术参数：长 × 宽 × 高为 4 705 mm × 1 782 mm × 1 465 mm，整备质量 1 584 kg，满载质量 1 959 kg，最大车速为 180 km/h，最大爬坡度为 30%，0 ~ 100 km 加速时间 < 14 s，燃油经济性能比传统汽车减少 35%，汽油发动机 1.5 L，最大扭矩 120 N·m（4 400 r/min），最大功率 67 kW（6 000 r/min），动力电机类型为永磁同步电机（水冷）额定转矩 100 N·m，额定功率 20 kW，起动发电机型式永磁同步电机（水冷），额定转矩 25 N·m，额定功率 5 kW，电池类型镍氢电池，动力电池工作电压 288 V。

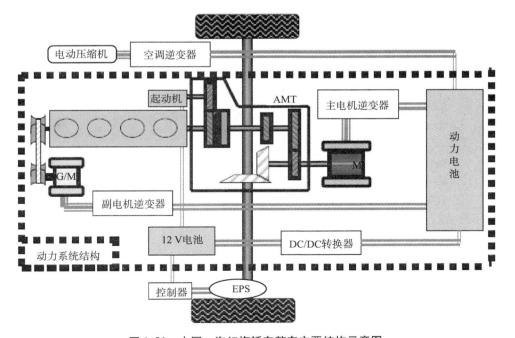

图 1-31　中国一汽红旗轿车整车主要结构示意图

　　国内一些混合动力轿车也采用此种动力布置形式，只不过发动机和 AMT 变速器在发动机仓内横置，两电机分别为 BSG 电机和主电机，为防止在纯电动阶段 AMT 将电机动力传至发动机，此时将保持离合器分离。

第二章

混合动力汽车技术

第一节 怠速起停技术

微混型混合动力电机（只有一台小功率电机）一般不具有助力功能或瞬间助力功能，它的电机主要功能是实现"起停"。在交通拥堵的城市，停车怠速时间超过总行驶时间的30%以上，消耗能量较多，停车停机功能可节省汽油。混合动力电机能制动能量回收：在频繁加减速的城市行驶工况下，制动消耗的能量会占到车辆行驶能量消耗的50%。减小发动机排量：传统汽车为满足加速性和最大车速要求，内燃机的峰值功率为车辆巡航所需功率的3~5倍。优化发动机：传统汽车内燃机必须满足很大的速度和负载范围的油耗与排放要求（如乘用车15工况标准）。

对于混合动力而言，起停系统可谓是最基本的一个系统。国内如长安和奇瑞等厂商都已经宣布，在今后的几年内，全系车辆都将标配这样一套起停系统。在传统发动机汽车上可采用三线三相式交流电动机作为起动机/发电机，也可采用强化起动机，混合动力多采用发电机/电动机和发动机后集成电动机的起动方式，如图2-1所示为皮带式怠速起停系统。

图2-1 皮带式怠速起停系统

所谓的起停系统，其实就是一套可以在车辆怠速状态下自动关闭发动机从而起到降低油耗作用的系统。它可以在车辆怠速等待状态下（脚踩刹车后关闭发动机，转由电机驱动车内电器，而驾驶员再次发动车辆：踩离合器——对于手动变速器车辆，踩油门——对于自动变速器车辆）的 0.1～0.3 s 迅速做出反应，起动发动机。起停系统适合于那些经常在交通拥堵的城市中运行的车辆。

在混合动力汽车里，根据混合程度的强弱，会有不同的区分，而所谓的 BSG（Belt Starter Generator 皮带传动起动/发电技术），是一种采用皮带传动方式进行动力混合，具备怠速停机和起动功能（STOP-START）的弱混合动力技术，与一般车辆不同的是，混合动力车的起停系统完全是自动起停，不需要人去操控。

起停功能的使用。起停功能是车辆电子控制单元（简称 ECU）通过布置在车辆上的传感器收集及处理车辆工作信息来控制发动机自动熄火或起动。该功能可有效降低车辆行驶在城市道路时因频繁堵车，发动机长时间怠速工作造成的油耗。

因起停功能操作方式与普通电喷控制汽油机有一定的差异，请用户在仔细阅读完说明书中关于起停功能操作注意事项后再使用该功能。

起停模式开启/关闭。在驾驶室操作面板上有起停功能开关，当起动车辆后，按下该开关，功能开关上的指示灯常亮，表示起停模式开启。当组合仪表 SS 常亮时，车辆具备起停功能；当 SS 闪烁时，表示起停系统出现故障。若再次按下开关指示灯熄灭，表示起停模式关闭。

起停功能操作方式。车辆行驶中，在组合仪表 SS 常亮情况下，用户只需将车速降至系统限定的安全车速，将挡位挂到空挡并完全松开油门或离合器踏板，发动机便自动熄火。当发动机自动熄火后，用户若要起动发动机，只需轻踏油门或离合器踏板，发动机将自动起动。

为保证用户使用安全，起停功能系统设置了相应的保护措施，具体如下：发动机自动熄火后，若无法自动起动，请检查车门是否开启或未紧闭；发动机自动熄火后，若故意多次踩踏制动踏板会导致车辆制动真空度不足；为保证车辆行车安全，发动机将自动起动；车辆出现溜坡现象，车速超过 2.5 km/h，发动机自动起动；发动机自动起动后，用户不挂挡和不踩踏油门或离合器踏板，10 s 内发动机自动熄火。

第二节　"微混"混合动力汽车技术

ISG（Integrated Starter Generator）是集成的具有起动机功能的发电机的缩写，目前轻混合度混合动力汽车的 ISG 电机位置有两种形式，一种是增大电动机的 BAS（BSG）形式，另一种是在发动机和自动变速器之间增加 ISG 电机形式。

以下以别克君越 Eco-Hybrid 油电混合动力为例介绍第一种系统，以奔驰 400 为例介绍 ISG 混合动力第二种系统。

[完成任务] ISG 是什么的缩写？_____。
Eco-Hybrid 是什么意思？_____。

一、BSG 式轻混

BAS（Belt Alternator Starter）或 BSG（Belt Starter Generator）为驱动皮带-发电机-起动机系统。BAS 和 ISG 这两种动力系统目前只对发动机起助力作用，无法实现纯电驱动。

燃油供给阶段指发动机正常工作，消耗燃油。电动助力阶段指当驾驶员踩下油门比较深时，通过电动机对车辆进行电动助力。智能充电阶段指电动机由发动机带动旋转，电池组尽可能地从系统中获得更多的充电机会。减速断油阶段指当车辆进入滑行阶段或停下来后，发动机被切断燃油供应，在某些滑行期间，为了保证扭矩的平顺性，电动机也将转动。再生制动阶段指当车辆减速时，发动机停止供油，变矩器锁止，车辆带动发动机转动，电动机此时作为发电机进行发电，发电机相当于车辆的负载，对车辆有制动作用（类似于发动机制动），系统进入再生制动阶段。

[**完成任务**] BAS 是什么的缩写？＿＿＿＿＿＿＿＿＿＿＿＿＿＿＿＿＿＿＿＿＿。
BSG 是什么的缩写？＿＿＿＿＿＿＿＿＿＿＿＿＿＿＿＿＿＿＿＿＿＿＿＿＿。

1. BAS 微混动力系统结构

别克君越 Eco-Hybrid 油电混合动力配 2.4 L 发动机。发动机进入自动停机模式时处于关闭状态，没有燃油流向发动机。当驾驶员松开制动踏板，或踩下加速踏板车辆需要起步时，电动机带动发动机运转，燃油供应恢复，发动机自动起动。

君越 Eco-Hybrid 混合动力系统结构如图 2-2 所示。起动机/发电机总成 MGU（Motor/Generator Unit）、起动机/发电机控制模块 SGCM（Starter/Generator Control Module）、混合动力电池控制模块（Generator Battery Pack Disconnected Control Module）、能量存储控制模块 ESCM（Energy Storage Control Module）即 36 V 镍氢电池组（Ni-MH）、低压 12 V 传统铅酸电池、双涨紧器总成，如图 2-3、图 2-4 所示分别为君越 BAS 混合动力主要零部件和君越 BAS 混合动力系统主要部件。

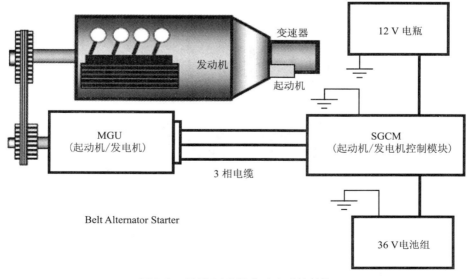

图 2-2　君越 BAS 混合动力系统结构

[**完成任务**] 君越 BAS 混合动力系统的发动机排量为多少升？ _____ ；动力电池的电压为多少伏？ _____ 。MGU 是什么的缩写？ _____ ；MGU 的作用是什么？ _____ ;SGCM 是什么的缩写？ _____ ；作用是什么？ _____ ；12 V 与 36 V 电源系统是否共地？ _____ ；车上没有 12 V 发电机，12 V 蓄电池的充电问题如何解决？ _____ ；三相电缆上是交流电，还是直流电？ _____ ；自动变速器上的 12 V 起动机是做什么用的？ _____ 。

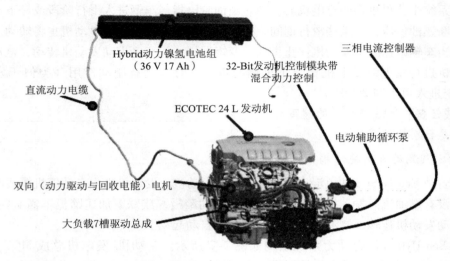

图 2-3　君越 BAS 混合动力主要零部件

[**完成任务**] 君越 BAS 混合动力系统的电池容量为多少？ _____ 。

君越混合动力车仍然有传统的发电机和起动机，只不过这时的发电机也可作为电动机用。刚上车时的起动发动机的任务仍旧是依靠传统起动机电机来进行。三相电缆安装在 SGCM（Starter/Generator Control Module，起动和发电机控制模块）的顶部，是同轴屏蔽电缆，内部是中间过渡电压，电缆包括内部导线和外层接地屏蔽。

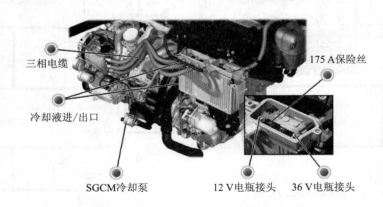

图 2-4　君越 BAS 混合动力系统主要部件

为了减小在智能停机模式下，频繁起动和熄火对发动机的损伤，采用了两个涨紧器。Hybrid-BAS 系统的皮带驱动及涨紧器在起动机/发电机转动时，为了适应所产生的高扭矩，在驱动皮带上装有两个皮带涨紧器，涨紧器带有液压减震杆。涨紧器的作用是双向的，可以在发动机驱动和起动机/发电机驱动时对驱动皮带起到涨紧的作用。

在一般燃油电子喷射系统发动机上，皆设计有在刚起动时的加浓辅助喷油量的软件程序，在 Hybrid BAS 系统当然亦有对等的程序，经由调校，对比传统喷射系统，君越 Eco-Hybrid 的 BAS 系统达到普通汽油车型所无法达到的节能指标，可节约至少 15% 的油耗，尾气排放更低。SGCM 辅助冷却泵安装在自动变速箱机体上，如图 2-5 所示，由 SGCM 模块进行驱动，保证发动机停机时 SGCM 仍然可以进行冷却，在 SGCM 上连接的水管上面是进水口，下面是出水口。辅助冷却泵主要功能在于将冷却水循环不断提供到 SGCM 进行散热，使得模块永保最佳冷却效能。

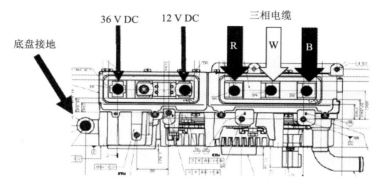

图 2-5　起动机/发电机控制模块 SGCM

混合动力车辆使用的是高效、长寿的镍氢电池组（Ni – MH），能量以化学方式存储在电池组中，在混合动力系统需要时，再将化学能转换成直流电（DC Voltage），供车辆使用。在电池组上有通风装置和一个电池控制模块（Battery Disconnect Control Module），对人体不会有危险。三块 12 V 电池单元为串联，36 V 蓄电池正极输出线路上有一个上下继电器，蓄电池控制模块控制这个继电器，电池控制模块通过 GMLAN（General Motor Local Area Network，通用局域网）通信。电压传感器监测每一块 12 V 电池单元的电压变化，信号提供给电池控制模块，三块电池单元上各有一个电压传感器，电池控制模块分别监测每一块电池单元的工作状态及电压变化情况。12 V 蓄电池直接由 MGU 来充电或由 36 V 电池组来为其充电。12 V 蓄电池由起动机/发电机控制模块 SGCM（Starter/Generator Control Module）管理充电。

电池组冷却风扇给电池组持续冷却，冷却风扇只能作为总成进行维修。电池控制模块通过脉宽调制信号控制风扇的转速。

君越 Eco-Hybrid 油电混合动力车使用的是 4 速变速箱，如图 2-6 所示。这款变速箱是特地为君越油电混合动力车开发的，搭配 ECO 智能发动机，能很好地适应混合动力系统的特性，做到智能停机，除此之外，它还具有限挡功能，以帮助车辆在爬坡、冰面等需要大扭矩输出的路况下，顺利起步，提高主动行驶安全性。当挡位进入 M 挡时，仪表盘上就会出现 "D，3，2，1" 的最高挡位显示，用户可以根据路况选择不同的挡位范围。需要特别指出的是，一旦挡位离开 D 挡，车辆将无法实现智能停机，因此建议在一般道路行驶时，使用 D 挡帮助车辆更加省油，更加环保。

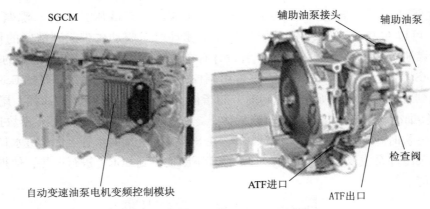

图 2-6 自动变速器采用电动辅助油泵

为了保证前进离合器的压力，自动变速箱辅助油泵驱动器油泵电机控制信号是 PWM（脉宽调制）信号，控制模块安装在 SGC 上，其内部有油泵驱动器。SGCM 与该模块进行通信，控制辅助油泵的工作。此自动变速箱基本与传统车型相同，因为要满足混合动力系统的自动停机模式"AUTO STOP"的恢复运行，特增加一个辅助油泵，以确保内部元件在停机时仍与差速器/车轮保持接合，以便下一次发动机起动后的行驶动作没有任何迟滞。

[**完成任务**] 君越 BAS 混合动力系统自动变速箱为几挡自动变速器？_____；为什么要加辅助油泵？_____；油泵是电机带动的吗？_____；油泵电机是单向直流，还是三相直流？_____；自动变速器是横置的，还是纵置的？_____。

2. 仪表

区别于传统内燃机的仪表标志有智能停机标志、ECO 指示灯（每 100 km 瞬时油耗小于 4 L 时亮）、电池充电状态（SOC 指示表）。

发动机转速表指针停留在 AUTO STOP 和 OFF 位置时，起动发动机的形式不同，如图 2-7 所示。AUTO STOP 位置表示车辆已经进入自动停止模式并等待发动机重新起动的状态；OFF 位置表示发动机已经正常关闭，驾驶员需要通过点火钥匙重新起动发动机。

[**完成任务**] 君越 BAS 混合动力系统发动机转速表指针停留在 AUTO STOP 如何起动？_____；发动机转速表指针停留在 OFF 如何起动？_____。

3. 制动系统

因为在制动踏板松开后到发动机重新起动有一个时间上的延迟，所以与传统车辆相比，混合动力车辆在发动机熄火后进行重新起动的过程中更容易产生溜车的现象，SGCM 对 HHV 电磁阀进行 PWM 控制。在车辆从自动停止到发动机重新起动的过程中，SGCM 控制坡路保持阀打开的速率，以缓慢降低制动压力的泄放，这样可以避免车辆起步前溜车的危险和车辆起步后制动拖滞的发生。在坡路保持阀总成内有两个电磁阀，主要控制 2 个驱动轮（前轮）压力。

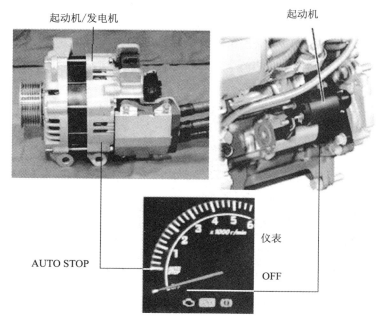

图 2-7　AUTO STOP 智能起停和 OFF 起动机起动

4. 空调

空调有三个模式：OFF、ECO 和 Normal。OFF 为空调关闭，允许智能停机；ECO 为经济模式，空调运行，允许智能停机；Normal 为正常 A/C 模式，空调运行，不允许智能停机。

按下"ECO"键，空调即可进入 ECO 模式。当车辆处于怠速停机时，空调压缩机停止运转，空调系统依靠系统内残留的制冷剂工作。但当车外温度很高时，发动机会保持运转来带动空调压缩机以保证车内制冷舒适，即此时不会智能停机。当使用前风挡除霜/除雾功能时，空调将自动切换至 A/C 模式，此时，将不能智能停机。

在传统车辆上，车辆停止，发动机处于关闭状态，空调压缩机停止工作，车厢内的制冷功能逐渐减弱，乘客可能会感到不舒服，在混合动力汽车上，驾驶员可以通过按键选择空调的模式。

在 A/C 正常制冷时，混合动力系统禁止进入自动停机模式，在 ECO 下 A/C 系统允许自动停机，根据 A/C 设置条件的不同，在自动停机模式 30～120 s 后自动起动。当发动机处在自动停机模式下，由于冷却液无法进行循环，车内的空调加热器无法进行热量交换，为了提供如同一般内燃机车型的空调热效能，因此在混合动力车辆上安装了一个电动的空调加热器水泵，该水泵在发动机进入自动停机模式时，根据需要由 SGCM 进行控制。

[**完成任务**] 君越 BAS 混合动力系统空调的"OFF"键功能：＿＿＿＿＿＿＿＿＿＿＿；"ECO"键的功能：＿＿＿＿＿＿＿＿＿＿＿＿＿＿＿＿＿＿＿＿＿＿＿＿＿＿＿＿＿；Normal 键的功能：＿＿＿＿＿＿＿＿＿＿＿＿＿＿＿＿＿＿＿＿＿＿＿＿＿＿＿＿＿。

5. BAS 系统工作模式

如图 2-8 所示，智能停机指发动机不供油，但电机待命，踩下制动踏板至车辆停止，发动机自动停转。松开制动踏板瞬间，发动机自行起动并恢复至怠速状态。发动机自动停止工

第二章

作后 SGCM 将 36 V 电池组电源转换成 12 V 的电源，用来给 12 V 电池单元充电及车内其他用电器和负载使用；如果电池单元的充电能力太低，发动机将自动重新起动；空调加热器冷却液泵循环冷却液；SGCM 冷却泵工作，确保足够的冷却液流过 SGCM；自动变速箱辅助油泵工作，保持工作压力，确保发动机和变速箱的连接；坡路保持阀关闭，保证制动管路中的制动液压力，减少车辆滚动的趋势。

图 2-8　智能停机（Auto Stop）

实现智能停机的主要条件：在 D 挡、空调在 OFF 或 ECO 模式下、电池电量（SOC）指示表高于 L、踩紧刹车踏板、第一次智能停机之前，最高车速要大于 20 km/h，如果不满足智能停机条件，发动机将正常怠速。混合动力车在停车时会实现智能怠速停机。驾驶员行车时只需脚离开制动踏板发动机即会平顺起动。如果智能怠速停机时间较长，达到了标定的最长停机时间（2 min），发动机也会起动。这是智能控制以保持动力电池电量，非驾驶员主动行为。这时驾驶员对发动机起动会比较敏感。

BAS 系统工作模式—自动停机模式启用条件一：车辆速度超过 4 英里①/h（初始）。环境温度高于 − 15 ℃。混合动力操作范围中的混合动力和动力系统部件温度：混合动力蓄电池温度高于 10 ℃（近似），低于 50 ℃；变速器储油槽温度高于 25 ℃，低于 110 ℃；发动机冷却液温度高于 60 ℃，低于 121 ℃（环境温度低于 12 ℃）；发动机冷却液温度高于 82 ℃，低于 121 ℃（环境温度高于 12 ℃）。挡位在 D。

BAS 系统工作模式—自动停机模式启用条件二：空调系统压缩机系统请求发动机打开为 False（不成立）；足够的制动真空；充电状态大于自动停止要求（70%）；蓄电池放电电源容量大于自动启动要求的最小值 6 200 W；可接受的 12 V 蓄电池状态（电压、电流、温度）；车轮滑移（防抱死制动系统或牵引力控制）未启动；燃油箱蒸发系统（EVAP）没有运行轻微泄漏测试；发动机舱盖关闭。

Hybrid-BAS 自动停止后的重新起动。制动踏板松开后，车辆开始进入重新起动/加速模式，发动机重新起动。在 30 s 至 2 min 之内，起动机/发电机自动起动发动机，这要视电池组的充电状态和车辆附件的用电情况而定。ECO 模式 A/C 工作状态下，系统会在自动停机模式启用后 30 ~ 12 s 内重新起动发动机；车辆在重新起动开始加速时，坡路保持阀打开；自动变速箱辅助油泵由混合动力辅助油泵驱动器通过 PWM 进行控制。

① 1 英里 = 1.609 344 km。

君越 Eco-Hybrid 油电混合动力车的仪表盘上没有水温表，如果发动机过热，将和原君越一样，仪表盘上显示发动机冷却液温度警告灯。

[**完成任务**] 写出君越 BAS 混合动力系统自动停机模式启用条件一：_____

_____。

君越汽车有没有发动机水温表？_____。

6. BAS 系统工作模式——减速模式

当油门踏板被释放后，燃油供应停止，车辆进入减速断油状态。在车辆滑行减速期间，变矩离合器会尽早地锁止，车辆从发动机推动（燃油消耗）到能量再生（制动发电）的过程中，扭矩的变化比较平稳。

车辆进入再生制动状态。当车速接近 0 km/h 时，如果驾驶员想要快速起动发动机，混合动力电池组将作为电源带动起动机/发电机通过驱动皮带使发动机转动，燃油重新启用。

减速断油时的能量回收。当车速降低（未踩油门，车辆靠惯性滑行时；或在车辆制动时），燃油供应自动切断，同时，部分能量回收。当车辆降低至一定车速或再次踏下油门，发动机将自动起动，恢复至正常燃油状态。

7. "ECO" 指示灯点亮条件

当车辆的燃油经济性小于 EPA（美国环保署）规定的标准百公里 4L 后，"ECO" 指示灯会点亮。在车辆进入自动停机模式后，因为发动机停止工作，没有了燃油的消耗，所以"ECO"指示灯亮起。车辆滑行进入再生制动模式时，该指示灯点亮。充电指示表上标有一个电池单元的符号及 Hybrid 文字标志，表示混合动力 36 V 电池组的电压状态。当混合动力电池组处在充电的状态时，电压较高，指针偏向"H"方向。当电池组处在耗电状态时，电压较低，如加速助力时指针偏向"L"方向。

如图 2-9 所示，当电池在充电状态时，SOC 指示表指针从 L 到 H 慢慢移动。起动机/发电机控制模块 SGCM（Starter Generator Control Module）控制智能充电。匀速行驶或重踩油门时，产生的多余能量被回收。车辆需要大功率输出时，电机辅助驱动车辆。混合动力蓄电池会在能量回收和智能充电这两种情况下自动充电。一般的城市驾驶，只要有小段的行驶距离（约 100 m）就可以提供充电的机会来维持持续的智能停机。建议在路况好的情况下，尽量多地使用自动巡航，匀速行驶将帮助车辆更加省油。

图 2-9　电池充电状态（SOC）指示表

[**完成任务**] 君越 BAS 混合动力系统仪表中蓄电池电量表（SOC）在驾驶员急加速时指针向 H 还是 L 摆动？＿＿＿＿＿＿＿＿＿；换挡显示是否是在表盘内？＿＿＿＿＿＿＿＿＿。

8. 电控车速感应转向助力系统

采用电动液压助力转向系统 EHPS，有故障时仪表故障灯点亮，如图 2-10 所示为电动助力转向 EHPS 故障指示灯，此系统当高速行驶时，方向盘助力作用减小或者消失，路感增强，保障操控稳定；当速度降低，如转弯、倒车时，方向盘助力作用增大，操控轻盈，一个手指头都能拨得动方向盘。此系统的优点是转向轻便灵活，一切尽在掌握中；提高主动行驶安全性；节省动力，降低 2% ~ 3% 油耗，利于环保。

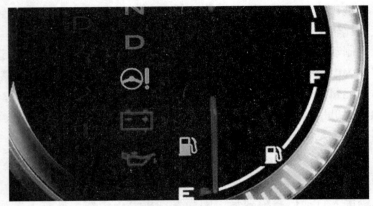

图 2-10　电动助力转向 EHPS 故障指示灯

混合动力车采用了先进的电动液压助力系统。不同于常规的液压助力系统，电动液压助力能根据需要来提供助力，既降低能耗，又使得转向更加顺畅。停车或低速时需要的转向助力最大。这时电动液压助力可以快速提供较大的转向助力，随之也会产生相应于转向速率的正常声响。不要无谓地转动方向盘，否则会消耗蓄电池的电量，导致车辆智能停机的时间缩短。

二、并联轻混奔驰 400 混合动力技术

1. 奔驰 400 混合动力汽车简介

奔驰 400 混合动力系统（图 2-11）的电机驱动系统由高压锂离子电池模块、电机功率模块和电机三部分组成。电机驱动系统的功率控制器和低压 12 V 电源 DC/DC 系统采用了双电动冷却循环泵的设计，转向系统采用了 EHPS 电动液压转向系统；空调系统采用了电控电动压缩机。

制动系统采用了电动真空泵，保留了真空助力器，可实现 ABS 液压摩擦制动和电机再生制动。

2. 动力系统结构

其动力系统结构如图 2-12 所示，由六缸发动机、电动机、7 速自动变速器、锂离子蓄电池、功率控制模块、12 V 交流发电机和 DC/DC 转换器组成。

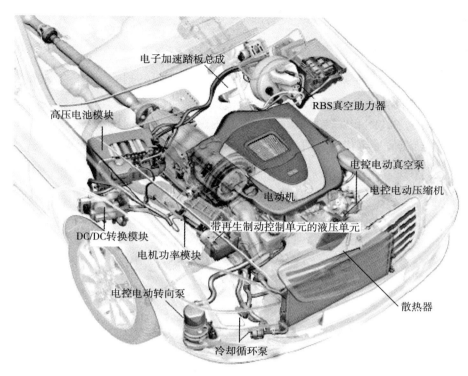

图 2-11　奔驰 400 混合动力系统主要零部件

[**完成任务**] 图 2-11 中发动机为几缸发动机？＿＿＿＿＿＿＿＿＿＿＿＿＿；电动机在什么位置？＿＿＿＿＿＿＿＿＿＿＿；电动冷却循环水泵的作用是什么？＿＿＿＿＿＿＿＿＿＿＿；电机功率模块（逆变器）在哪个位置？＿＿＿＿＿＿＿＿＿＿＿＿；电动真空泵的作用是什么？＿＿＿＿＿＿＿＿＿＿＿；电动空调压缩机在什么位置？＿＿＿＿＿＿＿＿＿＿＿；高压蓄电池在什么位置？＿＿＿＿＿＿＿＿＿＿＿；DC/DC 转换器在什么位置？＿＿＿＿＿＿＿＿＿＿＿。

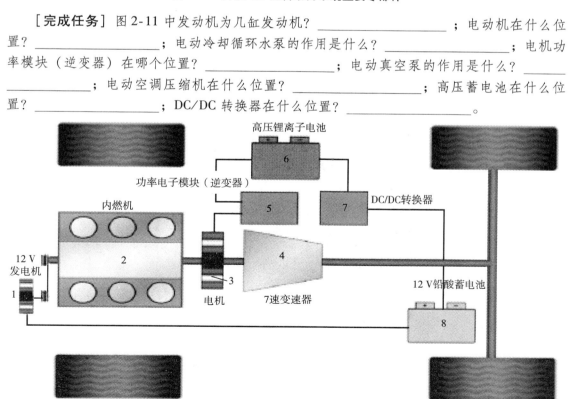

图 2-12　奔驰 400 的混合动力系统结构

[**完成任务**] 写出图 2-12 中的元件名称

1：＿＿＿＿＿＿＿；2：＿＿＿＿＿＿＿；3：＿＿＿＿＿＿＿；4：＿＿＿＿＿＿＿；

5：＿＿＿＿＿＿＿；6：＿＿＿＿＿＿＿；7：＿＿＿＿＿＿＿；8：＿＿＿＿＿＿＿。

如图 2-13 和图 2-14 所示分别为奔驰 400 混合动力汽车电动机结构组合图和分解图。发动机的曲轴转速和位置信号采用与发动机曲轴相连的电动机外转子作为信号轮，电动机的定子和转子采用内定子线圈和外转子永磁的方式，内定子线圈由定子支架支撑，外转子永磁转子和曲轴位置/转速信号轮相连，信号轮内毂上通孔连接在发动机的曲轴后端。

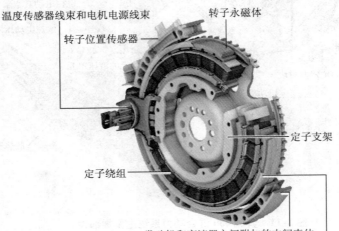

图 2-13　奔驰 400 混合动力汽车电动机结构组合图

图 2-14　奔驰 400 混合动力汽车电动机结构分解图

[**完成任务**] 图 2-14 中电机的定子在内部还是在外部？＿＿＿＿＿＿＿＿＿＿＿；这个电机是否是起动机，具有起动功能吗？＿＿＿＿＿＿＿＿＿＿。

高档轿车如奔驰和宝马等采用原车液力自动变速器，为防止变速器内离合器油压过低，在液力自动变速器基础上增加了电动 ATF 油泵。

混合动力管理系统负责协调各子系统部件之间的相互作用。该管理系统集成于 ECU 中，通过 CAN-bus 总线与自动变速器、蓄电池和动力电子设备等系统单元进行通信。其中，动力电子设备负责管理电动机与高压蓄电池之间的能量流动，除了控制电动机的脉冲逆变器之外，还包括一个直流变压器，可将发电机或蓄电池传来的电流转化为 12 V 直流电，从而支持车辆电气系统工作。混合动力管理系统可以根据蓄电池的充电状态、车速和其他的具体参数，瞬间完成自动分析并选择理想的操作策略。而这种操作策略是传动系统控制软件的关键成分，能够连接各个系统，优化电池电能的使用，以达到效率的最大化。从而消除发动机拖拽所产生的阻力。在高速稳定行驶状态下（最高 160 km/h），当驾驶者松开油门后，V6 发动机也会在离合装置的控制下与自动变速器完全脱离，避免不必要的摩擦损耗，提高车辆滑行距离，进而降低油耗。以途锐混合动力为例。当车速处于 50 km/h 以下、采用电动机驱动时，V6 发动机并非只是完全关闭而已，离合装置还会将发动机与 8 速自动变速器完全脱离。

一旦驾驶员在此时踩下油门踏板，例如超车、加速等，涡轮引擎将立即重新平稳起动，同时将转速升至适合当前车速的水平。此外，能量回收系统可以在制动过程中把电动机转换为发电机，将多余的能量回收并存储于镍氢电池组中。而作为动力总成系统的一部分，自动起动－停车系统同样有助于在走走停停的城市拥堵路况下提高燃油经济性。

第三节　重混合度混合动力汽车

重混合度混合动力汽车的例子有丰田普锐斯。丰田普锐斯（PRIUS）混合动力汽车是史上第一款量产的混合动力汽车，1997 年量产上市，不过中国区域丰田普锐斯是在 2001 年上市第一代，到 2004 年推出第二代，2009 年 4 月丰田第三代普锐斯上市。自 1997 年量产上市以来，目前是全世界销量最多的车型，是最成功的混合动力车型，百公里燃油消耗约为 4.2 L。美国市场的月销量都接近于 1.5 万辆，占美国同期混合动力汽车市场半壁江山，也是丰田混合动力车的主力车型，为丰田集团贡献七成以上的混合动力车销量，而丰田系列的凯美瑞，汉兰达、雷克萨斯 RX400h、LS600hl、GS450h 五个混合动力车型的总销量也不及普锐斯的一半。

本书以第二代丰田普锐斯为例讲解，第三代作区别讲解。第二代丰田普锐斯在保留原先丰田混合动力系统（THS Ⅰ）基本配件的基础上，采用了更先进的 THS Ⅱ型系统。为了进一步提高车辆的整体性能，发动机、MG1（1 号发电/电动机）和 MG2（2 号电动/发电机）以及蓄电池的控制系统都做了优化调整。

一、蓄电池箱

第一代普锐斯的 HV 蓄电池有 228 个电池单元，1.2 V×6 块电池单元×38 模块为额定电压 DC 273.6 V。相比之下，第二代普锐斯的 HV 蓄电池有 168 个电池单元，1.2 V×6 块电池单元×28 模块为额定电压 DC 201.6 V。通过这些内部改进，蓄电池具有结构紧凑、重量轻的特点。第一代普锐斯上，HV 蓄电池电池单元间为单点连接，而新款车型中的蓄电池电池单元间为双点连接，这样的改进使蓄电池的内部电阻得以降低。第二代变频器总成中配有增压转换器，它可以将 HV 蓄电池输出的额定电压 DC 201.6 V，增压到最大值 DC 500 V。第二代普锐斯仪表板增加了 EV 模式开关，在只有 MG2 工作的状态下可使车辆行驶。在这些改进的帮助下，第二代普锐斯内部系统具有体积小、重量轻和大功率等特性。

[**完成任务**] 第二代普锐斯的蓄电池电压为多少？_____；增压后的电压为多少伏？_____；为什么要增压？_____。

二、变速驱动桥

前驱变速器（箱）由于壳体里内置了主减速器和差速器，因此也称变速驱动桥，又由于内部增加了电机，因此是带有电机的变速驱动桥，这里简称变速驱动桥。

第二代普锐斯混合动力系统结构如图 2-15 所示，变速驱动桥主要包括变速驱动桥阻尼器（带扭转减振的飞轮）、MG1（Motor Generator1）发电/电动机、MG2（Motor Generator2）电动/发电机和减速装置。发动机曲轴与行星齿轮的行星架相连，MG1 发电/电动机与太阳轮相连，MG2 电动/发电机与内齿圈（环齿圈）相连，减速装置包括无声链、中间轴主动齿轮、中间轴从动齿轮、主减速器小齿轮和主减速器环齿轮。

混联式是串并联相结合的系统，这种混合动力系统是由点燃式发动机和两台采用永久磁铁的三相交流电机组成。三相交流电机也可以作为发电机运行（电动/发电机 MG1 和 MG2）。

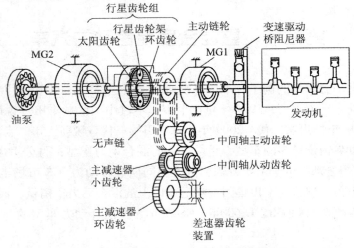

图 2-15 第二代普锐斯混合动力系统结构

[**完成任务**] MG1 是什么的缩写？_____；主要功能是：_____；MG1 与行星排的什么连接？_____。

MG2 是什么的缩写？_____；主要功能是：_____；MG2 与行星排的什么连接？_____。

发动机和变速驱动桥之间是否有离合器？_____；主减速器为几级主减？_____。

行星齿轮组中太阳齿轮、内齿圈和行星齿轮架三者的速度关系永远满足下式：

$$n_1 + \alpha n_2 = (1 + \alpha) n_3 \qquad (2-1)$$

$$\alpha = Z_2 / Z_1 \qquad (2-2)$$

式中 n_1 为太阳齿轮转速，n_2 为行星齿轮架转速，n_3 为内齿圈转速，Z_2/Z_1 为内齿圈齿数和太阳齿轮的齿数比，通常用 α 表示，是一个大于 1 的数。

变速驱动桥中发动机（行星齿轮架）是输入，内齿圈是输出，太阳轮在中间起调节作用，从式（2-1）可知，n_1 转速的变化就会导致 n_3/n_2 这个比值发生连续变化，所以变速驱动桥为无级（CVT）变速驱动桥。

第一代和第二代普锐斯驱动桥结构基本相同，第三代将第二代的无声链换成了齿轮，三级主减速器改为两级主减速器。

三、动力传动工作原理

混合动力系统的 HV-ECU 通过一个加速踏板传感器来检测驾驶员的驾驶需求，HV-ECU 还要接收有关行车速度和变速器挡位的信息，利用这些信息，ECU 就能确定车辆的行驶状况，从而对 MG1、MG2 以及发动机的驱动力进行调节。

其具体工作过程如下。

1. 驻车起动

由于内齿圈被电动驻车棘轮制动不转动停车时，控制供电开关至 READY 挡，高压系统上电完成，若高压蓄电池电量低或需要强制激活发动机工作（比如检修发动机点火和供油系统时，强制激活操作要通过检测仪来完成）时的发动机起动，称为驻车起动。若驻车起动状态时的高压蓄电池电量低（但能起动发动机），MG1 先起动发动机，发动机起动怠速高速运转拖动太阳齿轮带动 MG1 再发电（控制系统要将电机 MG1 迅速由电动状态切换至发电状态）。

驻车时 MG1 为电动机起动发动机如图 2-16 所示，图中行星排的运动状态是从 MG2 向 MG1 方向看的运动状态。

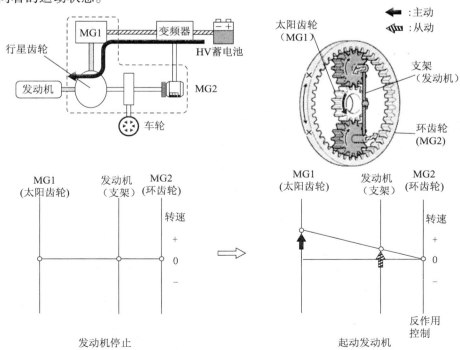

图 2-16　驻车时 MG1 为电动机起动发动机

混合动力汽车技术

如图 2-17 所示为控制系统迅速将电机 MG1 由电动状态切换为发电状态图，此时是在内齿圈不动的情况下发动机转动带动太阳齿轮转动，太阳齿轮被行星齿轮架拖动得转速较高，利于快速发电。

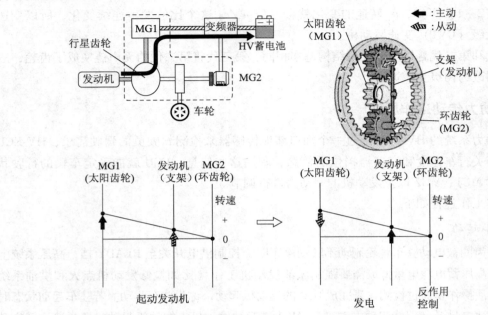

图 2-17　控制系统迅速将电机 MG1 由电动状态切换为发电状态图

[**完成任务**] 驻车起动发动机时，太阳能、内齿圈和行星架三者谁是主动？_____；谁是被动？_____；谁是控制？_____。

2. 低速纯电动工况

为了避免发动机怠速和低速的低效率，采用低车速高效率的电动机驱动。汽车起步时，驱动力完全由 MG2 提供。发动机保持关机状态，MG1 反向旋转，控制系统只有电压，但无充电电流，因此不产生电能（不能用电去发电）。低速若出现驾驶员有急加速动作、系统出现电机功率不够或电池功率不够时，MG1 会自行起动发动机，因为若蓄电池电量低，将不会出现纯电驱动，否则发动机就无法起动了。

如图 2-18 所示为纯电动工况起动时的行星齿轮速度图。MG2 驱动车辆起步后，车辆仅由 MG2 驱动。这时发动机保持停止状态，MG1 以反方向空旋转而不发电。

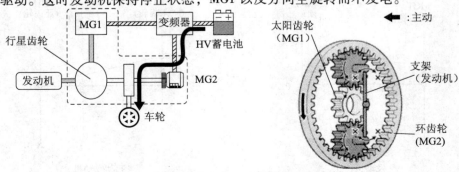

图 2-18　纯电动工况起动时的行星齿轮速度图

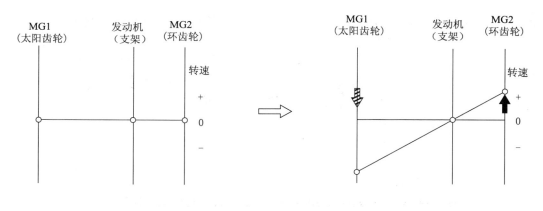

车辆停止   车辆起步

图 2-18　纯电动工况起动时的行星齿轮速度图（续）

[**完成任务**] 纯电动工况，太阳轮、内齿圈和行星架之间谁是主动？＿＿＿＿＿＿＿＿；
谁是被动？＿＿＿＿＿＿＿＿；谁是控制？＿＿＿＿＿＿＿＿。

3. 中高速行驶（混合工况）

纯电动行驶后，若驾驶员加速，车速进入中速，中高速行驶所需的转矩增加，中等车速时恰好发动机效率是高效率区，此时 MG1 发电/电动机瞬时工作使发动机起动，在发动机被 MG1 瞬间起动之后，MG1 由辅助功能（电动机工作）转为主要功能（发电机工作），MG1 通过变频器给 HV 蓄电池提供所需电能。

此时行星齿轮机构将发动机的功率进行分流。一部分功率输送给驱动轮，一部分输送给 MG1，用来发电（这里要强调 MG1 必须要发电，否则行星排将导致发动机功率输出困难）。

中高速行驶可分为纯电动转混合动力时的发动机起动控制、微加速模式、低载荷高速巡航、节气门全开加速和减速行驶五种工况来分析。

（1）纯电动转混合动力时的发动机起动控制。

如图 2-19 所示为纯电动转混合动力时的发动机起动控制行星齿轮速度图。纯电动工况只有 MG2 工作时，如果增加所需驱动扭矩，MG1 将被起动，此时 MG1 和 MG2 共同拖动发动机起动。在纯电动工况不需增加扭矩时，由于 HV-ECU 监视的项目如 SOC 状态、蓄电池温度、水温和电载荷状态与规定值有偏差，MG1 也将被起动，进而起动发动机。

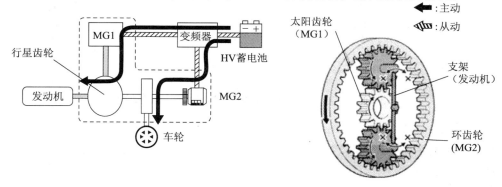

图 2-19　纯电动转混合动力时的发动机起动控制行星齿轮速度图

混合动力汽车技术

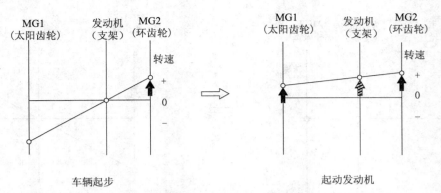

车辆起步 起动发动机

图2-19 纯电动转混合动力时的发动机起动控制行星齿轮速度图（续）

［完成任务］ 纯电动工况，起动发动机时，太阳轮、内齿圈和行星架三者谁是主动？
＿＿＿＿＿＿＿＿＿；谁是被动？＿＿＿＿＿＿＿＿＿＿；谁是控制？＿＿＿＿＿＿＿＿＿。

（2）微加速模式。

如图2-20所示为MG1在小负荷作发电机用时的行星齿轮速度图。小负荷时已经起动的发动机将使MG1作为发电机为HV蓄电池充电，并向MG2供电。但出现需要增加驱动扭矩的情况时，发动机将起动作为发电机的MG1并使其转变为电动机，这种工况也叫"发动机微加速"模式。

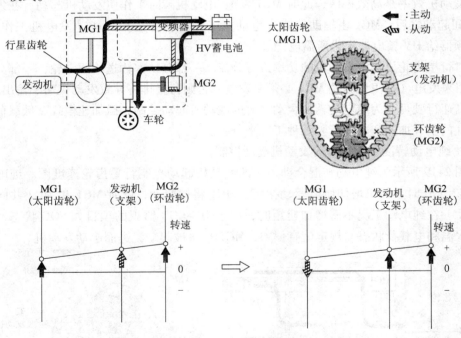

图2-20 MG1在小负荷作发电机用时的行星齿轮速度图

［完成任务］ 小负荷时，是纯电动工况吗？＿＿＿＿＿＿＿＿＿。

如图2-21所示为MG1在微加速模式下作电动机时的行星齿轮速度图。发动机微加速时，发动机的动力由行星齿轮分配。其中一部分动力直接输出，剩余动力用于MG1发电。通过变频器的电动传输，电力输送到MG2用于MG2的动力输出。

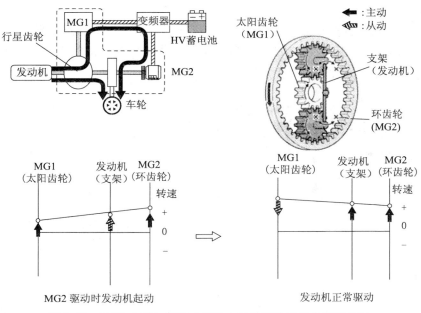

图 2-21　MG1 在微加速模式下作电动机时的行星齿轮速度图

［完成任务］微加速时，是混合动力工况吗？＿＿＿＿＿＿＿＿＿。

（3）低载荷高速巡航。

中高车速时的工况负荷并不高，此时发动机处于最高效率。如图 2-22 所示为 MG1 在低载荷巡航时的行星齿轮速度图。车辆以低载荷巡航时，发动机的动力由行星齿轮分配。其中一部分动力直接输出，剩余动力用于 MG1 发电。通过变频器的电动传输，电力输送到 MG2 用于 MG2 的动力输出。

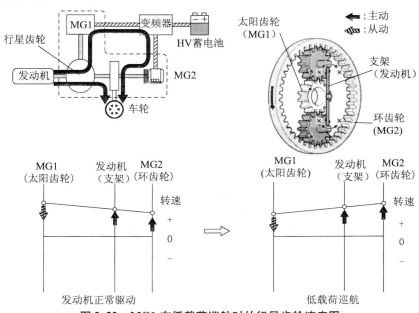

图 2-22　MG1 在低载荷巡航时的行星齿轮速度图

［完成任务］低载荷巡航时，是混合动力工况吗？＿＿＿＿＿＿＿＿＿。

（4）节气门全开加速。

如图 2-23 所示为加速工况时的行星齿轮速度图。车辆从低载荷巡航转换为节气门全开加速模式时，系统将在保持 MG2 动力的基础上，增加 HV 蓄电池的电动力，此时发动机、MG1 和 MG2 全部给汽车加力以产生加速扭矩。

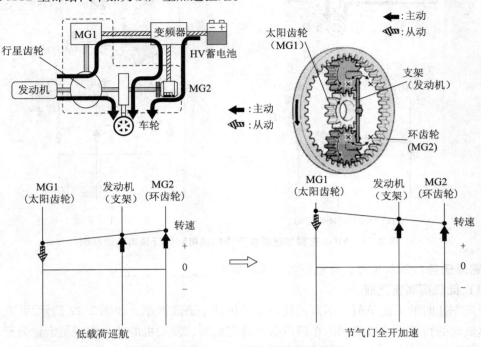

图 2-23　加速工况时的行星齿轮速度图

发电/电动机 MG1 只在瞬时起动和瞬时急加速时工作，并不是在中高速时长时间工作，所以只能称为混联，若电动机 MG1 以长时工作则为复联。

［**完成任务**］ 急回速时，电机 MG2 可以从哪两个元件获得能量？_____。

（5）减速行驶。

如图 2-24 所示为 D 挡减速时行星齿轮速度图。减速行驶分为"D"挡减速和"B"挡减速行驶两种情况。车辆以 D 挡较低车速减速行驶时，发动机停止工作，动力为零。这时，车轮驱动 MG2，使 MG2 作为发电机运行并为 HV 蓄电池充电，太阳齿轮反转，MG1 不进行发电控制，从而不发电。另外当车辆从较高速度开始减速时，发动机以预定速度继续工作保护行星齿轮组，防止行星轮转速过高烧毁行星轮轴承。

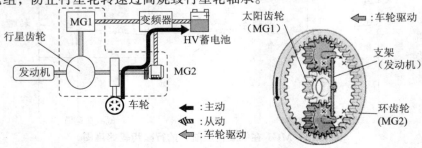

图 2-24　D 挡减速时行星齿轮速度图

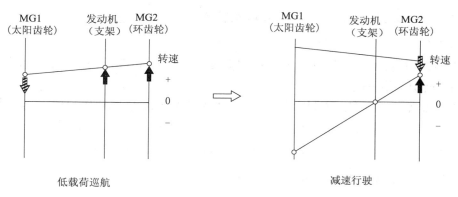

低载荷巡航   减速行驶

图 2-24　D 挡减速时行星齿轮速度图（续）

如图 2-25 所示为 B 挡减速时行星齿轮速度图。车辆以 B 挡减速行驶时，车轮能量一部分驱动 MG2，使 MG2 作为发电机工作并为 HV 蓄电池充电，为 MG1 供电，这样 MG1 处于电动机状态带动太阳齿轮正转，齿圈转动能量的另一部分经发动机转速并施加发动机制动。这时，发动机燃油供给被切断。

[**完成任务**] D 挡减速时，电动机 MG2 转变为＿＿＿＿＿＿＿＿，是否有发动机制动？

＿＿＿＿＿＿＿＿。

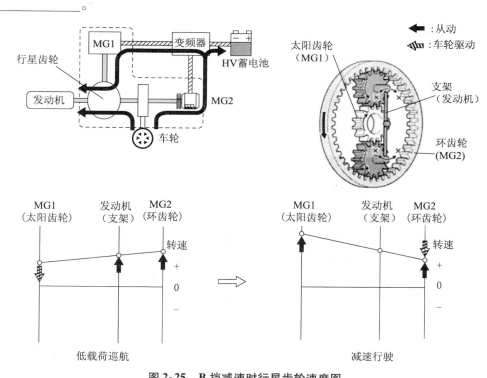

低载荷巡航   减速行驶

图 2-25　B 挡减速时行星齿轮速度图

如果驾驶员踩下制动踏板，制动防滑控制 ECU 计算所需的再生制动力并发送信号到 HV-ECU，HV-ECU 接收到信号后在符合所需再生制动力的范围内增加再生制动力（详细内容参考摩擦制动和电机回馈能量制动的混合制动控制），这样就可以控制 MG2 产生充足的电量。

[**完成任务**] B 挡减速时，电动机 MG2 是正转还是反转？＿＿＿＿＿＿＿＿。

4. 倒车行驶

当汽车以倒挡行驶时，驱动力全部由 MG2 提供。这时 MG2 反向旋转，发动机不工作，MG1 正向旋转但并不发电。

在 MG2 驱动车辆倒车需要起动发动机时，如果 HV-ECU 监视到如 SOC 状态、蓄电池温度、水温和电载荷状态与规定值有偏差，MG1 将瞬间进行起动机控制，发动机起动后，转为发电机控制，发动机带动 MG1 作为发电机工作为 HV 蓄电池充电。

四、雷克萨斯 LS600h 混合动力技术

雷克萨斯 LS600h 混合动力驱动系统 ECVT 外壳体如图 2-26 所示，为了便于理解，在图 2-27 所示中，大部分前部箱内的内部组件已经被拆放在外面。

图 2-26　雷克萨斯 LS600h 混合动力系统 ECVT 外壳体

图 2-27　雷克萨斯 LS600h ECVT 变速器内部结构

从图 2-28 所示的普锐斯、凯美瑞和雷克萨斯电机和变速驱动桥可看出，到目前为止，凯美瑞和雷克萨斯变速系统与普锐斯在输入部分基本相同。可以看出混合动力汽车大大降低了变速器设计的结构复杂性。在普锐斯混合动力中采用一个单行星轮行星排。在凯美瑞中是在普锐斯的基础上增加了一个单行星轮行星排，这个行星排的行星架固定在变速器壳体上。雷克萨斯中是在普锐斯基础上增加了一个拉威娜机构，并且拉威娜机构的一个太阳齿轮和共用的内齿圈可用制动器灵活制动。

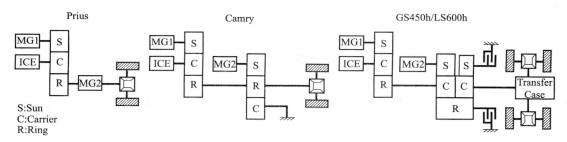

图 2-28　普锐斯、凯美瑞、雷克萨斯电机和变速驱动桥

[**完成任务**] 在图 2-28 中，S 代表：_____；C 代表：_____；R 代表：_____。凯美瑞具有几个行星排？_____；雷克萨斯具有几个行星排？_____。

表 2-1 所示为雷克萨斯、凯美瑞和普锐斯电机参数。

表 2-1　雷克萨斯、凯美瑞和普锐斯电机参数

电机参数	LS600h	Camry	Prius
18 s 电机峰值功率/kW	110	70	50
电机功率密度/（kW·kg⁻¹）	2.46	1.68	1.11
电机功率比/（kW·L⁻¹）	6.59	4.73	3.25
额定扭矩/（N·m）	300	270	400
电机最高转速/（r·min⁻¹）	10 230	14 000	6 000
绕线方式	Parallel	Parallel	Series

表 2-2 所示为雷克萨斯、凯美瑞和普锐斯电机功率转换器 PCU 参数所示。

表 2-2　雷克萨斯、凯美瑞和普锐斯电机功率转换器 PCU 参数

电机功率转换器 PCU 参数	LS600h	Camry	Prius
电池标称电压/V	288	244.8	201.6
DC－DC 最大升压/VDC	650	650	500
DC－DC 升压功率/kW	36.5	30	20
滤波电容耐压值/VDC	500	500	600
升压端平滑电容/V	750VDC，2 629μF	750VDC，2 098μF	600VDC，1 130μF
电机功率密度/（kW·L⁻¹）	17.2	11.7	5.7
DC－DC（升压）转换器质量/kg	6.9	6.6	4.8
DC－DC（升压）转换器体积/L	4	3.5	5.1
DC－DC（升压）转换器功率比/（kW·kg⁻¹）	5.3	4.5	4.2
DC－DC（升压）转换器功率密度	9.1 kW/kg	8.6 kW/L	3.9 kW/L
注：电机质量和容量包括冷却系统			

第三章

混合动力汽车高压安全

第一节　民用电 TN 网络原理

技师警告：不经专业的电动汽车安全培训，不要接触电动汽车的橙色电线。

（1）在进行高压电操作前，要牢记，一定要先断开蓄电池中间的检修塞，等待 5 min 以上，等存储电荷的高压电容放电后才能进行维修操作，否则也会发生电击事故甚至导致死亡。

（2）千万不要把自己身体的任何部位串入正、负母线之间构成导电回路，这会造成严重的触电事故。

（3）不能将正或负直流母线中的任何一根与车身相接触，这样操作将留下严重的电击隐患，因为一旦人员站在车上接触了高压电将造成严重电击伤或死亡。

（4）检修电动空调电动机和 DC/DC 时要断开检修塞。

（5）蓄电池电压采集点的线虽然说没有使用橙色线，但其中两条之间也可能导致电击。以上这五点是工作安全的保障，是相关书籍没有注意到的。

不过在学习汽车高压安全之前，还是要了解民用电安全工作原理——TN 网络原理。

一、TN 网络原理

高压安全措施和注意事项的基本功用可利用 TN 网络进行说明介绍（如住宅线路）。TN 表示接地零线（共用接地），如图 3-1 所示为不安全的 TN 网络原理。

民用住宅的单相 440 V（430 V）或三相 380 V（400 V）电压是从三相变压器的次级绕组取出的，L1、L2、L3 为三相火线，线间电压为 380 V，可接入如三相电动机。对于单相 440 V 如单相电机或照明用电则采用相电压 440 V 供电。注意 PE 是保护地的缩写，N 是中性点的缩写，PE/N 意为中性点作为保护接地，一个供电网络要有多个 PE/N。PE/N 在图中左接变压器的中心抽头，右接住宅大楼的暖气管道和楼体钢盘笼，图中的照明灯零线回路通过保险盒内的接地螺丝 N 将电流导入住宅的等电位连接轨，从 PE/N 流回变压器中心抽头，形成回路，这是单相两线电器工作原理。单相三线工作原理是诸如电饭煲除了要用电器工作外，还要防止壳体漏电，所以在壳体上接保护接地线用于保护接地，保护接地即用用电器壳体和用电器的零线相连，零线和真实土地等电位，由于人总是站在真实土地上，真实土地和用电器壳体等电位，因此不会造成触电。

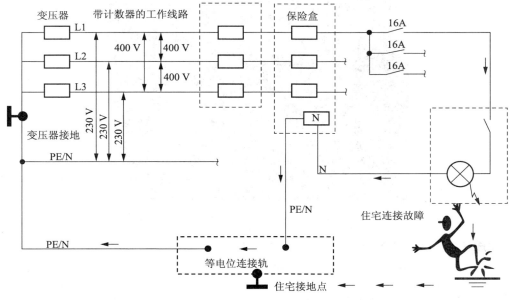

图 3-1 不安全的 TN 网络原理

如图 3-2 所示为安全的 TN 网络原理。如果用电器壳体漏电，电流可经由第三根地线经 PE 后通过保险盒内的接地螺丝 N 将电流导入住宅的等电位连接轨，不会造成触电危险。

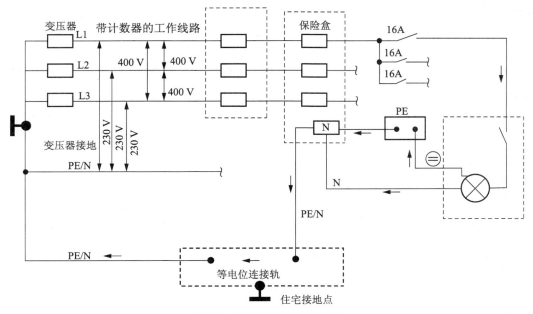

图 3-2 安全的 TN 网络原理

[**完成任务**] 如图 3-3 所示为住宅的电源控制箱，想一想家用的电饭锅、电冰箱、洗衣机电脑等都采了三个接头（带接地）的插头，而电视机、收音机、电磁炉等都采了两个接头（不带接地）的插头，为什么？_____。

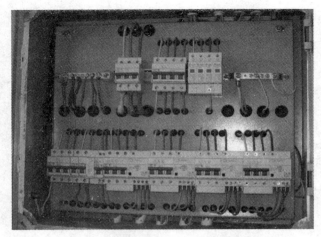

图 3-3 住宅的电源控制箱（左下侧墙体接线为地线）

[**完成任务**] 家中带接地用电器的插头中，插头的接地端子和墙体地线是否相连？_____；这根地线与楼体钢筋是否相连？_____。

二、现代电动汽车的安全措施

如图 3-4 所示为电动汽车的高压安全措施。

（1）用带有不同颜色的线代表不同电压，所以一定要高度重视高压部件上的橙色高压线路和上面的警示通知。

（2）带高压电零件的防接触保护：采用多层（三层）绝缘防止意外直接或间接接触带电零件。

（3）电隔离：高压电采用正负极与车辆接地绝缘。发生简单故障时，这种保护可以防止电击。

（4）绝缘电阻监测：检测整个高压系统有无绝缘故障，并在仪表中用声音或光表现故障。

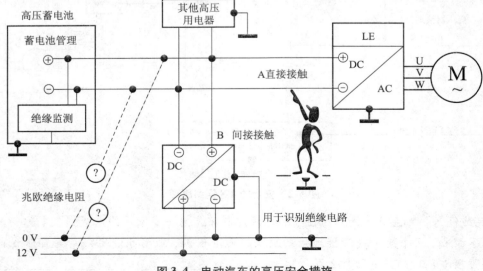

图 3-4 电动汽车的高压安全措施

（5）高压互锁：对整个高压系统设置一个导通环。如果导通环传送的信号中断，切断高压系统上继电器的供电，并对高压系统的电容器进行自动放电。

（6）服务断开/高压接通锁：工作人员使用诊断辅助系统断开电压后，不仅要确保关闭整个高压系统（高压互锁打开），还要防止高压系统通过"点火开关开启"重新接通。借助高压接通锁的插入（连接），对高压系统又加了一道防止接通的保险。如图 3-5 所示为奔驰高压接通锁。

高压接通锁

图 3-5　奔驰高压接通锁

（7）在碰撞时切断高压系统。通过碰撞识别触发断开蓄电池和停止发电机发电模式，并将母线电容器放电至允许的电压极限以下。另外在短路时切断高压系统，并将母线电容器放电至允许的电压极限以下。

三、HV（高压）的注意事项

如果员工没有接受高压操作知识培训，不允许在混合动力汽车上执行操作。如果员工在车辆上的"工作"仅限于操作或客户咨询，如启用冬季轮胎的限速或阐述驾驶室管理及数据系统，则不必进行高压知识培训。此外，只是简单驾驶车辆时也没有必要进行高压知识培训，如洗车人员将车辆驶向洗车装置。如果员工在车辆上执行操作、阐述或简单驾驶车辆之外的"工作"，一定要进行高压知识培训。甚至开启发动机罩，如清洗发动机或添加车窗风挡玻璃清洗液，也要求进行高压知识培训。如果不具备高压资格和未经过高压产品培训，员工不得在高压网络上作业。不遵守相关注意事项会导致严重结果。接受过高压知识培训的非电工技术专业人员可以在高压系统外执行作业。接受过附加资格认证（高压资格和高压产品培训）的汽车技师、电气技师、机械电子工程师可以在高压系统上执行作业。

第二节　混合动力汽车高压安全操作注意事项

混合动力汽车高压安全操作有如下注意事项。

1. 检查混合动力控制系统注意事项

（1）在检查高压系统之前，采取安全措施以避免发生触电事故，例如戴上绝缘手套来拆下检修塞卡箍。拆下检修塞卡箍后，将它放入口袋内，防止在维修高压系统时，其他技师重新将它连接。

小心：拆下检修塞卡箍后，打开电源开关（READY）可能导致故障。所以，一定要在维修手册的指导下才能打开电源开关（READY）。

（2）断开检修塞卡箍后，5 min 内请不要接触任何高压连接器或端子。

提示：至少需要 5 min 对变频器内的高压电容器进行放电。

（3）由于可能出现液体泄漏的情况，请在检查 HV 蓄电池内部时戴上护目镜。

（4）戴上绝缘手套，关闭电源开关，并在接触高压系统的任一根橙色配线前，断开备用蓄电池的负极端子。

（5）进行电阻检查前，应关闭电源开关。

（6）在断开或重新连接任何连接器前，应关闭电源开关。

（7）安装检修塞卡箍时（图3-6），必须弹起锁杆并使其向下锁止。一旦在正确位置锁止，它将打开互锁开关。确保锁杆紧固锁止，因为在没有锁止的情况下，系统将会输出互锁开关系统相关的 DTC。

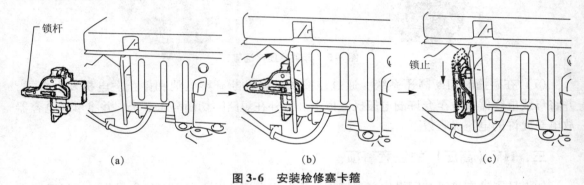

图 3-6 安装检修塞卡箍

（a）水平插入维修塞；（b）顺时针转动维修塞；（c）向下锁止维修塞

2. 初始化

电缆从蓄电池负极（−）端子断开后，当重新连接电缆时，请对电动窗控制系统进行初始化。

3. 激活混合动力系统

警告灯亮起或蓄电池断开又重新连接，则初次按下电源开关可能无法启动该系统。如果是这样，则再次按下电源开关。打开电源开关（IG）时，断开蓄电池。如果重新连接时钥匙不在钥匙孔内，则可能输出 DTC。

4. 进行故障排除

使用智能测试仪进行故障排除，依次为：车辆进入车间—分析客户所述故障—将智能测试仪连接到 DLC3—检查并记录 DTC 和定格数据—清除 DTC—故障症状确认。

［**完成任务**］请老师为学生组织一次高压检修前的高压下电工作，下电后检查直流保险的额定电流为多少安培？_____。

第三节 高压安全的保护电路

为防止电动汽车操作人员在操作电动汽车时发生高压电击伤，通常设计以下保护电路，如高压和低压不共地、高压互锁电路、漏电保护电路等。

一、高压和低压不共地

在传统汽车上低压蓄电池负极与车身相连，构成单线制负搭铁。高压电回路设计时充分考虑了高压蓄电池负极若采用单线制负搭铁，一旦站在车身上不小心碰到正极就会很危险。所以设计高压回路时，若有负极回路，一律采用负极导线回至高压蓄电池负极。

二、普锐斯高压系统互锁电路

1. 简述

车辆停止时（车速低于 5 km/h），如果拆下后备厢内动力电池检修塞卡箍，或发动机仓内的变频器盖，ILK（INTERLOCK 互锁）输入 HV-ECU 将切断系统主继电器。如果安全设备重新正确安装，则再次接通电源后将恢复正常的运行。如果不能正常运行，则可能存在开路，应进行检查。

若出现车辆停止时运行安全设备（ILK 信号为 ON）现象，则检修塞卡箍安装和变频器盖安装情况。

值得注意的是，车辆行驶时（车速高于 5 km/h），如果电池检修塞卡箍或发动机仓内的变频器盖内开关开路，ILK（INTERLOCK 互锁）输入 HV-ECU 将不会切断系统主继电器。

2. 电路

如图 3-7 所示为高压电池箱内和逆变器内设计的互锁开关，两开关位置如图 3-8 和图 3-9 所示。

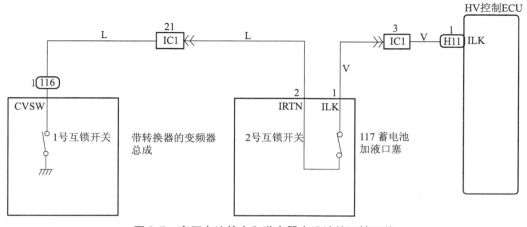

图 3-7　高压电池箱内和逆变器内设计的互锁开关

［**完成任务**］请老师在实车上为学生找到 1、2 号互锁开关，两个开关在汽车上是常闭，

还是常开的？_____。

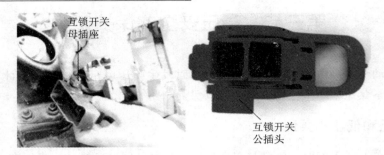

图3-8　维修塞（保险丝）位置处的1号互锁开关（其实是个插接器）

图3-9　逆变器内的互锁开关公插头和母插头组成的2号互锁开关（其实是个插接器）

三、漏电保护监测

高压和低压设计时虽不共地，但如高压蓄电池负极或正极搭在车身上，或与车身的绝缘下降时，只踩站在车身上仍然会出现电击伤，所以当正极或负极有一条线出现与车身绝缘性能下降现象时，应控制电池箱内系统主继电器断掉正负极的电流输出。

四、汽车碰撞后的高压下电控制

1. 简述

HV控制ECU收到气囊ECU的碰撞信号电路故障，并向驾驶员发出警告。

2. 电路

如图3-10所示为安全气囊ECU和HV-ECU的通信电路。

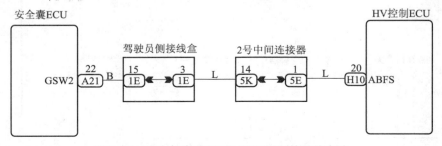

图3-10　安全气囊ECU和HV-ECU的通信电路

3. 信号线检修

出现安全气囊 ECU 与 HV 控制 ECU 间的通信电路 GND 短路、开路或 + B 短路和信号异常应检修线束或连接器和安全气囊 ECU。

五、碰撞传感器

1. 简述

汽车碰撞传感器时，传感器内的开关默默闭合，HV 控制 ECU 检查断路器传感器（碰撞传感器）信号的线路连接，如果检测到故障，则向驾驶员发出警告。

2. 电路

如图 3-11 所示为断路器传感器（碰撞传感器）电路图。

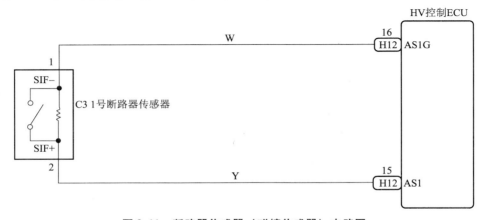

图 3-11　断路器传感器（碰撞传感器）电路图

3. 故障检修

出现 1 号断路器传感器电路 GND 短路、开路或 + B 短路时检修线束或连接器和 1 号断路器传感器。

［**完成任务**］请学生找到 1 号断路器传感器，传感器内开关是常闭，还是常开的？ _____ 。

拔下 1 号断路器传感器后，短接插座后，高压上电继电器有什么反应？ _____ 。

第一节　阿特金森发动机原理

一、阿特金森循环与奥托循环的比较

在常规奥托循环发动机的做功冲程完成后，封闭在气缸内的气体压力仍然有 3~5 个大气压，这部分气体的压力并未做功，在排气冲程中，这部分气体的热量白白地排放到大气中。阿特金森循环提高了做功行程的做功量，方法是在膨胀行程末，气缸内剩余压力变得较小，仅稍高于大气压时才将排气门打开，充分利用了膨胀做功，几乎没有压力浪费，因此提高燃油效率。

由于阿特金森循环在部分负荷时具有较高的热效率，燃油经济性高，因此它正被越来越多地应用于混合动力车上，通过电动机的辅助使发动机工作在部分负荷下，提高系统效率。目前使用阿特金森循环发动机的车型主要有丰田普锐斯、福特翼虎、雷克萨斯 RX450h 和长安志翔等。

技师指导：目前阿特金森循环发动机是在原有动力平台上开发的，这样开发周期短，更具有成本低的优势。通过优化混合动力的控制策略，混合动力汽车可在不提升任何制造成本的基础上，降低 8% 左右的油耗。

二、阿特金森循环实现方式

普通汽车发动机都是基于奥托循环的，它包括进气、压缩、做功和排气四个冲程。目前有通过调节可变配气正时机构和可变压缩比两种方式，采用可变配气正时机构方式较多。不过从发展来看，应用可变压缩比的可能性更大。

1. 可变压缩比式

在奥托循环发动机里，在进气行程中油气混合物被吸入气缸，当活塞到达下止点后，进气门关闭，油气混合物被封闭在气缸中，在压缩和做功行程中分别被压缩和点燃。这样，膨胀比就几乎等于发动机的压缩比。

1884 年 James Atkinson 发明了阿特金森循环发动机，阿特金森循环是一种高压缩比，长膨胀行程的内燃机工作循环，具有极佳的部分负荷经济性，但全负荷动力性能较差。因为这种循环结构比较复杂，所以大家都选用了奥托循环式的发动机。

随着技术的不断创新，从经济性看，尽管可变压缩比发动机的结构比较复杂，但其应用

是早晚的事。新的可变压缩比发动机活塞在气缸内由滚子引导沿着垂直方向运动，不需要起导向作用的活塞裙部。控制活塞操纵杠杆的一端，杠杆的中部与活塞的连杆相连，连杆将活塞的上下往复运动转化为曲轴的旋转运动。杠杆的另一端可以通过调整机构升高或降低来控制活塞运动的上下止点位置（有效行程），从而改变压缩比，进而改变膨胀比，结构可参考标志407的可变压缩比发动机（由于没有实际的混合动力汽车，这里不再详述），如图4-1所示。

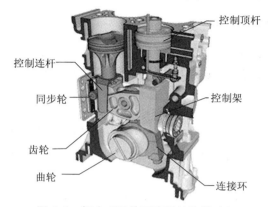

图4-1　标志407的可变压缩比发动机

2. 可变配气正时式

由于膨胀冲程增加过大，在结构上实现有很大的难度，需要借助特殊的曲轴和连杆系统来实现，其技术难度高。现代阿特金森循环发动机（Atkinson cycle engine）使用电子控制装置和进气阀定时装置，使燃烧在气缸中的油气混合物的体积膨胀得更大，借此让动力装置能更高效地利用燃油。

1947年，美国工程师拉尔夫·米勒在简单的奥托循环发动机的基础上实现了高燃油效率的阿特金森循环。他不像詹姆斯·阿特金森那样，机械地实现做功行程大于压缩行程，而是让进气门在压缩行程中关闭，尽管这样会造成吸入气缸的油气混合物在活塞开始上升时又部分地被推出气缸。压缩行程可以通过控制进气门关闭的时刻来恰当地设置。因考虑到压缩行程又被分为两个阶段（燃油喷射阶段和实际的压缩阶段），这种发动机有时又被称为"五冲程发动机"，如图4-2所示。大负荷功率输出的损失部分地抵消了阿特金森循环发动机燃油效率的提高，所以应避免使用大负荷，或取消大负荷。

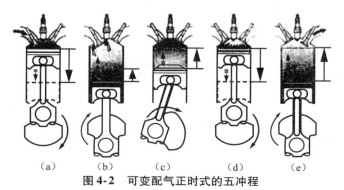

图4-2　可变配气正时式的五冲程
（a）进气行程；（b）未压缩；（c）压缩行程；（d）做功行程；（e）排气行程

部分负荷时利用进气回流使进入气缸的部分混合气流回进气管，以增大节气门开度降低节流损失，采用远高于正常汽油机的压缩比以提高热效率，长的膨胀行程可以充分利用燃烧气体的膨胀功，减少废气带走的能量，同样提高热效率，但由于压缩比过高不能使充气效率过高，故动力性能差。

[**完成任务**] 为什么混合动力汽车要采用阿特金森发动机？_____。

三、阿特金森循环的应用

丰田普锐斯早在第二代车型上就使用了阿特金森循环，发动机几何压缩比为 13:1，实际为 9:1。它使用的是现代的阿特金森循环，没有了复杂的连杆机构，且没有在普通发动机上做太大修改，只是改变气门开闭的时刻。它是利用可变气门正时（VVT）来实现阿特金森循环的，因此进气门关闭点可随着工况进行变化。为了进一步提高阿特金森循环的热效率，第三代普锐斯在保持燃烧室形状与压缩比为 13.0 不变的情况下，把进气门关闭时间从第二代的下止点后 72°～105°"提前"到了 62°～102°，使得阿特金森循环率上升，提高了热效率，进一步改善了燃油经济性。

在普锐斯取得巨大成功后，丰田公司又将阿特金森循环用在了 2010 款的雷克萨斯 RX450h 上，在这一最新混合动力车型上，配备 3.5 L 带 VVT 的阿特金森循环发动机，发动机能够在 6 000 r/min 的转速产生 183 kW 的最大功率，综合油耗达到每 100 km 7 L，改善了燃油经济性。

目前的油电混合动力汽车基本上对发动机进行了重新设计或重大改进，许多阿特金森循环是在汽油机的基础上改造得到的，这种循环具有高热效率、高膨胀比和紧凑型倾斜挤气燃烧室，由于电机承担了功率调峰的作用，发动机可以舍弃非经济工作区的动力性，单一追求经济工作区的高效率，其主要目的是追求高的热效率而不是追求高功率。

混合动力汽车发动机上的阿特金森循环取消了小负荷和大负荷两种工况，在部分负荷时具有较高的热效率，燃油经济性高。

同时由于发动机采用小排量，储备功率变小，使得发动机的燃油效率也有所降低。

[**完成任务**] 为什么说丰田普锐斯混合动力汽车几何压缩比为 13:1，实际为 9:1？_____。

四、Prius 发动机具体结构

Prius 发动机规格见表 4-1。

表 4-1　Prius 发动机规格

项目	规格	说明
型号	1NZ – FXE	为 Prius 专门设计
排量	1.5 L	75.0 mm×84.7 mm
气缸排列	4 缸直列	
燃烧室形状	屋脊形燃烧室	
几何压缩比	13:1	由于采用阿特金森循环，实际压缩比为 9:1 左右

项目	规格	说明
最大功率	53 kW（4 500 r/min）	
最大扭矩	111 N·m（4 200 r/min）	
最高转速	4 500 r/min	
进气方式	自然吸气	横向自然吸气
加速踏板形式	电子加速踏板	非接触式
点火形式	单独点火系统	每缸一个点火线圈
配气形式	VVT-i	DOHC，可调角度35°
燃油喷射	SFI	顺序燃油喷射

1. Prius 汽油机与常规汽油机的比较

Prius 作为一种先进的混联式驱动系统（THS），在结构和控制方式上同传统发动机有很大区别，主要区别在于 Prius 发动机采用 12 V 电加热冷却水辅助发动机暖机。发动机起动用大功率电机（MG1），不再用传统起动机。凸轮轴采用链驱动而不是皮带驱动。加速踏板位置传感器和电子节气门位置传感器采用非接触式位置传感器。点火系统采用单缸独立点火系统。

Prius 采用 4 缸直列形式，顶置双凸轮轴 16 气阀（DOHC）；进、排气歧管分开布置，避免进气加热；屋脊形燃烧室，自然吸气，采用短进气道进气方式。没有传统发动机上所应该具有的起动电机和发电机（由 MG1 取代）。动力总成结构较为复杂，因此发动机结构非常紧凑，以减小体积和重量。同时，发动机机体及缸盖采用铝合金铸造（8 mm 壁厚），以进一步减轻重量。

2. 发动机效率曲线和扭矩曲线

对混合驱动系统来说，最为关键的技术就是对发动机工作点的控制，减少瞬态工况，使其总运行在高效区，从而降低油耗及排放。一般来说，发动机高效区为 40% ~50% 的最高转速区，70% ~80% 的最高扭矩区。发动机正常运行转速范围为 1 000 ~4 500 r/min。同常规发动机相比，Prius 去除了怠速及低负荷运行区，同时限制了最高转速，从而使效率得到很大提高，最低效率为 25.3%，最高效率达到 36.4%。

[**完成任务**] 传统汽油机的平均效率为：_____；这个效率相当于 Prius 的阿特金森发动机的百分之几十？_____。

3. 提高效率的手段

（1）优化发动机运行范围，使发动机稳定工作在高效区。

（2）采用小功率发动机。

（3）减少摩擦损失功。

- 降低最高转速（最高转速 4 500 r/min）；
- 曲轴偏置（曲轴中心线偏离气缸中心线 12 mm）；
- 活塞环与气缸壁配合较松，采用倔强系数较小的气门弹簧。

（4）采用阿特金森循环，提高膨胀比，减小泵气损失。

一般发动机压缩比同膨胀比几乎相同，提高膨胀比时必须同时提高压缩比，压缩比达到一定程度时，一般不可避免地产生爆震。因此通过迟关进气门，使进入气缸中的部分新鲜空气排出，从而降低实际压缩比（9:1 左右）。这样带来两个好处：

- 提高了膨胀比，避免由于几何压缩比过高带来的爆震倾向；
- 提高节气门的开度，减小在部分负荷时的负压，减少进气损失。

（5）采用可变配气定时（VVT-i），根据不同的运行工况，调整进气阀的关闭时刻，提高效率。

（6）设计结构紧凑，大量采用轻质材料。

（7）取消起动燃油增浓及大负荷加浓。

[**完成任务**] 写出提高发动机效率的方法。＿＿＿＿＿＿＿＿＿＿＿＿＿＿＿＿＿

＿＿＿＿＿＿＿＿＿＿＿＿＿＿＿＿＿＿＿＿＿＿＿＿＿＿＿＿＿＿＿＿＿＿＿＿＿＿＿

＿＿＿＿＿＿＿＿＿＿＿＿＿＿＿＿＿＿＿＿＿＿＿＿＿＿＿＿＿＿＿＿＿＿＿＿＿。

4. 经济性和排放性

Prius 具有良好的经济性和排放性，满足 CARB（加利福尼亚州空气资源局）的超低排放法规（SULEV）。同普通车相比，NO_x 降低 90%，CO_2 降低 50%。

排放控制主要采取如下措施：

（1）采用常规的三元催化器，使用前后两个氧传感器。

（2）同常规发动机一样，采用燃油蒸汽碳罐吸收及曲轴箱强制通风。

（3）控制发动机稳定运行于高效区，由于燃油经济性的提高，HC、CO 和 NO_x 的排放都相应较少。同时，发动机运行稳定，大大减少了各种瞬态工况。

（4）采用快速暖机。

- 发动机被 MG1 快速拖动到 1 000 r/min 再喷油，快速暖机；
- 电热加热冷却水，快速暖机。

（5）去除常规发动机为追求大功率时的功率混合气。

（6）冷起动 HC 的吸附，在三元催化转化器内部布置 HC 吸附材料，制成组合转换器。在发动机还没有暖机时，HC 吸收并储存起来，直到氧传感器达到工作温度（300 ℃左右）后再排放。三元催化器由内外两层构成，外层为 HC 的吸附层，内层为常规发动机的催化转化层。在冷机时，旁通阀打开，废气流经 HC 的吸附层对 HC 进行吸附收集，HC 此时不能进入催化转化器，当吸附器饱和并释放 HC 时，此时催化转化器的温度相对较高，释放 HC，并在转化器中氧化。

[**完成任务**] 写出 Prius 发动机在经济性和排放性上采取的措施。

＿＿＿＿＿＿＿＿＿＿＿＿＿＿＿＿＿＿＿＿＿＿＿＿＿＿＿＿＿＿＿＿＿＿＿＿＿＿＿

＿＿＿＿＿＿＿＿＿＿＿＿＿＿＿＿＿＿＿＿＿＿＿＿＿＿＿＿＿＿＿＿＿＿＿＿＿＿。

第二节　混合动力汽车功率控制

一、发动机扭矩控制

发动机的扭矩需求由加速踏板位置传感器输入至发动机控制模块（简称 ECM）。由 ECM 控制电子节气门电动机将节气门开大或减小，从而控制发动机的扭矩输出，控制参考如图 4-3 所示的电控发动机扭矩控制框图。

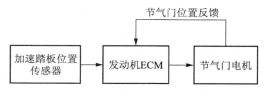

图 4-3　电控发动机扭矩控制框图

ETCS-i 是丰田电子节气门智能控制系统的缩写，电子节气门体包括节气门控制电机和冗余控制的节气门位置传感器两部分。采用 ETCS-i，为每个工作范围提供最佳的节气门控制。电子节气门组成如图 4-4 所示的。

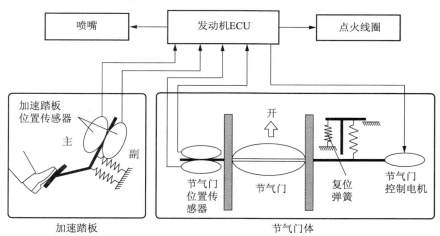

图 4-4　电子节气门系统的结构示意图

1. 加速踏板位置传感器

（1）简述。

加速踏板位置传感器安装在加速踏板上，检测其所受的压力。它有两个传感器端子（VPA 和 VPA2）分别检测加速踏板位置和加速踏板位置传感器本身的故障。这种传感器采用霍尔测量方式，可以获得精确的控制和可靠的稳定性。

加速踏板位置传感器中，HV 控制 ECU 的端子 VPA 和 VPA2 间的电压在 0～5 V 变化，与加速踏板受到的压力成正比。VPA 信号用于 HV 系统控制实际加速踏板开启角度，而 VPA2 信号用于检测传感器本身（端子 VPA）故障。HV 控制 ECU，根据 VPA 和 VPA2 信号判断加速踏板踏下深度大小，并根据这个信号控制 HV 系统。

（2）加速踏板位置传感器结构和信号输出。

如图 4-5 所示为加速踏板位置传感器结构和信号输出。

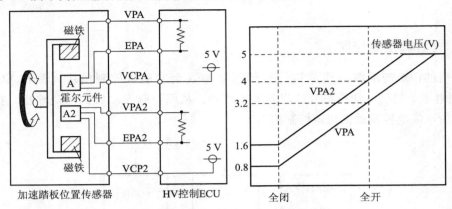

图 4-5　加速踏板位置传感器结构和信号输出

（3）电路。

如图 4-6 所示为加速踏板位置传感器电路。

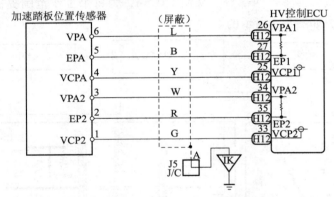

图 4-6　加速踏板位置传感器电路

技师指导：Voltage 译为端口电压、Earth 译为地、Position Angle 译为角（开）度位置，V_C 为 5 V 电源。

（4）加速踏板位置传感器的安全保护。

加速踏板位置传感器包括主、副两个传感器电路。如果任一传感器电路出现故障，发动机 ECU 检测到这两个传感器反映的位置出现不同，将转换成应急模式。在应急模式中，为了操作车辆，主信号电路用于计算加速踏板开度。可用发动机停机后，从智能测试仪读取两个加速踏板位置的值进行确认。正常情况下应随着加速踏板压力变化而变化。

如果两个电路都有故障，发动机 ECU 从这两个传感器电路中检测到异常信号电压，则断开节气门控制。此时，车辆在它的怠速范围内能被驱动。

出现下列故障现象时要检修加速踏板连杆总成：加速踏板位置副传感器的值改变时，主传感器的值不变；在加速踏板位置主传感器的值改变的时候，副传感器的值不变；加速踏板位置主传感器内部故障；加速踏板位置副传感器内部故障；加速踏板不能平滑地回位到初始位置；主传感器值和副传感器值相差大等。

出现加速踏板位置主、副传感器电路开路或 GND 短路，+B 短路应检修线束或连接器、加速踏板连杆总成、HV 控制 ECU。

2. 节气门位置传感器

节气门位置传感器安装在节气门体上，物理作用是检测节气门的开启角度，实际上是在发动机 ECU 内部查出一个扭矩控制值。节气门控制电机采用响应极好、耗能最小的 DC 电机用作节气门控制电机。为了控制节气门的开度，发动机 ECU 控制流经节气门电机的电流信号的占空比，从而控制电流强度。

根据每个工作状态下所决定的节气门目标开度状态，发动机 ECU 驱动节气门控制电机使其满足非线性控制、怠速控制、TRC 节气门控制、VSC 协调控制、巡航控制。这些控制功能具体如下。

（1）非线性控制是指为了实现在所有操作范围内具有极好的节气门控制和舒适度，非线性控制将节气门控制在适于行驶条件的最佳节气门开度，行驶条件如加速踏板踏下量和发动机转速等。

（2）怠速控制是指为了维持一个理想的怠速，可通过发动机 ECU 控制节气门。

（3）TRC 节气门控制作为 TRC 系统部分，如果驱动轮滑移过多，根据来自制动防滑控制 ECU 的请求信号节气门将关闭，这样便于车辆保持稳定和一定的驱动力。

（4）VSC 协调控制是指为了使 VSC 系统控制的效果最佳，可通过带制动防滑控制 ECU 的有效协调控制来控制节气门开度。

（5）巡航控制是指巡航控制软件直接写在发动机 ECU 内部，发动机 ECU 直接驱动节气门来进行巡航控制操作。

节气门位置传感器的安全保护：节气门位置传感器包括主、副两个传感器电路，如果任一传感器电路出现故障，发动机 ECU 检测到这两个传感器电路间的异常信号电压差，切断当前的节气门控制电机，并转换成应急模式。然后，复位弹簧力使节气门返回，停留在所规定的开启位置。此时，若驾驶员踏下加速踏板，发动机控制 ECU 仅能通过控制喷油器的喷油量和点火正时来控制汽车加速时的输出功率。

如果发动机 ECU 检测到故障在节气门控制电机时，则执行应急模式。

二、纯电动汽车功率控制

纯电动汽车由于成本控制原因，在低速"电瓶车"和高速"电动汽车"的控制上是不同的。如图 4-7 所示为低速"电瓶车"控制框图，DSP ECU（数字信号处理控制模块）控制变频器的三相电流输出，从而控制电动机的扭矩输出。DSP ECU 在变频器内部，成为变频器的一部分，加速踏板位置信号直接进入 DSP ECU。

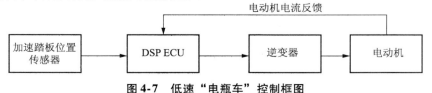

图 4-7　低速"电瓶车"控制框图

目前高速纯电动轿车为使电机控制不仅受加速踏板控制，而且要受其他输入控制，增加了整车控制器。高速纯电动汽车的扭矩需求由加速踏板位置传感器输入至电动汽车整车控制ECU，由 EV-ECU 向电动机的 DSP ECU 发送直接扭矩数值。加速踏板信号先输入整车控制器，查表产生扭矩需求数值，通过 CAN 通信传给电动机功率控制的 DSP ECU，如图 4-8 所示。

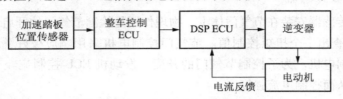

图 4-8　纯电动汽车扭矩控制框图

三、混合动力汽车扭矩控制

混合动力汽车的扭矩需求由加速踏板位置传感器输入至混合动力控制模块，由 HV-ECU 根据发动机和电动机的效率确定两个动力机械各自承担的扭矩数值，然后 HV-ECU 分别向发动机 ECM 和电动机 DSP ECU 发送直接扭矩数值，由发动机 ECM 和电动机 DSP ECU 分别控制发动机和电动机实现由 HV-ECU 发送过来的直接扭矩。发动机 ECM 和电动机 DSP ECU 两个电控模块相对 HV-ECU 来说，都是执行器，或者说是从模块和主模块的关系，如图 4-9 所示。

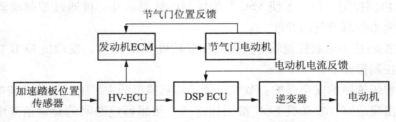

图 4-9　混合动力汽车扭矩控制框图（电流也可反馈到 HV-ECU）

技师指导：相对发动机电子节气门控制系统，混合动力控制系统功率控制是先向混合动力 ECU 提出申请，混合动力 ECU 将发动机应发出的扭矩发给发动机 ECU，由发动机 ECU控制电子节气门系统执行即可。要指出的是，加速踏板位置传感器的数据流和故障诊断软件部分写入了混合动力 ECU，而不是传统的发动机 ECU，如图 4-10 所示。

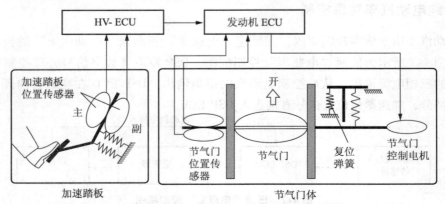

图 4-10　混合动力汽车发动机电子节气门控制图

发动机 ECU 根据混合动力 ECU 发送来的直接扭矩信号控制节气门的开度，发动机 ECU 控制流经节气门电机的电流信号的占空比，从而控制电流强度。根据每个工作状态下所决定的节气门目标开度状态，发动机 ECU 也驱动节气门控制电机使其满足非线性控制、充电怠速控制、TRC 节气门控制、VSC 协调控制、巡航控制，但在具体控制上有一定差别。

非线性控制是指为了实现在所有操作范围内具有极好的节气门控制和舒适度，非线性控制将节气门控制在适于行驶条件的最佳节气门开度，行驶条件如加速踏板踏下量和发动机转速等。

充电怠速控制是指为了维持一个理想的蓄电池电量（SOC 值），可通过临时起动发动机，向蓄电池充电，这时发动机 ECU 控制电子节气门开到一定开度。蓄电池电量在正常范围内时，发动机不会自动起动。充电怠速控制是一个瞬时工况，不是稳定工况。

防滑控制 ECU 的 TRC 功能通过关闭发动机节气门来控制发动机的牵引力，如果驱动轮原地空转较多，根据来自制动防滑控制 ECU 的请求信号将节气门关闭，同时通过发电机发电制动来实现对驱动轮的制动，这样更便于车辆保持稳定和一定的驱动力。

VSC 车辆稳定控制是指为了使 VSC 系统控制的效果最佳，可通过带制动防滑控制 ECU 与混合动力 ECU 进行通信，由混合动力 ECU 控制节气门开度和发电机扭矩来实现控制车轮动力输出，同时防滑控制 ECU 有规则地对车轮进行制动，实现车身更加稳定。

巡航控制软件不写在发动机 ECU 内部，而是写在混合动力 ECU 上，混合动力 ECU 直接驱动节气门来进行巡航控制操作，这意味着巡航控制开关接入混合动力汽车 ECU。

[完成任务] 混合动力汽车为什么一定要采用电子节气门控制？

_____

_____。

第五章

电机驱动系统原理与检修

混合动力汽车是在传统电控发动机汽车上增加了电池、电机和变频器，从应用角度讲，电动汽车的电机的工作原理相对简单，但从控制上讲是很复杂的，汽车电动机的一部分故障可由变频器自诊断出来。变频器的工作原理和检修是本章的重点。

第一节　电动汽车电机"电动"原理

一、驱动电机和控制电机

常用的电机主要分为驱动电机和控制电机两类。

驱动电机是工业生产中设备工作的主要动力源，它包括交流电动机和直流电动机两种，工作特性在电压一定时，取决于负载。对于交流驱动电机使用工业 50 Hz 电源，可对工业电源通过自耦变压器进行降压处理，也可实现交流电动机调速。

汽车上 12 V 小功率电机多为有刷直流电动机，由于工作特性取决于负载，因此仍是驱动电机。

驱动汽车行驶电动机为控制电机，少数动力转向电动机采用无刷电机为控制电机。汽车控制电机分为交流电动机和直流电动机两种。交流控制电动机主要用在国内公交车型中，轿车不采用感应电动机，本书不做介绍。磁阻电动机目前由于体积大，噪声高，也不适合轿车应用。

永磁直流无刷电动机为电动轿车广泛应用，永磁直流无刷同步电动机和永磁直流无刷电动机的电机结构完全相同，因为控制电机的电机和电机的变频器是成套出售的，若控制系统采用同步信号调制时就是同步直流无刷电动机了。三相永磁同步直流无刷电动机中，三相指电动机的定子为 A、B、C 三相线圈，永磁指转子采用永磁体，同步指信号调制采用电机控制中的同步调制，直流指电机的电源为直流电，无刷指电子换向代替机械换向。

[完成任务] 永磁直流无刷同步电动机中的永磁是什么意思？_____；直流是什么意思？_____；同步是什么意思？_____；无刷是什么

意思？_____。

二、单相直流电动机

技师指导：直流电动机之所以称为直流电动机是因为电源是直流电，交流电动机之所以称为交流电动机是因为电源是交流电，无论是直流电动机还是交流电动机线圈内部电流方向都是变化的。

直流电动机工作原理如下：

有刷直流电动机的工作原理如图 5-1 所示。若在 A、B 之间外加一个直流电源，A 接电源正极，B 接负极，则线圈中有电流流过。当线圈处于图 5-1 所示位置时，有效边 ab 在 N 极下，cd 在 S 极上，两边中的电流方向为 a→b、c→d。由安培定律可知，ab 边和 cd 边所受的电磁力为：$F = BLI$。式中 I 为导线中的电流，单位为安（A）。根据左手定则可知，两个 F 的方向相反，如图 5-1 所示，形成的电磁转矩驱使线圈逆时针方向旋转。当线圈转过 180° 时，cd 边处于 N 极下，ab 边处于 S 极上。由于换向器的作用，使两有效边中电流的方向与原来相反，变为 d→c、b→a。这就使得两磁极对应的有效边电流的方向保持不变，因受力方向和电磁转矩方向都不变，电动机转子得以顺利转动。但 abcd 中线圈的电流方向是变化的，电流是矢量，所以通过 abcd 线圈的是交变电流。

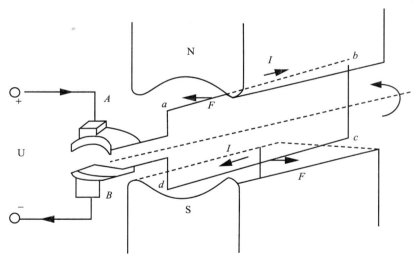

图 5-1　有刷直流电动机的工作原理

由于大功率有刷电动机换向时换流容量过大，会烧毁换向器和电刷，严重时换向器上出现环火，因此有刷电动机功率一般在 10 kW 以内，可以用到电瓶车上，但不是我们所研究的高速电动汽车。电动汽车功率需要从几十千瓦到几百千瓦，只能采用电力电子换向的永磁直流无刷电动机或永磁直流同步无刷电动机，由于同步无刷扭矩输出更平稳，因此轿车使用同步无刷电动机。

[**完成任务**] 在图 5-1 中，外界电源是直流还是交流？_____；线圈 abcd 的电流方向是否发生了改变？_____；说明线圈内是交流电还是直流电？_____。

技师指导：有刷电动机工作的条件是，线圈能在换向点处把电流换向，电动机就能顺利转动下去。现在把电动机转子采用永磁体，定子线圈采用电子换向，在转子上增加位置传感器，电动机变频器根据转子位置，通过控制开关管的导通与截止，实现对线圈电子换向，这个传感器通常称为旋变变压器。

三、三相直流无刷电动机

永磁无刷直流电动机是近年随着稀土永磁材料和电力电子技术的迅速发展而发展起来的一种新型电机，具有调速范围宽、体积小、起动迅速、运行可靠、效率高、寿命长等优点。随着电力电子器件和变频器的发展，无刷直流电动机在汽车电气设备中的应用受到越来越多的重视。电动汽车行驶用的电动机多数为永磁直流无刷电动机，少数客车或货车采用感应式电动机。

技师指导：如图5-2和图5-3所示，三相直流无刷电动机是在最简单的电动机基础上定子和转子同步加倍做成的，这就相当于多缸发动机，在单缸发动机的基础上罗列出来就可以。这里 P 相当于活塞个数，而一个活塞的配气机构应是三个定子线。

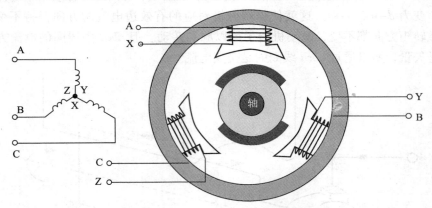

图5-2 最简单的原始三相直流无刷电动机（槽数 $Z=3$，极数 $2P=2$），相当于单缸发动机

在2倍（相当于两缸发动机）原始电动机A相中，A_1X_1 和 A_2X_2 串在一起构成A相，通电时会同时产生磁通。

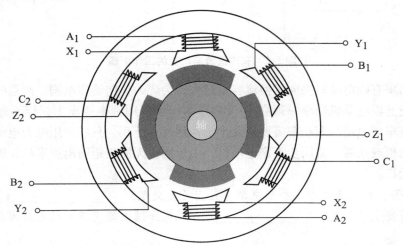

图5-3 定子极数和转子极数加倍，相当于两缸发动机（槽数 $Z=6$，极数 $2P=4$）

实际电动机的定子如图5-4所示。

图5-4　槽数 $Z=6$，极数 $2P=4$ 电动机定子实物（内部有3个白色的霍尔传感器）

四、无刷直流电动机的基本原理

用图5-5所示的无刷直流电动机系统来说明无刷直流电动机的基本工作原理。电动机的定子绕组为三相星形联结，位置传感器与电动机转子同轴，控制电路对位置信号进行逻辑变换后产生驱动信号，驱动信号经驱动电路放大后控制变频器的功率开关管，使电动机的各相绕组按一定的顺序工作。三相原始电机转子相当于指南针，N极 Fd 总是力图指向合成磁场 Fa，Fa 的大小以及 Fa 和 Fd 的夹角是控制系统要控制的内容，这就相于发动机喷油量和喷油提前角控制。

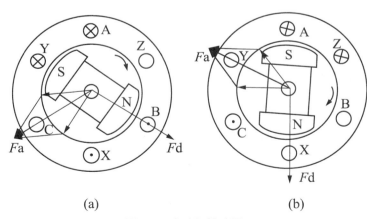

(a)　　　　　　　　　　　　(b)

图5-5　电动机转动原理

（a）AX 和 BY 同时通电；（b）AX 和 CZ 同时通电

[**完成任务**] 在图5-5中，一次是两个线圈通电还是一个线圈通电？＿＿＿＿＿＿＿；Fd 的方向是力的方向，还是磁场方向？＿＿＿＿＿＿＿；F 是 Field 的缩写吗？＿＿＿＿＿＿＿；永磁体的磁场 Fd 总是力图指向定子合成磁场方向 Fa 吗？＿＿＿＿＿＿＿。

　　如图5-6所示为电动汽车电动机"逆变"控制原理，数字信号处理器（DSP）接收旋变变压器信号，信号经DSP的3个信号（CAP/IOPA3，4，5）捕捉端口进入，经过控制策略的处理后，再输给DSP内部的ePWM模块（ePWM模块为DSP内部专门为驱动电机开发的模块）形成6路PWM波形，经隔离电路和反相驱动电路后接入开关管 $V_1 \sim V_6$ 的控制栅极（G）。

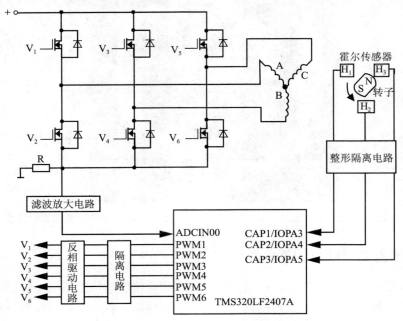

图5-6　电动汽车电动机"逆变"控制原理

　　技师指导："整流"是把交流变换为直流；"逆变"是把直流变换为交流。汽车上的电机控制器本质就是逆变器或者称变频器。

　　［完成任务］在图5-6中，对"低速电动车"的小功率电机，$V_1 \sim V_6$ 可以采用图5-6中的场效应管换流。若是高速汽车的"大功率电机"，$V_1 \sim V_6$ 要采用＿＿＿＿＿＿＿＿＿＿管，也可以采用智能功率模块（IPM）。

五、电动机转动控制

　　目前电动汽车无刷直流电动机驱动方式为全桥驱动，由 $V_1 \sim V_6$ 共6只功率管构成的全桥可以控制三相绕组 U、V、W（有的书写为 A、B、C 三相绕组）的通电状态。按照功率管的通电方式可分为"两两导通（120°导通）"和"三三导通（180°导通）"两种控制方式。

　　1. "两两导通"控制方式

　　在两两导通方式下，每一瞬间有两个功率管导通，每隔1/6周期即60°电角度换相一次。每次换相一个功率管，每只功率管持续导通120°电角度。每个绕组正向通电、反向通电各120°电角度。对应每相绕组持续导通120°电角度，在此期间对于单相绕组电流方向保持不变。假设流入绕组的电流产生正的转矩，流出绕组的电流产生负的转矩。每隔60°电角度换相一次意味着每隔60°电角度合成转矩方向转过60°电角度，大小保持为 $\sqrt{3}$ 倍的扭矩。

　　"两两导通"要比"三三导通"好理解，为了便于说明，以"两两导通"为例，电动机转动60°出现一次换流。如图5-7所示为电动机定子的"两两导通"控制方式。

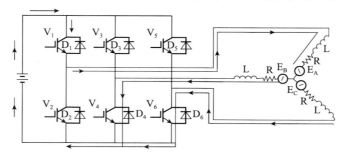

图5-7　电动机定子的"两两导通"控制方式（IGBT管换流）

"两两导通"工作原理如下：

以电动机转子在0°为始点，先让V_1导通120°电角度，在这期间V_4先导通60°，电流先经V_1→U相→V相→V_4流至蓄电池负极。控制V_4截止，再控制V_6导通60°电角度，电流先经V_1→U相→W相→V_6流至蓄电池负极。电动机转动120°，距始点为120°。

以电动机转子在120°为始点，让V_3导通120°电角度，在这期间V_2先导通60°，电流先经V_3→V相→U相→V_2流至蓄电池负极。控制V_2截止，再控制V_6导通60°电角度，电流先经V_3→V相→W相→V_6流至蓄电池负极。电动机转动120°，距始点为240°。

以电动机转子在240°为始点，让V_5导通120°电角度，在这期间V_2先导通60°，电流先经V_5→W相→U相→V_2流至蓄电池负极。控制V_2截止，再控制V_4导通60°电角度，电流先经V_5→W相→V相→V_4流至蓄电池负极，电动机转动120°，距始点为360°，完成一个圆周运动。

只要根据磁极的不同位置，以恰当的顺序去导通和阻断各相出线端所连接的可控晶体管，始终保持转子线圈所产生的磁动势领先磁极磁动势一定电角度的位置关系，便可使该电动机产生一定方向的电磁转矩而稳定运行。

另外，通过借助逻辑电路来改变功率晶体管的导通顺序，即可实现电动机正反转。

［完成任务］在图5-7中，描述"两两导通"方式中开关管的一个循环。

_____

_____。

2. "三三导通"控制方式

每一瞬间有3只功率管通电，每60°电角度换相一次，每只功率管通电180°电角度。对于"三三导通"方式，每一瞬间有3只功率管导通，每隔60°电角度换相一次，每一功率管通电180°电角度。每隔60°电角度换相一次意味着每隔60°电角度合成转矩方向转过60°电角度，合成转矩大小为1.5倍的扭矩。

六、电动机扭矩控制

电动机的扭矩控制是在这个60°电角度内通过控制PWM的大小，即可控制电流大小（扭矩大小）来控制的，当PWM很小时，母线电压低于蓄电池电压；当PWM为100％时，电动机的端电压达到了蓄电池电压后，电动机的工作特性就又体现传统有刷电动机的工作特性，即工作电流取决于汽车的车速（或电动机的转速），电动机转速越高，电流越小。

七、永磁直流同步无刷电动机检修指导

1. 永磁直流同步无刷电动机结构

如图 5-8 所示为奔驰 400 永磁直流同步无刷电动机结构,从图中可以看出电动机转子在定子线圈的外部,转子永磁体与飞轮相连,飞轮内中部的螺孔接到发动机的曲轴上。转子转速和位置传感器采集转子永磁体的位置和转速。电动机三相电源通过插头接入,同时电动机温度传感器通过插头接出。

奔驰 400 在发动机和变速器之间增加了一段壳体,飞轮上的 58 齿是作为发动机曲轴位置和转速传感器的信号轮,不要误认为是给起动机用的。

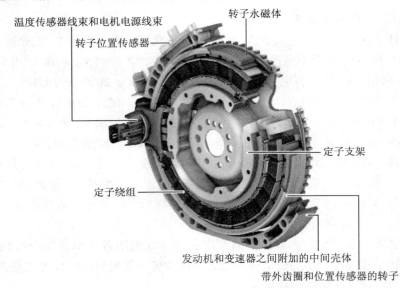

温度传感器线束和电机电源线束
转子位置传感器
转子永磁体
定子支架
定子绕组
发动机和变速器之间附加的中间壳体
带外齿圈和位置传感器的转子

图 5-8 奔驰 400 永磁直流同步无刷电动机结构

技师指导: 电动机定子与来自变频器的三相电源相连,线圈一定是定子,否则外部接线会因转动发生断线。转子是多磁极转子。电动机定子可以在电动机内部,也可以在电动机外部。

2. 电动机的故障诊断

电动机控制单元(Motor Control Unit, MCU)比较容易识别电动机故障。例如,相电流可能没有对应的预期值,或可能无法达到预期速度。在这些情况下,MCU 可以设置特定的系统状态而不影响车辆的安全性。

电动机控制系统如何自诊断故障:电动机可通过综合诊断,也可像接地短路这样看故障的表现,监测求解器(数值分析术语)发出或传入的所有信号,这样便可以快速准确地发现线缆的破损和中断,甚至可以通过求解器求解绕组内的短路情况。

控制器冗余控制:出于功能安全的考虑,采用两个电动机微控制器。两个微控制器处理相同的信息,处理输出结果也应当相同,若一旦发现处理输出结果不同,就确定有一个微控制器有故障。

3. 电动机的检修

交流感应电动机和永磁同步电动机定子只有硅钢和铜两种材料。

感应型电动机转子用硅钢和铝（大功率电动机转子采用铜）做鼠笼条；永磁直流同步电动机转子为钕铁硼永磁体。

电动机损坏的形式如下：

（1）负载过大烧定子线圈（电动汽车中有电流控制，所以不太可能）、短路（对壳体短路、相匝间短路和相匝内短路）。电动汽车烧线圈的可能性被消除了，因为控制电动机在定子电流增大到一定程度时不会像传统非控制电动机那样受负载增大而电流增大。因为电动机电流达到设定最大值时，变频器内部的电流传感器检测到后会通过控制换流的 IGBT 的导通角，限制电流增大。在这部分要讲解电流传感器的原理和检修。

短路的危害是很大的，但发生故障情况并不多。短路类型有三相定子线圈对壳体短路、相匝间短路、相匝内短路，自诊断系统也可以诊断。

（2）电动机轴承损坏的概率已大大减小，主要是由于电动机的轴受力较均匀，不像传统工业电动机皮带传动时轴承有不对称载荷。

（3）感应电动机转子断条。

（4）对永磁直流电动机转子温度过高（150 ℃）会造成失磁，导致电动机输出转矩下降。应用的汽车电动机都采用水冷，电动机上还有温度传感器（控制器也可能有生热模型），通过电动水泵调节冷却液的流过速度，即可很好地调节电动机转子的温度。

（5）永磁体在离心力作用下会从转子上脱出造成扫膛，这是个别出现的生产质量问题。

电动机检修方法比较简单，本书不再介绍。

第二节　电机的"斩波发电"原理

电动车用无刷直流电动机的回馈制动分为两种情况，一种为电机转速超过基速，通过驱动器直接向蓄电池回馈电能，同时提供制动的电磁转矩，比如下坡时可能出现此种情况。更多的时候则是出现在车速没有超过基速时的减速过程中。在此过程中，电机处于发电状态，将电动车减速过程中的部分动能回馈到蓄电池。驱动电机进入发电工作状态，其发电电压必须高于蓄电池电压才能输出电功率，所以需要对制动过程进行有效控制。基本控制原理为升压斩波（Boost Chopper）。

一、"斩波发电"原理

升压斩波电路基本原理：升压变换器的主电路拓扑结构如图 5-9 所示，通过对功率管 V1 的 PWM 开关控制，达到控制输出电压的目的，又称作升压斩波变换器。通过分析一个 PWM 周期的工作状态，来分析其工作原理。

在 V_1 导通期间，电源通过 V_1 向电感 L 充电，电流逐渐升高，直到 V_1 关断时刻达到最大值，V_1 关断后直至该周期结束，电源与电感共同向负载供电，电流逐渐减小。在 V_1 开通的时间周期内是电源 E 向电感存储能量的过程，而后一阶段电感处于释放能量的状态。把

同一周期内的 V_1 导通区间与关断区间的电流变化量进行比较，可以得到如下式所示的结论。

$$U_o = \frac{E}{(1-\alpha)}$$

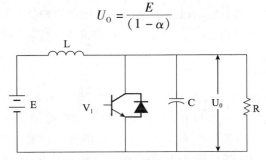

图 5-9　升压变换器电路结构

根据上面的结论，可见看到通过调节 V_1 的控制信号的 PWM 占空比可以调节输出电压。由于 $\alpha < 1$，由上式可得输出电压 U_o 大于蓄电池电压 E，即输出电压高于电源电压，因此称此种结构的电路为升压斩波电路。电感上的储能作用是产生泵升电压的主要原因。

有两种方法将这一原理在无刷直流电机能量回馈控制中应用。一种是在全桥驱动器和蓄电池之间加上升压（Boost）变换器，另一种则是利用驱动器本身的 PWM 调制产生类似升压变换器的功能。第二种方式利用驱动器本身的三个负半桥 IGBT 达到这一目的，无需外加电路，因此电动汽车中多利用第二种方式。

二、三相能量回馈控制

在回馈控制阶段，将上桥臂的功率管关断。根据位置传感器信号对下桥臂的功率管的通断进行有规律的 PWM 控制，可以起到与升压变换器相同的效果。与升压变换器的工作过程类似，在一个 PWM 开关周期内，无刷直流电机的能量回馈控制过程也可以分为两个阶段。

1. 续流阶段

在续流阶段，无刷直流电机的电流流向如图 5-10 所示。V_2 导通为电流提供续流通道。在此阶段，电能将存储于三相绕组的电感之上。

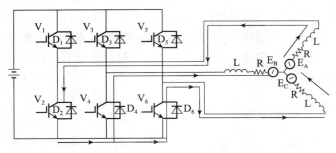

图 5-10　续流阶段电流流向示意图

[完成任务] 在图 5-10 续流阶段电流流向示意图中，需要控制哪个开关管导通？＿＿＿＿
＿＿＿＿＿＿；

D_4 和 D_6 的导通受不受控制？＿＿＿＿＿＿＿＿＿。

2. 回馈阶段

在 V_2 关断期间，在反电动势与三相绕组寄生电感的共同作用之下，之前存储于三相绕组之内的能量与反电动势一起向蓄电池共同回馈能量。在此阶段的电流流向如图 5-11 所示，V_2 关断，电流经 D_1 回馈至蓄电池，同样存在通过 D_4 和 D_6 流向 B 相和 C 相的电流通路。

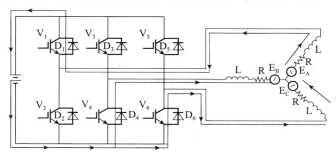

图 5-11　回馈阶段电流流向示意图

[**完成任务**] 在图 5-11 续流阶段电流流向示意图中，需要控制哪个开关管截止？ _____；需要控制哪个开关管导通？ _____；D_4 和 D_6 仍导通吗？ _____。

忽略了电机相电阻的影响，充电过程中产生的泵升电压随着 PWM 控制的占空比的增大而增大。

电动车用无刷直流电机驱动系统的能量回馈过程要受到车辆运行状态的限制。能量回馈的过程还要受到制动安全和蓄电池充电安全等条件的限制。包括蓄电池 SOC，电机的回馈能力和当前转速等。回馈制动控制策略需要与整车制动要求紧密结合。在实际应用中，回馈制动应满足一定的约束条件，并采取相应的控制策略。在回馈制动过程中，相应的主要约束条件如下。

（1）满足制动安全的要求。

在回馈制动过程中，制动安全是第一位的。因而根据整车的制动要求，回馈制动系统应保持一定的制动转矩，以保证整车的制动性能，如制动减速度、制动距离等。在一般的减速过程中，回馈制动可以满足要求。当制动力矩需求大于系统回馈制动能力时，还需要采用传统的机械制动。此外，当转速低至回馈制动无法实现时，也需要采取其他制动方式辅助制动运行。

（2）电机系统的回馈能力。

回馈制动系统在工作过程中，应考虑电机系统在发电过程中的工作特性和输出能力。因此需要对回馈过程中的电流大小进行限制，以保证电机系统的安全运行。

（3）电池组的充电安全.

电动汽车常用的能源多为铅酸蓄电池、锂电池、镍氢电池等。充电时，应避免充电电流过大，损坏蓄电池。因此，回馈制动系统的容量除了要考虑电机系统的回馈能力，还应包含蓄电池的充电承受能力。由于回馈制动过程时间有限，因此主要约束条件为充电电流的大小。

回馈制动过程中在转速一定条件下回馈能量、回馈效率与控制占空比的关系。在回馈制动过程中，通常可采用的控制策略有最大回馈功率控制、最大回馈效率控制、恒转矩控制等控制策略。在恒转矩控制策略下，可以使整车保持制动需求的减速度完成制动过程，使制动过程满足制动力矩需求，本文就采用此种控制策略。在回馈制动状态下，制动转矩由电机的电磁转矩提供。对于永磁无刷直流电机，电机的电磁转矩正比于电机的电流，因此可以通过控制回馈电流的大小来控制制动转矩的大小，实现对制动过程的控制。

回馈制动的控制周期包含了续流阶段和能量回馈两个阶段。在低速回馈状态下，根据位置传感器信号对功率管的通断进行有规律的 PWM 控制，可以起到与升压变换器相同的效果。当产生的电压高于蓄电池时，可以将电流回馈至蓄电池，达到能量回馈的目的。在此过程中，也需要进行换相控制。采用单侧斩波的控制方式，即在回馈制动过程中，封锁上桥臂，只对功率桥的下桥臂进行 PWM 控制。在每一个控制周期内，只对其中的一个功率管进行 PWM 控制。保持对反电动势最大的相所对应桥臂的功率管进行 PWM 控制。如表 5-1 所示为回馈制动过程的功率管控制情况。

表 5-1 回馈制动过程的功率管控制

开关管	电动转动角度					
	0°～60°	60°～120°	120°～180°	180°～240°	240°～300°	300°～360°
V_1	OFF	OFF	OFF	OFF	OFF	OFF
V_2	PWM 控制	PWM 控制	OFF	OFF	OFF	OFF
V_3	OFF	OFF	OFF	OFF	OFF	OFF
V_4	OFF	OFF	PWM 控制	PWM 控制	OFF	OFF
V_5	OFF	OFF	OFF	OFF	OFF	OFF
V_6	OFF	OFF	OFF	OFF	PWM 控制	PWM 控制
D_1	回馈能量	回馈能量	OFF	OFF	OFF	OFF
D_2	OFF	OFF	续流	续流	续流	续流
D_3	OFF	OFF	回馈能量	回馈能量	OFF	OFF
D_4	续流	续流	OFF	OFF	续流	续流
D_5	OFF	OFF	OFF	OFF	回馈能量	回馈能量
D_6	续流	续流	续流	续流	OFF	OFF

对于 6 个功率管，只有处于下桥臂的功率管进行了 PWM 控制，每个功率管持续 120°。在控制过程中，需要根据位置传感器的信号进行换相控制。在回馈制动原理阐述过程中已经将第一个控制区间的控制过程作了详细推导，其他控制区间可以得到类似的结论。通过控制 PWM 的占空比，可以对回馈电流进行调节，从而控制制动转矩的大小，实现对回馈制动过程的控制。

永磁发电机转动时发电很易理解，在电动机供电 500 V 所达到的转速下是发不出 500 V 电压的，要通过控制才能发出 500 V 电压。要想发出超过 500 V 的电压，可利用三相线圈的电感断电升压功能，同时发出的高压电要有正确的回路控制才能充回直流母线，再经降压

DC/DC 降压后充回蓄电池。

另外，三相发电机发电不再是简单的六管整流发电，而是斩波发电。由于斩波发电过程是一个周期性的控制过程，这里只叙述一个斩波发电过程。

斩波发电过程如下：例如在 V_1 和 V_4 导通时，电动机工作电流方向由 U 相→V 相，发电时控制 V_1 和 V_4 截止，同时 V_2 导通，发电机发出的电流将经母线负→V_2→U 相→V 相→D_3→母线正形成回路。实际是把 U 相和 V 相形成感生电压方向指向母线负，瞬间换到向母线正，同时提供电流回路。

最后，降压直流 DC/DC 是将 HV 蓄电池 DC 201.6 V 降为 DC 12 V，为车身电器供电，同时为备用蓄电池充电。空调变频器是将 HV 蓄电池 DC 201.6 V 转换成 AC 201.6 V 交流电为空调系统中电动变频压缩机供电。

技师指导： 在变频器总成内部结构图中指出了有关两电机工作所用的 HV-ECU 端子，事实上 DC/DC 和 HV-ECU 以及空调变频器也需要 HV-ECU 端子，这在相应的章节会讲到。

第三节　变频器简介

一、变频器电路组成和功能

1. 汽车变频器的正常组成

电动汽车电源为直流电源，所以变频器内部元件主要功能是逆变功能，即把直流变成三相交流。为了降低成本，同时提高蓄电池组的可靠性，设计上通常要减少蓄电池串联的数目，电池总电压降低，电动机效率下降。为了提高电动机的效率采用升压 DC/DC 将低电压升为高电压，再经变频器把高压直流变成三相交流电。

2. 汽车变频器内的可能元件

混合动力汽车没有 12 V 发电机，需要通过降压 DC/DC 将蓄电池由高压等级降压为 12 V 等级为蓄电池充电，12 V 蓄电池为全车电气系统供电。

电动汽车空调压缩机采用电动机驱动，一般直接用蓄电池电压，不用再升压。电动压缩机的变频功率元件和降压 DC/DC 的功率元件为了散热好而装在驱动电机的变频器内部。也有汽车将降压 DC/DC 的功率元件布置在变频器外部，这样的冷却系统是将变频器、电动机、DC/DC、电动冷却液循环泵和散热器等串联。

二、丰田普锐斯变频器

普锐斯变频器包括 MG1、MG2 和空调压缩机三套变频器，升压和降压两套 DC/DC。

如图 5-12 所示为丰田普锐斯变频器总成内部结构原理，逆变电路主要由智能功率模块（IPM）构成的逆变桥组成，IPM 内部的核心是电动汽车换流的绝缘栅双极型晶体管，也称 IGBT。变频器总成内升压 DC/DC 和两套变频器担负着向 MG1 和 MG2 电机提供交流电的功能。

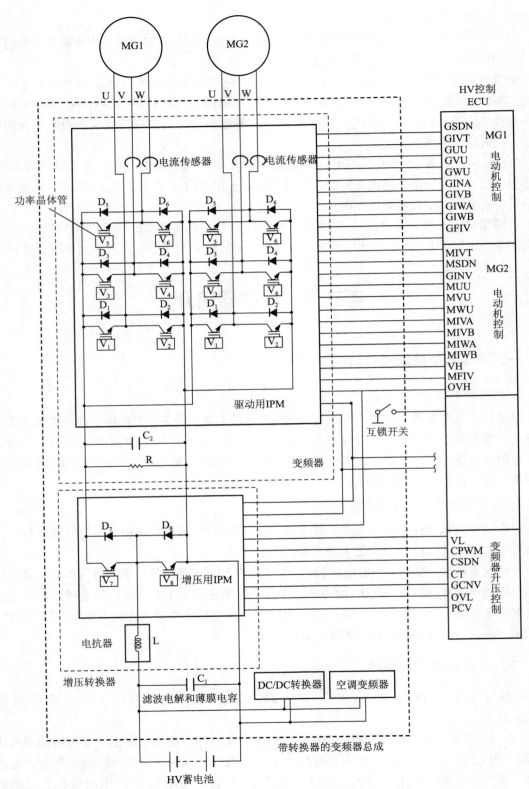

图 5-12 丰田普锐斯变频器总成内部结构原理

空调压缩机变频器和降压 DC/DC 分别隶属空调系统和电源系统。变频器 V、W 三相输出中的 V、W 相设计有霍尔电流传感器，霍尔电流传感器在电机系统检修中有讲述。

技师指导： 正、负母线间的电解电容和薄膜电容在蓄电池放电时起无内阻电源的作用，在充电时有滤波稳压作用，电容对蓄电池充电和放电都有好处。但导致继电器开关触点在上电时容易烧结开关，因为蓄电池向电容充电电流很大，因此高压上电设计采用缓冲电阻来减小上电时的电流。

第四节　电机变频器电路检修

在图 5-12 丰田普锐斯变频器总成内部结构原理中找到关于 MG1 控制的 10 个端子和 MG2 控制的 13 个端子，本节主要讲解这 23 个端子的具体意义和检修方法。

一、变频器电压传感器

1. 简述

HV-ECU 使用安装在变频器内部的电压传感器来检查增压控制后的高压。变频器电压传感器根据高压的变化输出的值在 0 ~ 5 V 变化。高压越高，输出电压越高；高压越低，输出电压越低。实际输出电压范围在 1.6 ~ 3.8 V。HV-ECU 监控变频器电压并检测故障。

如图 5-13 所示为变频器电压传感器，如图 5-14 所示为变频器电压输出电路。

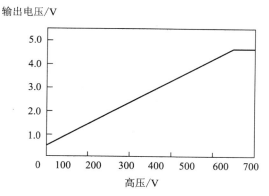

图 5-13　变频器电压传感器

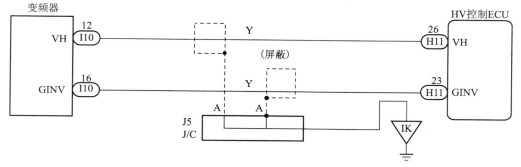

图 5-14　变频器电压输出电路

第五章　电机驱动系统原理与检修

技师指导： VH = Voltage High。蓄电池电压在变频器内部增压后，通过内置的电压传感器检测增压后的电压数值，用 VH 信号线向 HV-ECU 提供 0～5 V 的信号，GINV（Ground Inverter）变频器接地。

2. 监控说明

HV-ECU 监控变频器电压（VH）传感器电路。如果 HV-ECU 检测到 VH 传感器电路开路或短路故障，则 HV-ECU 点亮 MIL 并设定 DTC。

3. 故障检测

当变频器电压（VH）传感器电路开路或 GND 短路显示为 0 V，变频器电压（VH）传感器电路 +B 短路显示电压为 765 V 时，检修线束或连接器、带 DC/DC 的变频器总成和 HV-ECU。

提示：如果存在 +B 短路，则智能测试仪显示 765 V；如果存在电路开路或 GND 短路，则智能测试仪显示 0 V。

二、电机三相驱动信号

1. 简述

为了改变通过 MG1/MG2 的电流方向，HV-ECU 向变频器输出 PWM 波信号，控制 IPM 智能功率晶体管激活信号，打开或关闭功率晶体管。同时，为了控制加在 MG1/MG2 上的电压，变频器通过 PWM（脉宽调制）控制调整开关时间的周期对应直接扭矩控制大小。

如图 5-15 所示为电机三相驱动信号电路图。

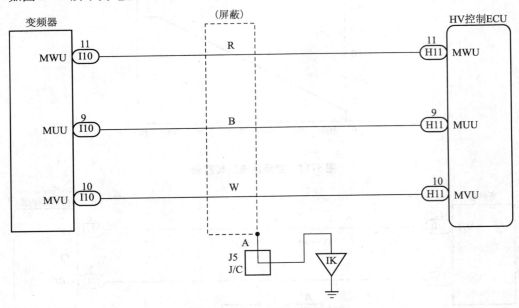

图 5-15 电机三相驱动信号电路

技师指导： MWU = Motor W Phase，译为电机 W 相。对于以 MG1 电机的三相监控为驱动只要把 M 换为 G，即为 GWU、GUU、GVU，不再赘述。

2. 监控说明

HV-ECU 监控电机 PWM 电路。如果传送至变频器的功率晶体管激活信号有误，则 HV-ECU 判定电机 PWM 电路存在故障。HV-ECU 点亮 MIL 并设定 DTC。

3. 故障检修

出现电机 PWM 电路异常时，检修线束或连接器和带 DC/DC 的变频器总成。

三、电机过压检测

1. 简述

如果电机变频器检测到电路故障或过压，则变频器通过电机变频器过压信号线路将此信息传输至 HV-ECU 的 OVH 端子。HV-ECU 监控电机变频过压信号线路以检测故障。

如图 5-16 所示为电机过压检测电路。

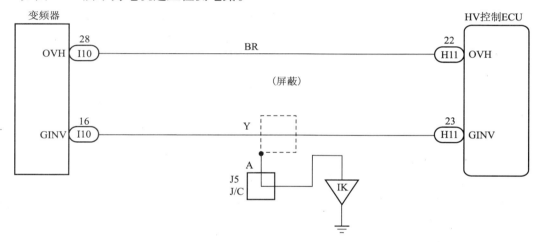

图 5-16 电机过压检测电路

技师指导： OVH = Over High，电压过高。

2. 监控说明

HV-ECU 监控电机变频器过压（OVH）信号线路。如果 HV-ECU 检测到 OVH 信号电路开路或短路故障，则 HV-ECU 点亮 MIL 并设定 DTC。如果电机变频器检测到过压，则将过压信号传输到 HV-ECU。接收到此信号时，HV-ECU 点亮 MIL 并设定 DTC。

3. 故障检修

变频器过压（OVH）信号电路 +B 短路，电机变频器过压（OVH）信号电路开路或GND 短路，检修线束或连接器和带 DC/DC 的变频器总成。

如果电机变频器检测到电路故障或过压，则变频器通过电机变频器过压信号线路将此信息传输至 HV-ECU 的 OVH 端子。过压原因如下：

（1）由变频器总成故障导致过压。

（2）由 HV-ECU 故障导致过压。

（3）由 HV 变速驱动桥总成故障导致过压。

检修包括：线束或连接器、HV 变速驱动桥总成、混合动力车辆电机、混合动力车辆发电机、HV-ECU、带 DC/DC 的变频器总成。

四、电机驱动信号

1. 简述

MG1 = MOTOR & GENERATOR 1，1 号发电机和电动机，有电动和发电两种功能，但主要还是发电，所以端子用 G 表示。而 MG2 = MOTOR & GENERATOR 2，2 号电动机和发电机，主要作为电动机，所以端子用 M 表示。其中 GUU、GVU、GWU 用于驱动 MG1，而 MUU、MWU 和 MVU 用于驱动 MG2。

如图 5-17 所示为电机驱动信号电路。

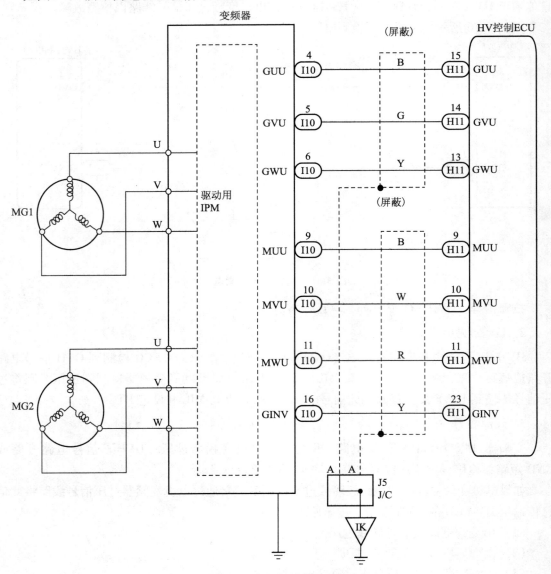

图 5-17　电机驱动信号电路

U、V、W 为三相发电机的电源输入端子。检查混合动力车辆电机总成时要注意高压安全操作，只有经过高压安全操作培训的人员才可以进行此项操作。

技师指导： 变频器 IPM 功率管发出等幅 SPWM（Sinusoidal Pulse Width Modulator 正弦波脉冲宽度调节），矩形电流和电机线圈作用后得到的正弦波形如图 5-18 所示，这是在 3 000 r/min 测到的波形。

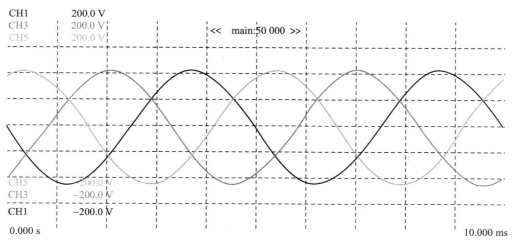

图 5-18　在 3 000 r/min 测到的波形

2. 电发机的检修

（1）用毫欧表测量混合动力车辆电机的三相交流电电缆端子间的电阻。电动机和发电机标准电阻每两相串联后电阻在 20 ℃时小于 135 mΩ 和 109 mΩ。如果电机温度过高，电阻会有显著变化，这有碍于检测故障。因此，至少将车辆熄火 8 h 以后再测量电阻。

用下面给出的公式修正电阻：$R_{20} = R_t / [1 + 0.003\ 93\ (T - 20)]$，其中 R_{20} 为转换至 20 ℃（mΩ）的电阻，R_t 为测量线路间的电阻（mΩ），T 为测量时的环境空气温度（℃）。端子 U—V，V—W 和 W—U 的最大电阻和最小电阻的差应小于 2 mΩ。

（2）用兆欧表检查混合动力车辆电机的三相交流电电缆端子与车身接地间的绝缘电阻，应在 10 mΩ 以上。

3. 动态测试

用智能测试仪进行动态测试，变频器驱动强制停止。

（1）拆下检修塞卡箍和变频器盖后，如果打开电源开关（IG），则将输出互锁开关系统的 DTC。

（2）将智能测试仪连接到 DLC3。

（3）打开电源开关（IG）。

（4）打开智能测试仪。

（5）进入下列菜单：Powertrain/Hybrid Control/Active Test。

（6）变频器驱动强制停止时，测量变频器与连接器端子间的电压。6 根驱动线对地电压为 12 ~ 16 V。

五、IGCT 变频器复位

打开点火开关 ON 挡时，首先是 HV-ECU 复位工作，HV-ECU 复位程序运行后，HV-ECU 的 MREL 端子输出电流使主继电器 IGCT 开关闭合，向变频器的 IGCT 端子供电，变频器收到 IGCT 的控制信号后变频器复位运行，即 HV-ECU 通过 IGCT 控制变频器的复位运行。

如图 5-19 所示为 IGCT 变频器复位电路。

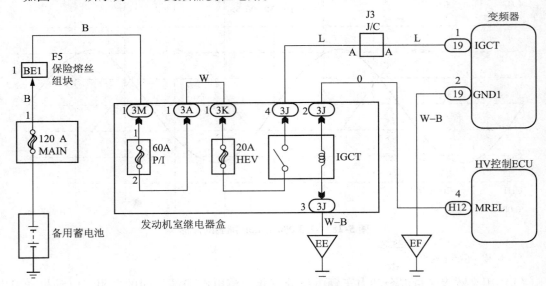

图 5-19　IGCT 变频器复位电路

技师指导：IGCT = Ignition Control，译为点火控制；GND = Ground，译为地；MREL = Main Relay，（供电）主继电器。

六、电机变频器故障输出 MFIV 和 MFIV 线故障监控

1. 简述

如果电机变频器出现电路故障、内部短路或过热，则变频器通过电机变频器故障信号线路将此信息传输至 HV-ECU 的 MFIV 端子。

如图 5-20 所示为电机变频器故障输出 MFIV 和 MFIV 线故障监控。

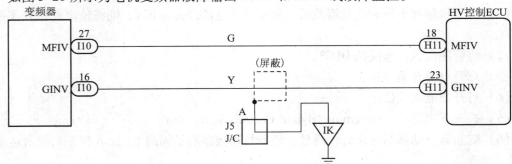

图 5-20　电机变频器故障输出 MFIV 和 MFIV 线故障监控

技师指导： MFIV = Malfunction Inverter，变频器故障。

2. 监控说明

HV-ECU 监控电机变频器故障（MFIV）信号线路。如果 HV-ECU 检测到 MFIV 信号电路开路或短路故障，则 HV-ECU 点亮 MIL 并设定 DTC。

3. MFIV 监控故障检修

HV-ECU 监控电机变频器故障信号线路并检测故障。电机变频器故障（MFIV）信号电路 +B 短路，电机变频器故障（MFIV）信号电路开路或 GND 短路时，检修线束或连接器和带 DC/DC 的变频器总成。

4. 变频器电路故障、过热和短路故障检修

如果 MFIV 输出故障，故障原因较多，要参考故障码，检修如下部位：

（1）线束或连接器。

（2）变频器冷却系统。

（3）带电机和支架的水泵总成。

（4）冷却风扇电机。

（5）2 号冷却风扇电机。

（6）HV 变速驱动桥总成。

（7）混合动力车辆电机。

（8）HV-ECU。

（9）带 DC/DC 的变频器总成。

七、电机驱动关闭 MSDN 和 MSDN 监测

1. 简述

变频器 ECU 接收到 HV-ECU 的 MSDN 线送来的电机驱动关闭信号，变频器将停止向 MG2 电机的 6 个 IPM 发送驱动信号。HV-ECU 监控电机门关闭信号线路并检测故障。

如图 5-21 所示为电机驱动关闭 MSDN 和 MSDN 监测。

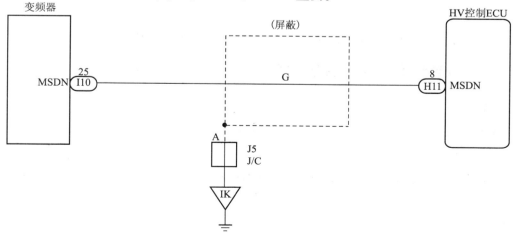

图 5-21　电机驱动关闭 MSDN 和 MSDN 监测

技师指导： MSDN = Motor Signal Down，译为电机驱动信号关闭。

2. 监控说明

HV-ECU 监控电机门关闭（MSDN）信号线路。如果 HV-ECU 检测到 MSDN 信号电路开路或短路故障，则 HV-ECU 点亮 MIL 并设定 DTC。

3. 故障检修

电机门关闭（MSDN）信号电路开路或 + B 短路，电机门关闭（MSDN）信号电路 GND 短路，应检修线束或连接器和带 DC/DC 的变频器总成。

八、MG2 扭矩监控

1. 简述

HV-ECU 根据行驶情况控制 MG2 扭矩。

2. 监控说明

如果 MG2 规定扭矩与实际 MG2 扭矩之间的差超过预定值，则 HV-ECU 判定 MG2 扭矩的执行和监控存在故障，然后，HV-ECU 点亮 MIL 并设定 DTC。

3. 故障检修

出现监控 MG2 扭矩性能故障，检修混合动力车辆电机和带 DC/DC 的变频器总成。

九、MG2 电机门关闭

1. 简述

一接收到 HV-ECU 的电机门关闭信号，变频器将关闭激活 MG2 的功率晶体管强制停止 MG2 的工作。HV-ECU 监控电机门关闭信号并检测故障。

2. 监控说明

HV-ECU 监控电机门关闭（MSDN）信号。如果 HV-ECU 检测到 MSDN 信号故障，则点亮 MIL 并设定 DTC。

3. 故障检修

出现电机门关闭（MSDN）信号故障，检修线束或连接器和 HV-ECU。

十、变频器电压（VH）传感器偏移

1. 简述

HV-ECU 监控变频器电压（VH）传感器信号。

2. 监控说明

如果 HV-ECU 检测到传感器信号故障，则 HV-ECU 判定 VH 传感器故障，HV-ECU 点亮 MTL 并设定 DTC。

3. 故障检修

出现变频器电压（VH）传感器偏移故障，检修系统主继电器和带 DC/DC 的变频器总成。

出现变频器电压（VH）传感器性能故障，检修线束或连接器和带 DC/DC 的变频器总成。

十一、发电机 MG1 变频器故障

1. 简述

如果发电机变频器出现电路故障、内部短路或过热，则变频器通过发电机变频器故障信号线路将此信息传输至 HV 控制 ECU 的 GFIV 端子。HV-ECU 监控发电机变频器故障信号线路并检测故障。

如图 5-22 所示为发电机 MG1 变频器故障输出电路。

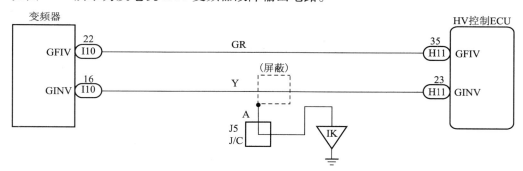

图 5-22 发电机 MG1 变频器故障输出电路

技师指导：GFIV = Generator Fault Inverter，发电机变频器故障。

2. 监控说明

HV-ECU 监控发电机变频器故障（GFIV）信号线路。如果 HV 控制 ECU 检测到 GFIV 信号电路开路或短路故障，则 HV 控制 ECU 点亮 MIL 并设定 DTC。

3. GFIV 线故障检修

出现发电机变频器故障（GFIV）信号电路 +B 短路，发电机变频器故障（GFIV）信号电路开路或 GND 短路时，检修线束或连接器和带 DC/DC 的变频器总成。

4. GFIV 故障内容检修

如果发电机变频器出现电路故障、内部短路或过热，则变频器通过发电机变频器故障信号线路将此信息传输至 HV-ECU 的 GFIV 端子。检测仪显示发电机变频器故障（GFIV）信号检测（如变频器过热），这时要检修如下元件：

（1）线束或连接器。

（2）变频器冷却系统。

（3）带电机和支架的水泵总成。

（4）冷却风扇电机。

（5）2 号冷却风扇电机。

（6）HV 变速驱动桥总成。

（7）混合动力车辆发电机。

（8）HV-ECU。

（9）带 DC/DC 的变频器总成。

十二、发电机 MG1 驱动关闭

1. 简述

一接收到 HV-ECU 的发电机门关闭信号，变频器将关闭激活 MG1 的功率晶体管，强制停止 MG1 的工作。HV-ECU 监控发电机门关闭信号线路并检测故障。

如图 5-23 所示为发电机 MG1 驱动关闭电路。

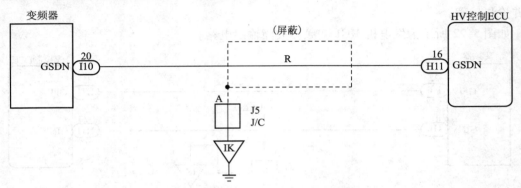

图 5-23 发电机 MG1 驱动关闭电路

技师指导： GSDN = Generator Signal Down，译为发电机驱动信号关闭。

2. 监控说明

HV-ECU 监控发电机门关闭（GSDN）信号线路。如果 HV-ECU 检测到 GSDN 信号电路开路或短路故障，则 HV-ECU 点亮 MIL 并设定 DTC。

3. 故障检测

出现发电机门关闭（GSDN）信号电路开路或 +B 短路，发电机门关闭（GSDN）信号电路 GND 短路，发电机门关闭（GSDN）信号电路开路时，要检修线束或连接器和带 DC/DC 的变频器总成。

十三、发电机 MG1 扭矩监测

1. 简述

HV-ECU 根据行驶情况控制 MG1 扭矩。

2. 监控说明

如果 MG1 规定扭矩与实际 MG1 扭矩之间的差超过预定值，则 HV-ECU 判定 MG1 扭矩的执行或监控存在故障，然后，HV-ECU 点亮 MIL 并设定 DTC。

3. 故障检修

监控到 MG1 扭矩性能故障，检修混合动力车辆发电机和带 DC/DC 的变频器总成。

十四、电机电流传感器

1. 简述

变频器内部的 MG1 电动机和 MG2 电动机的 U、V、W 三相输出中，V 和 W 两相套有非接触式电流传感器，电流传感器检测到流过变频器和电机的 V 相和 W 相电缆电流的安培数，变频器将其作为控制所必需的信息。例如将安培数和电压传送到 HV-ECU，控制 ECU 监控电机变频器电流传感器。如果检测到故障，则会点亮 MIL 并设定 DTC。

如图 5-24 所示为 MG1 电动机电流传感器电路，图 5-25 所示为 MG2 电动机电流传感器电路。

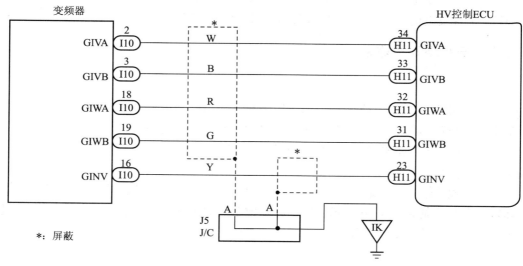

图 5-24　MG1 电动机电流传感器电路

技师指导： GIVA 中 G 是发电机，I 是电流，V 是 V 相绕组，译为 V 相电流。GIWA 是 W 相电流。GINV 是两电流传感器的共用端子。

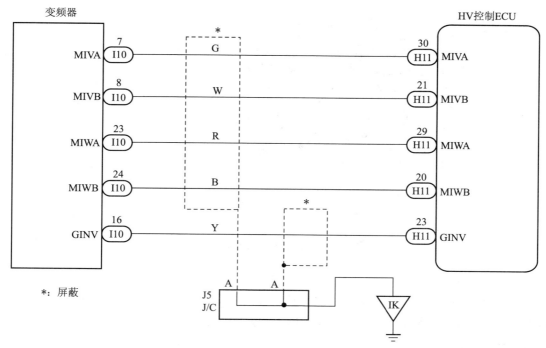

图 5-25　MG2 电动机电流传感器电路

技师指导：MIVA 中 M 是电动机，I 是电流，V 是 V 相绕组，译为 V 相电流。MIWA 是 W 相电流。GINV 是两电流传感器的共用地端子。

2. 检修步骤

检修线束电阻、对地和对 +B 是否有短路。

HV-ECU 监控发电机变频器的电流传感器。如果 HV-ECU 检测到故障，则会点亮 MIL 并设定 DTC。1 号发电机与 2 号电动机电流传感器检修方法相同。

十五、三相电动机驱动

1. 简述

三相交流电流过定子线圈的三相绕组时，电机就会产生一个旋转的磁场。系统根据旋转位置和转子转速控制旋转磁场，转子上的永磁体就被拉向转动方向，从而产生扭矩。产生的扭矩和电流的大小成正比，系统通过调节交流电频率来控制电机的转速。

为了在高速旋转时有效地产生更大的扭矩，在高速时控制定子磁场偏移一定角度。电机定子和转子夹角控制如图 5-26 所示，定子的励磁磁极 N 和 S 不在中间，这样更有利于吸引转子的 N 极和 S 极产生更大转矩。

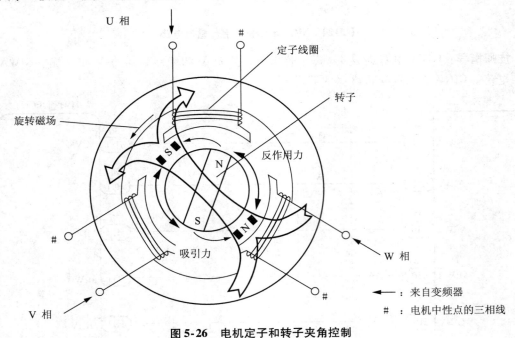

图 5-26　电机定子和转子夹角控制

2. 监控说明

HV-ECU 监控混合动力车辆电机（MG2）。如果 HV-ECU 检测到 MG2 的磁力减退或相间短路，则判定 MG2 故障，HV-ECU 点亮 MIL 并设定 DTC。

3. 故障检修

出现 MG2 电机故障时，检修电机和变频器总成。MG1 在电机自诊故障上与 MG2 相同。

十六、MG2 电机的动力补偿

1. 监控说明

HV-ECU 监控电机 MG2 的能量平衡。MG2 充电或放电时，如果 HV-ECU 通过电流传感器检测到电量故障，则点亮 MIL 并设定 DTC。

2. 故障检修

出现 MG2 小动力补偿和大动力补偿故障时，检修蓄电池电流传感器和混合动力车辆电机。

3. 检查蓄电池电流传感器

标准电阻：将正极探针连接到端子 1（VIB），将负极探针连接到端子 2（GIB），电阻在 3.6～4.5 kΩ，反向测量电阻在 5～7 kΩ 或更大。将正极探针连接到端子 1（VIB），将负极探针连接到端子 3（IB），阻值在 3.6～4.5 kΩ，反向在 5～7 kΩ 或更大。MG1 在电机自诊故障上与 MG2 相同。

第五节　电机和变频器冷却系统

发动机冷却系统可称为第一冷却系统，而为变频器和电动机所设置的冷却系统可称第二冷却系统，尽管带转换器的变频器总成和电机生热功率并不是很高，但要想换流器件在大功率条件下稳定工作的一个重要条件就是温度低，一般在 65 ℃ 以下。

一、变频器冷却系统

变频器利用 IGBT 将 HV 蓄电池直流电压转换为 MG1 和 MG2 的交流电压，在转换过程中 IGBT 要产生热量，一套变频器的热功率一般为 150～200 W。如果不经冷却系统散热，则累积的热量可能损坏变频器。变频器由专用的冷却系统散热，这个系统由电动水泵、冷却风扇和散热器组成。此冷却系统的温度控制较低，因此要与发动机冷却系统分开，独立为一个冷却系统，相比发动机冷却系统，这个系统要简单得多。

如图 5-27 所示为第二冷却系统管路图。HV-ECU 根据电机温度和变频器温度传感器的信号，控制水泵电机继电器。水泵工作将储液罐内的冷却液压入电机 MG1、MG2 后经发动机前部的散热器底部回流至变频器，经变频器后回储液罐底部。为了保证管内空气能较容易地放净，在变频器上有放气螺钉用于放气。

技师指导： 第二冷却系统循环要加丰田指定的粉色冷却液，往储液罐加冷却液时，要注意加至 MIN 和 MAX 之间，水泵工作时可见粉色冷却液在储液罐内流动。

2. 监控说明

如图 5-28 所示为第二冷却系统水泵控制电路，如果 HV-ECU 检测到电动水泵、风扇或散热器故障，则点亮 MIL 并设定 DTC。

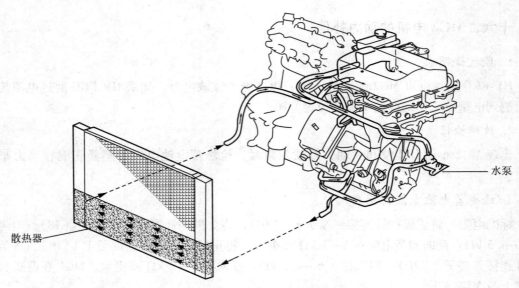

水泵

散热器

图 5-27 第二冷却系统管路图

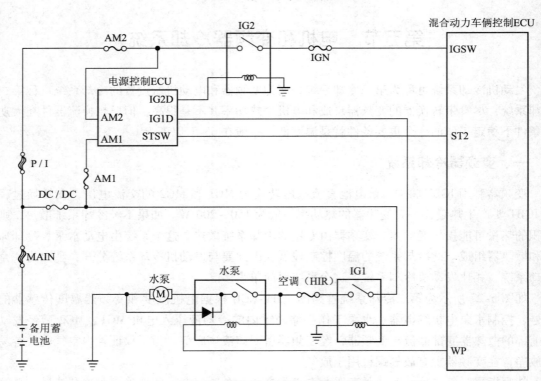

图 5-28 第二冷却系统水泵控制电路

3. 故障检修

HV-ECU 控制电子水泵、冷却风扇和冷却系统并检测故障。出现变频器冷却系统故障（水泵系统故障）和变频器冷却系统故障（电子冷却风扇系统故障）检修如下部位：

（1）线束或连接器。

（2）变频器冷却系统。

（3）带电机和支架的水泵总成。

（4）冷却风扇电机。

（5）2 号冷却风扇电机。

（6）带 DC/DC 的变频器总成。

第六章

电机驱动系统传感器原理与检修

第一节　电机解角传感器

一、电机解角传感器的类型

为了实现电机在静止起动和全转速范围内转矩调节的控制，需要利用传感器精确地测量永磁转子磁极位置和转速来确定电动机转子的运动方向、转子位置和转子转速。这个传感器称为电机解角传感器。

在起动开始，控制逆变器先向电动机定子通入一个瞬间电流来起动电机，通过电机解角传感器识别出电机转子的位置，为起动电机做好准备，这个过程称为"初始定位"。

如果定子电流通入时刻不能正确适应转子位置，可能会导致不良的影响，如出现不规则的运行和过大的噪声，都能给效率带来某种程度的负面影响，所以检测转子的位置对精确的电机控制是至关重要的。

对微控制器而言，实际的角度测定只涉及检测旋转方向和计算脉冲数。可以通过简单测量两个脉冲之间的时间间隔来计算角速度。

电机解角功能实现有两种方式：一种是利用传感器识别；另一种是利用定子的反电动势识别。

1. 利用传感器检测转子位置

（1）光耦型增量编码器。

光耦型增量编码器是一款常用传感器，可以确定当前的角位置。测量角度时，增量编码器必须基于参考位置，在微控制电机和工业控制电机中有应用，但在电动汽车中无法使用，主要因为受污垢影响太大。

（2）霍尔效应传感器。

霍尔效应传感器是检测角度便捷而便宜的方法。磁极和霍尔元件的数量越多，分辨率和精确度就越高，但也越容易受磁场干扰，且受温度环境影响大。

（3）旋变式变压器。

旋变式变压器在汽车行业内是最为可靠的传感器，不受磁场干扰和污垢影响，而且在角度检测过程中不受摩擦损耗的影响。它由一个永久连接于电机轴（电机旋转器）的轮子和一个永久附着于电机外壳的环形定子组成。该定子至少包含一个励磁线圈和两个传感器线圈。通过增加极对数可以实现更高的分辨率，也可采用电机转子带动一个特殊形状的信号轮在旋变传感器内部转动，精度很高，但位置解码较复杂，一般用专用芯片实现。这种传感器即便在静止的状态下，也可以随时检测电机转子的绝对位置，而增量式编码器和霍尔传感器则不能执行该功能。

2. 无传感器定位

为了降低生产成本，电机转子定位也可不采用传感器。方法是在电机起动阶段，根据定位要求预先向定子中送一个瞬间检测电流，利用三相定子产生的反电动势来检测电机转子位置。转子转起来后也用感应电动势来检测位置。

霍尔效应传感器在汽车中应用较多，对它的工作原理也常有介绍，所以本章只介绍旋变变压器。

二、旋变变压器

丰田普锐斯混合动力汽车电机解角传感器采用旋变变压器式，旋变变压器结构如图6-1所示。传感器的定子包含3个线圈，如同有一个初级线圈A，两个次级线圈B、C的变压器，输出线圈B和C相位交错90°。

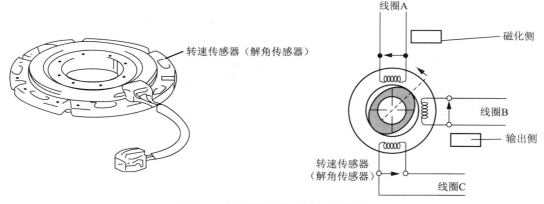

图6-1　丰田普锐斯旋变变压器结构

工作原理：HV-ECU 将 12 V 直流电经 HV-ECU 内部的正弦振荡发生器振荡为频率 10 kHz、幅值为 12 V 的正弦交流电，电流通过线圈 A 后，在线圈 B 和 C 感应出同频的正弦交流电，电机转子端部的信号轮是椭圆的，椭圆形信号轮的转动导致 B、C 线圈内的磁通量 Φ 发生变化，而变化时间取决于 A 线圈的振荡频率，磁通量 Φ 变化量取决于椭圆形转子外圆曲线，B、C 线圈输出的幅值随转子位置变化。检测线圈 B 和 C 的输出电压，在 HV-ECU 内部，通过高速模/数转换器将线圈 B 和 C 的输出电压转换为数字信号，再经旋变变压器信号专用处理芯片处理后，把信号传给微控制器（MCU）。为了把旋变变压器用作一个速度传感器，MCU 内部的 CPU 计算出在一段预定的时间内位置的变化次数来计算电机转子转速。

普锐斯的这种结构极其紧凑，具有高稳定性的传感器可精确地检测到磁极位置，这对 MG1 和 MG2 的有效控制起到了非常重要的作用。变压器 A、B、C 线圈静止时的波形如图6-2 所示，转动时的波形如图6-3 所示。

[**技师指导**] 丰田二代普锐斯有发电机 MG1（靠近发动机侧）和电动机 MG2（靠近变

速器末端）两台电机，每台电机转子的转子轴上都安有旋变变压器。MG2 的主要功能是电驱动，电动机驱动汽车的能量来自于燃油，MG2 在纯电动工况和混合工况起电驱动作用，在制动或减速时向蓄电池充电。MG1 的主要功能是发电。在加速踏板踏下深度较小时，发动机电子节气门开度可相对较大，这样增大发动机负荷，输出的机械能用于驱动 MG1 发电机发电，向蓄电池充电。MG1 有起动发动机和在急加速时给发动机助力的作用。

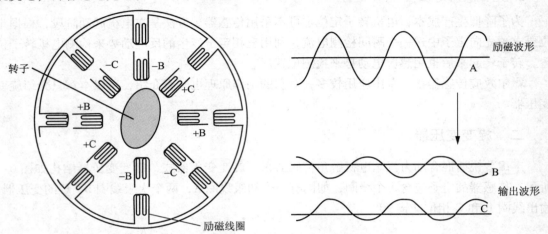

图 6-2　线圈 **B** 和 **C** 在转子不动时的信号（励磁信号 **A** 频率 10 kHz，幅值 12 V）

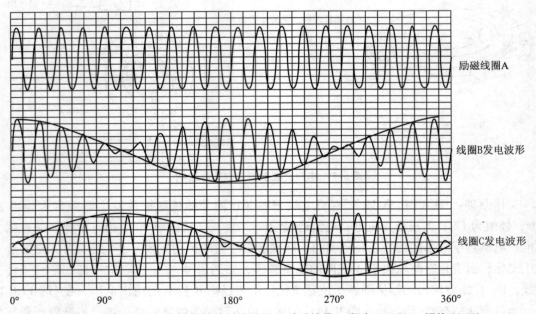

图 6-3　线圈 **B** 和 **C** 在转子转动时的信号（励磁信号 **A** 频率 10 kHz，幅值 12 V）

[**完成任务**] 利用四通道示波器测量旋变变压器 A、B、C 信号波形。

测量用的时基是多少？＿＿＿＿＿＿＿＿＿＿＿；幅值是多少？＿＿＿＿＿＿＿＿＿＿＿；电动机不转时和转动时 A、B、C 信号波形有什么变化？＿＿＿＿＿＿＿＿＿＿＿＿＿＿＿＿＿＿

＿＿＿。

三、旋变变压器原理与检修

1. 故障自诊断

HV-ECU 监控旋变变压器输出信号，若旋变变压器电路出现相间短路、输出不在正常范围内、传感器电路开路或短路等将判定转子旋变变压器存在故障，HV 控制 ECU 点亮 MIL 并设定 DTC。出现上述不正常现象时检修线束或连接器、混合动力车辆发电机、HV-ECU。如图 6-4 所示为 MG2 旋变变压器电路。

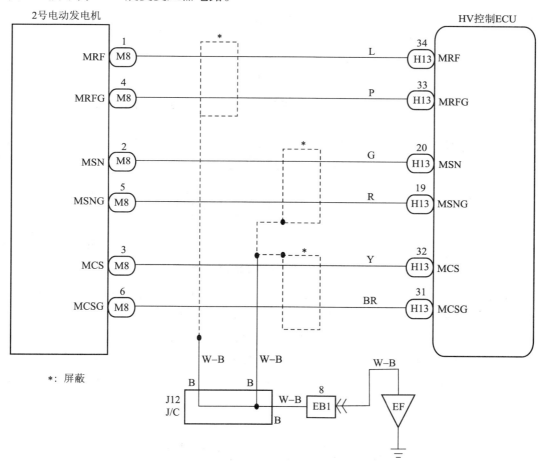

图 6-4 MG2 旋变变压器电路

2. 检查步骤

（1）检查线束和连接器。

检查混合动力车辆控制 ECU 与旋变变压器线间电阻要小于 1 Ω。

（2）测量旋变变压器电阻。

测量旋变变压器端子间的电阻。励磁线圈 MRF-MRFG 间电阻为 7.65～10.2 Ω，信号输出端子 MSN-MSNG 间电阻为 12.5～16.8 Ω，MCS-MCSG 间电阻为 12.5～16.8 Ω。

（3）测量绝缘电阻。

用兆欧表检查旋变变压器不同相端子间的绝缘电阻和不同相的对地电阻时，标准电阻应在 10 MΩ 或更大。

MG1 驱动电机位置和转速传感器结构、传感器数据和检修方法与 MG2 电动机相同。如图 6-5 所示为 MG1 旋变变压器电路。

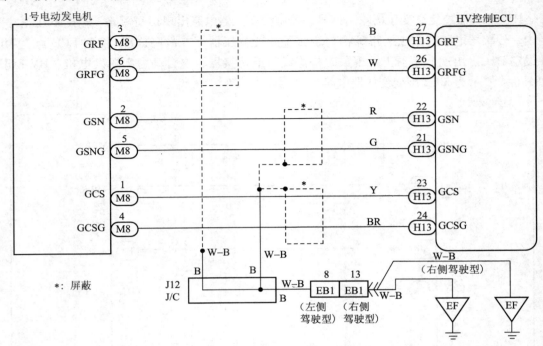

图 6-5　MG1 旋变变压器电路

技师指导： 三相永磁电动机和工业电动机在检修时定子检修方法相同，注意到工业电动机的端子盒中性点将三相线圈连在一起，可以拆开中性点测量三相匝间短路和匝内短路。三相永磁电动机中性点隐藏在电动机内，无法拆开测量，所以要利用两相间串联电阻是否相同，或电感是否相同来测量，实际电阻测量因接线端子氧化、测量部位选取以及测量误差等导致电阻不同，甚至相差较大。最好用测量电感的方法测量，电感测量时每相两端头的氧化电阻可忽略不计，电感相同说明线圈绝缘良好。

第二节　霍尔电流传感器

霍尔传感器是基于霍尔效应的一种传感器。霍尔传感器可测量电流，也可测量电压。测电流时，电流可以是直流、交流和脉动电流。测量电压的本质是测量流过一个精密电阻的电流来推出电压大小。霍尔电流传感器在电流检测中具有电隔离作用。

霍尔电流传感器在汽车变频器中的典型应用：

（1）在正、负母线间设一个阻值较大的高精密电阻，通过监测流过电阻的电流来反映正、负母线的电压。

（2）在电动汽车蓄电池的正极线或负极线上套有霍尔电流传感器，来检测母线直流电流。

（3）在电动汽车逆变器的三相输出 U、V、W 上，利用霍尔电流传感器检测输出电流，一般取 U、V、W 三相中的两相测电流即可。

在电动汽车中，蓄电池为直流电源，这时的霍尔电流传感器只测量母线的充放电电流大小、分算出蓄电池的电量（SOC），以及在电流过大时，控制高压上电继电器断开。而霍尔电流传感器接入变频器的 U、V、W 三相输出中，用来检测随频率变化的交流电流，可以更好地控制转矩，也提供了防止电机过载所需的信号。

一、直放式（开环）电流传感器（CS）

如图 6-6 所示，当原边电流 I_p 流过一根长导线时，在导线周围将产生一磁场，这一磁场的大小与流过导线的电流成正比，产生的磁场聚集在磁环内，通过磁环气隙中霍尔元件进行测量并放大输出，其输出电压 V_s 精确地反映原边电流 I_p。一般的额定输出电压标定为 4 V。

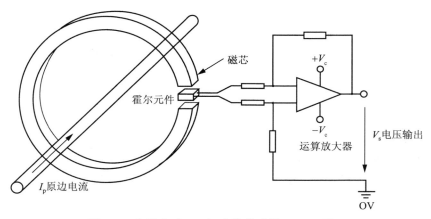

图 6-6　直放式（开环）电流传感器（CS）原理

二、LEM 磁平衡式电流传感器（CSM 系列）

如图 6-7 所示，磁平衡式电流传感器也称补偿式传感器，即原边电流 I_p 在聚磁环处所产生的磁场通过一个线圈电流所产生的磁场进行补偿，其补偿电流 I_s 精确地反映原边电流 I_p，从而使霍尔器件处于检测零磁通的工作状态。

具体工作过程为：当主回路有一电流通过时，在导线上产生的磁场被磁环聚集并感应到霍尔器件上，所产生的信号输出用于驱动功率管并使其导通，从而获得一个补偿电流 I_s。这一电流再通过多匝绕组产生磁场，该磁场与被测电流产生的磁场正好相反，因而补偿了原来的磁场，使霍尔器件的输出逐渐减小。当和 I_p 与匝数相乘所产生的磁场相等时，I_s 不再增加，这时的霍尔器件起到指示零磁通的作用，此时可以通过 I_s 来测试 I_p。当 I_p 变化时，平衡受到破坏，霍尔元件有信号输出，即重复上述过程重新达到平衡。被测电流的任何变化都会破坏这一平衡。一旦磁场失去平衡，霍尔元件就有信号输出。经功率放大后，立即就有相应的电流流过次级绕组以对失衡的磁场进行补偿。从磁场失衡到再次平衡，所需的时间理论上不到 1 μs，这是一个动态平衡的过程。因此，从宏观上看，次级的补偿电流安匝数在任何时间都与初级被测电流的安匝数相等。

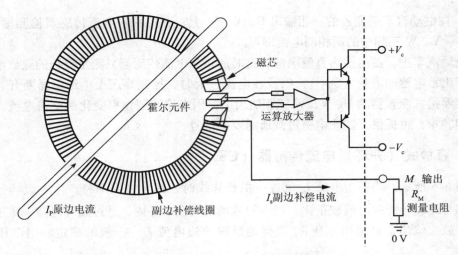

图 6-7　LEM 磁平衡式电流传感器原理

交流电流传感器主要测量交流信号电流。是将霍尔器件感应出的交流信号经过 AC/DC 转换，变为 0 ~ 4 V、0 ~ 20 mA（或 4 ~ 20 mA）的标准直流信号输出供各种系统使用。

[**完成任务**] 根据图 6-7 LEM 磁平衡式电流传感器原理，完成下列问题。

图 6-7 中的上部三极管是 NPN 型，下部三极管是 PNP 型；三极管是 NPN 型导通时，电压由 +V_c 至 0 V；三极管是 PNP 型导通时，电流由哪流向哪？_____。

第三节　电机温度传感器

一、电机温度传感器工作原理

电机温度传感器用于监测电机温度，传感器电阻为负温度系数型式。如图 6-8 所示，在 20 ℃时电阻在 60 ~ 70 kΩ，在 40 ℃时电阻在 30 ~ 40 kΩ。

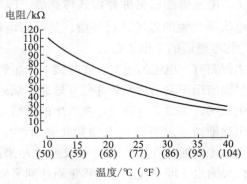

图 6-8　电阻和温度对应关系

二、电机温度传感器检查

图 6-9 所示 2 号电机温度传感器出现故障时，应检修混合动力车辆电机。普锐斯电机温度传感器不能作为单独的维修部件。因此，当更换温度传感器时，混合动力车辆电机也必须更换。1 号电机温度传感器结构和 2 号相同，如图 6-10 所示，但 1 号电机温度传感器检测变速驱动桥油的温度。根据 1 号电机温度传感器提供的信号，HV-ECU 限制电机电流防止电机过热。HV-ECU 检查 1 号电机温度传感器是否存在电路故障和传感器本身故障。例如当电机温度传感器 OMT-OMTG 电压大约 5 V 时，检查线束。同时要检查变速驱动桥的油质和油位。

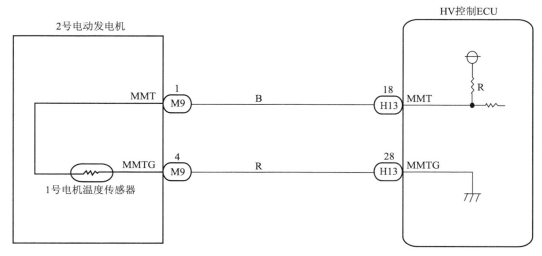

图 6-9 MG2 电动机温度传感器电路图

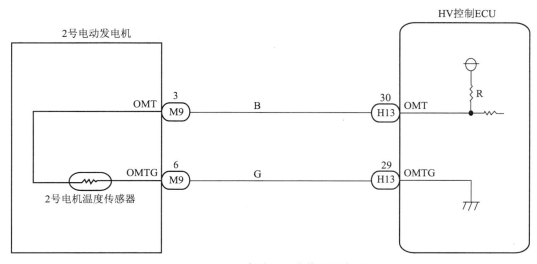

图 6-10 MG1 电动机温度传感器电路图

技师指导： 对于 HV-ECU 和传感器两者的插头都是公插头。

传感器检查步骤如下：读取智能测试仪的值。如果存在电路开路或 +B 短路，则智能测试仪显示 −50 ℃；如果存在 GND 短路，则智能测试仪显示 205 ℃。50 + 205 = 255，恰好是

第六章 电机驱动系统传感器原理与检修

一个 8 位能显示的数值（0~255）。一个开路和两个短路都要检修线束或连接器、混合动力车辆电机和 HV-ECU。

技师指导： 电机温度传感器采用 5 V 供电，传感器线路断开时，MMT 和 MMTG 间电压大约 5 V。当传感器信号线意外与 +B 连通时，MMT 和 MMTG 间电压在 9~14 V。无论是 5 V，还是 9~14 V，电压都过高，都导致温度不在实际可能的范围内。信号线意外与车身地接通时，MMT 和 MMTG 间电压大约 0 V，也导致温度不在实际可能范围内。自诊断系统只要诊断出上述故障，就可设置温度传感器故障码，但不指出具体原因，具体原因可通过传感器的数据流显示是最大极限值还是最小极限值加以区分。以后的线路诊断不再赘述。

第七章

DC/DC 转换器原理与检修

第一节　升压 DC/DC 和降压 DC/DC

一、升压 DC/DC

如图 7-1 所示，增压转换器将 HV 蓄电池输出的额定电压 DC 201.6 V 增压到 DC 500 V 的最高电压。转换器包括增压 IPM（集成功率模块），其中内置的 IGBT（绝缘栅极双极型晶体管）进行转换控制，而反应器存储能量。通过使用这些组件，转换器将电压升高。MG1 或 MG2 作为发电机工作时，变频器通过其一将交流电（201.6 V，500 V）转换为直流电，然后增压转换器将其降低到 DC 201.6 V 为 HV 蓄电池充电。

升压 DC/DC 本身在制动或减速时有降压充电功能，所以也称双向 DC/DC。升压直流斩波电路由 HV 蓄电池，电抗器（电感）L，V_7、V_8 两个智能模块（IPM），二极管 D_7、D_8 和电容器 C_1 组成。双向 DC/DC 工作原理可由升压和降压来说明。

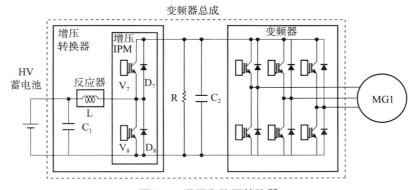

图 7-1　增压和降压转换器

1. 升压工作原理

如图 7-2 所示，升压时，HV-ECU 控制 V_8 导通，此时电感 L 吸能，在 V_8 瞬间关闭时使电抗器上的感应电动势与 HV 蓄电池 DC 201.6 V 电压串联叠加提供高压 500 V 电源，通过二极管 D_7 导入直流母线的正极线，波动的电流经电容 C_2 存储以形成滤波，这时就产生了稳定的 500 V 直流。电阻 R 阻值很大，可以不考虑。

2. 降压工作原理

如图 7-2 所示，发电机发出的直流脉动 500 V 电压到达母线后，需要降至 DC 201.6 V 后再向蓄电池充电。降压电路由 V_7 快速通断，电流经电感 L 开始分压约 300 V，经电容器 C_1 滤波后，向蓄电池充电。

二、降压 DC/DC

由于第二代混合动力普锐斯发电机输出额定电压为 DC 201.6 V，因此，需要转换器将这个电压降低到 DC 12 V 来为备用蓄电池充电。这个转换器安装于变频器的内部。12V DC/DC 转换器原理如图 7-2 所示。

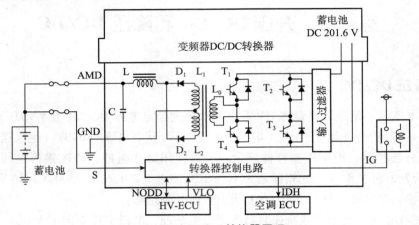

图 7-2 DC/DC 转换器原理

其工作原理如下：

首先在初级线圈 L_0 侧用四个开关管 T_1、T_2、T_3、T_4 振荡出一个交流电，方法是开关管 T_1、T_3 导通一次，再让 T_2、T_4 导通一次，反复这样将直流电转换为交流电。

然后在次级侧的线圈 L_1、二极管 D_1 和线圈 L_2、二极管 D_2 形成两个半波整流路，再经线圈 L 和电容 C 形成的 LC 滤波电路滤波。再由 AMD 端子经蓄电池顶部的保险丝向 12 V 蓄电池充电。

S 端子的作用是监测 12 V 蓄电池的电压，在 12 V 蓄电池的充电电压低时让 DC/DC 提升充电电压。在 12 V 蓄电池的充电电压高时让 DC/DC 降低充电电压。本质相当于传统汽车的蓄电池电压检测法。

[**完成任务**] 用万用表测量 12 V 蓄电池的开路电压和不同工况的端电压，把测得的电压值写入表格，要求精确到小数点后两位。

工况	开路电压	供电开关 OFF	供电开关 ON	供电开关 READY	发动机起动后
电压					

12 V 降压 DC/DC 在什么工况才向蓄电池充电？ _____。

第二节 DC/DC 转换器检修

本节主要讲解增压转换器控制的 7 个端子的具体意义和检修方法。

一、OVL DC/DC 转换器过压

1. 简述

增压转换器检测到电路故障或过压，则增压转换器通过增压转换器过压信号线路将此信息传输至 HV-ECU 的 OVL 端子。HV-ECU 监控增压转换器过压信号线路并检测故障。如图 7-3 所示为 OVL DC/DC 转换器过压电路。

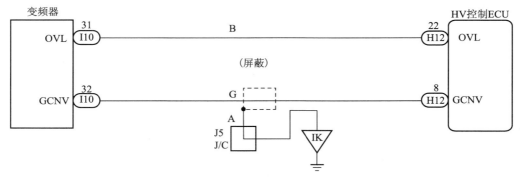

图 7-3 OVL DC/DC 转换器过压电路

技师指导： OVL 是 Output Voltage Low 的缩写，译为低高压侧输出电压，此信号用于升/降压控制，影响 CPWM 的输出。

2. 监控说明

HV-ECU 监控增压转换器 OVL 信号线路。如果 HV-ECU 检测到 OVL 信号电路开路或短路故障，则 HV-ECU 点亮 MIL 并设定 DTC。

3. 信号线故障检修

出现增压转换器过压（OVL）信号电路开路或 GND 短路、增压转换器过压（OVL）信号电路 +B 短路，请检修线束或连接器和带转换器的变频器总成。

4. 过压故障检修

如果增压转换器检测到电路故障或过压，则增压转换器通过增压转换器过压信号线路将此信息传输至 HV-ECU 的 OVL 端子。

可能出现增压转换器过压（OVL）信号的原因有 HV-ECU 故障导致过压、由变频器总成故障导致过压和由 HV 变速驱动桥总成故障导致过压。这时要检修的部位如下：

（1）线束或连接器。

（2）HV 变速驱动桥总成。

（3）混合动力车辆电机。

（4）混合动力车辆发电机。

（5）HV-ECU。

（6）带转换器的变频器总成。

二、FCV 增压转换器故障

1. 简述

如果增压转换器出现电路故障、内部短路或过热，则增压转换器通过增压转换器故障信号线路将此信息传输至 HV-ECU 的 FCV 端子。HV-ECU 监控增压转换器故障信号线路并检测故障。如图 7-4 所示为 FCV 增压转换器故障输出电路图。

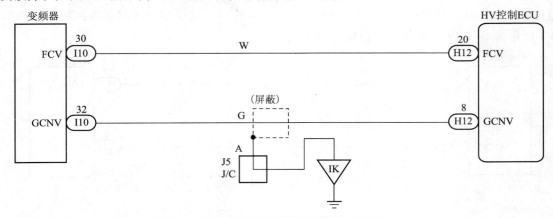

图 7-4　FCV 增压转换器故障输出电路图

技师指导：FCV 是 Fault Converter，译为有故障的转换器或转换器故障，转换器这里特指增压转换器。

2. 监控说明

HV-ECU 监控增压转换器故障（FCV）信号线路。如果 HV-ECU 检测到 FCV 信号电路开路或短路故障，则 HV-ECU 点亮 MIL 并设定 DTC。

3. 信号线故障检修

出现增压转换器故障（FCV）信号电路开路或 GND 短路、增压转换器故障（FCV）信号电路对 +B 短路应检修线束或连接器和带转换器的变频器总成。

4. 信号线故障内容检修

如果增压转换器出现电路故障、内部短路或过热，则增压转换器通过增压转换器故障信号线路将此信息传输至 HV-ECU 的 FCV 端子。增压转换器过热故障可能发生在如下部位：

（1）线束或连接器。

（2）变频器冷却系统。

（3）带电机和支架的水泵总成。

（4）冷却风扇电机。

（5）2 号冷却风扇电机。

（6）HV 变速驱动桥总成。

（7）混合动力车辆电机。

（8）混合动力车辆发电机。

（9）HV-ECU。

（10）带转换器的变频器总成。

增压转换器故障（FCV）信号检测，可能是由 HV-ECU 故障或变频器总成故障导致过流，也可能由于 HV 变速驱动桥总成故障导致过流。故障可能发生在如下部位：

（1）线束或连接器。

（2）HV 变速驱动桥总成。

（3）混合动力车辆电机。

（4）混合动力车辆发电机。

（5）HV-ECU。

（6）带转换器的变频器总成。

三、CSDN 增压转换器门关闭

1. 简述

如图 7-5 所示为 CSDN 增压转换器门关闭电路，接收到 HV-ECU 的增压转换器门关闭信号，增压转换器将关闭激活增压转换器的功率晶体管，强制停止增压转换器工作。HV-ECU 监控增压转换器门关闭信号线路并检测故障。

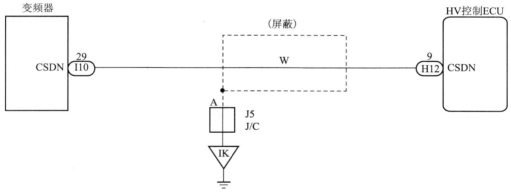

图 7-5　CSDN 增压转换器门关闭电路

技师指导：CSDN 是 Control Signal Down 的缩写，译为关闭。

2. 监控说明

HV-ECU 监控增压转换器门关闭（CSDN）信号线路。如果 HV-ECU 检测到 CSDN 信号电路开路或短路故障，则 HV-ECU 点亮 MIL 并设定 DTC。

3. （CSDN）信号线自检

增压转换器门关闭（CSDN）信号电路对 GND 短路、增压转换器门关闭（CSDN）信号电路开路或对 +B 短路、增压转换器门关闭（CSDN）信号电路开路等应检修线束或连接器和带转换器的变频器总成。

五、CT 增压转换器温度传感器信号输出

1. 简述

HV-ECU 用安装在增压转换器内的温度传感器来检测增压转换器的温度。增压转换器温度传感器根据温度的变化输出值在 0~5 V 间变化。增压转换器温度越高，输出电压越低；反之，温度越低，电压越高。

根据增压转换器温度传感器输送的信号，HV-ECU 限定负荷以防止增压转换器过热。而且，HV-ECU 检测增压转换器温度传感器配线和温度传感器自身的故障。

如图 7-6 所示为 CT 增压转换器温度传感器信号输出。

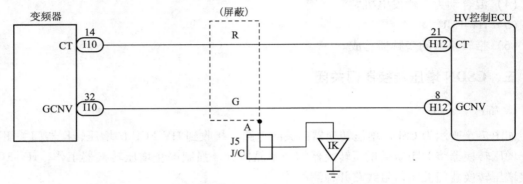

图 7-6   CT 增压转换器温度传感器信号输出

技师指导：CT 是 Control Temperature 的缩写，译为温度控制或控制温度，增压转换器自身由功率损耗生热，当温度过高时，温度传感器输出的信号用于控制电动水泵和散热器风扇。而传统汽车散热器风扇仅由发动机温度和空调高压管压力控制。

2. 传感器信号输出

如图 7-7 所示为增压转换器温度传感器电压与温度关系。

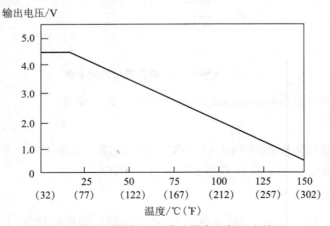

图 7-7   增压转换器温度传感器电压与温度关系

3. 线束故障

HV-ECU 监控增压转换器温度传感器电路。如果 HV-ECU 检测到此传感器电路开路或短

路故障，HV-ECU 点亮 MIL 并设定 DTC。出现增压转换器温度传感器电路开路或对 GND 短路显示 205 ℃、对 +B 短路时显示 −50 ℃，或增压转换器电压（VL）传感器出现性能故障时，应检修线束或连接器、带转换器的变频器总成和 HV-ECU。

六、蓄电池电压监测和 DC/DC 增压后电压监测

1. 简述

HV-ECU 用两个电压传感器 VL 和 VB 来检测电压水平。VL 传感器内置于增压转换器内，用于检测增压前的电压。VB 传感器内置于蓄电池 ECU 内，用于检测 HV 蓄电池电压。

2. 监控说明

HV-ECU 监控 HV 蓄电池电压（VB）和增压转换器电压（VL）传感器信号。如果 VB 和 VL 传感器间的电压出现较大差异时，HV-ECU 判定 VB 和 VL 传感器出现故障。HV-ECU 点亮 MIL 并设定 DTC。

3. 故障检修

出现 HV 蓄电池电压（VB）传感器和增压转换器电压（VL）传感器间的电压差大时，故障可能发生在如下部位：
（1）线束或连接器。
（2）带转换器的变频器总成。
（3）检修塞卡箍。
（4）高压保险丝。
（5）蓄电池 ECU。

七、CPWM 增压控制 PWM 调制波

1. 简述

为了改变流入电阻器的电流，增压转换器根据接收来自 HV-ECU 控制功率晶体管的驱动信号，打开或关闭功率晶体管。经由增压转换器通过 PWM 来调节开关的持续时间（脉宽调制）控制增压电压。

HV-ECU 监控增压转换器 PWM 电路并检测故障。

如图 7-8 所示为 CPWM 增压控制 PWM 调制。

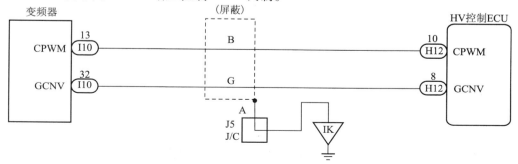

图 7-8　CPWM 增压控制 PWM 调制

技师指导: CPWM 是 Control Pulse Width Modulator 的缩写,译为脉冲宽度调节控制,HV-ECU 根据蓄电池的实际电压 VL 和增压后的电压(OVL 检测的电压),调节 CPWM 端子来控制升压/降压转换器中 V_8 和 V_7 的控制信号。

2. 监控说明

HV-ECU 监控增压转换器的 PWM 电路。如果增压转换器的 PWM 电路驱动功率晶体管的信号有误,则 HV-ECU 判定增压转换器 PWM 电路出现故障。HV-ECU 点亮 MIL 并设定 DTC。

八、VL 增压转换器电压传感器信号输出

1. 简述

HV-ECU 用安装在增压转换器内的电压传感器来检测增压前的高压以及增压控制。增压转换器电压传感器输出电压在 0 ~ 5 V 之间变化,实际在 1.9 ~ 3.4 V 间变化。电压越高,输出电压越高,HV-ECU 监控增压转换器电压传感器过压信号线路并检测故障。

如图 7-9 所示为电压传感器信号输出,图 7-10 所示为 VL 增压转换器电压传感器信号输出电路。

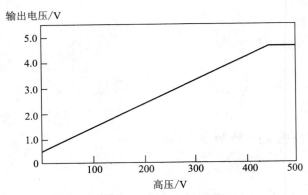

图 7-9　电压传感器信号输出

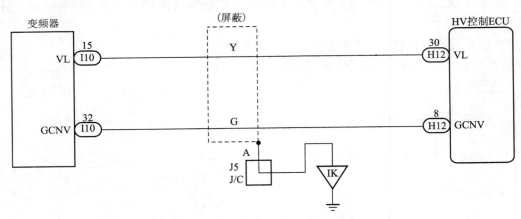

图 7-10　VL 增压转换器电压传感器信号输出电路

技师指导: VL 是 Voltage Low 的缩写,译为低电压,因为随着蓄电池放电和充电,蓄电

池电压在一个较大的范围内变化，不是标准数值 201.6 V，VL 为低压侧母线电压传感器信号输出，监测低压是为了根据不同输入电压产生近乎恒定的 500 V 电压。

2. 故障检修

出现增压转换器电压（VL）传感器电路开路或对 GND 短路将显示 0 V，而对 +B 短路将显示 510 V，这时应检修线束或连接、带转换器的变频器总成和 HV-ECU。

增压转换器温度传感器输出突变或输出偏移应检修线束或连接器、变频器冷却系统、带电机和支架的水泵总成、冷却风扇电机、2 号冷却风扇电机和带转换器的变频器总成。

第八章

变速驱动桥电控系统原理与检修

第一节 线控换挡变速驱动桥控制

一、变速器控制 ECU

1. 简述

变速驱动桥 P 挡为按键开关，电子换挡为 R、N、D、B 四个挡位，它们全是电子开关，与变速器驱动桥没有任何机械连接。如图 8-1 所示，当输入来自 P 挡开关或换挡杆的信号时，HV-ECU 发送 P 挡控制（PCON）信号到变速器控制 ECU。变速器控制 ECU 根据该信号激活变速器内的 P 挡锁止控制电机（换挡控制执行器），机械地锁止或解锁 HV 变速驱动桥总成的中间驱动齿轮。如果变速器内 P 挡锁止控制电机确实锁止了中间驱动齿轮，则向变速器控制 ECU 发送反馈信号，变速器控制 ECU 再将执行器完成动作的信号反馈给 HV-ECU，具体方法是通过发送 P 挡位置（PPOS）信号到 HV-ECU，实现闭环控制。

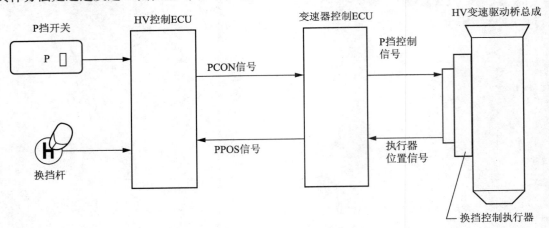

图 8-1 换挡位置和驻车信号传输

2. 故障检修

如图 8-2 所示变速驱动桥挡位信号电路，出现变速器控制 ECU 的车身电气网络（BEAN）通信故障、ECU 点火开关供电断开故障和 ECU 故障，应检修线束或连接器、变速器控制 ECU、HV-ECU 和电源控制 ECU。出现 P 挡（PPOS）信号逻辑矛盾、P 挡（PPOS）

信号电路 GND 短路、P 挡（PPOS）信号电路 +B 短路和 P 挡（PPOS）信号故障（输出脉冲异常）时，应检修线束或连接器、变速器控制 ECU、HV-ECU 和电源控制 ECU。

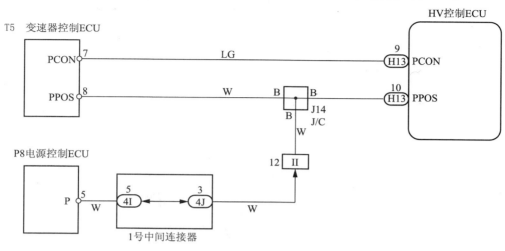

图 8-2　变速驱动桥挡位信号电路

　　检查 HV-ECU 连接器端子 PCON（H13 ~ 9）和 GND1（H10 ~ 1）、端子 PPOS（H13 ~ 10）和 GND1（H10 ~ 1）间的电压波形，以检查信号线路 PCON 和 PPOS 是否 +B 短路。如果信号线路中存在 +B 短路，则输出电压保持在 9 ~ 14 V。如果信号线路正常，则波形如图 8-3 所示。

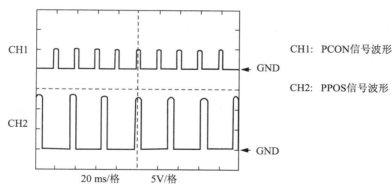

图 8-3　PCON 和 PPOS 端子波形测量

二、变速驱动桥挡位传感器检修

1. 简述

　　如图 8-4 所示，换挡控制系统是一种不使用换挡拉索的无线型系统。由挡位传感器和选择传感器两个传感器共同来判别挡位，传感器是霍尔式非触点型的。

　　换挡杆是点动复位型，当驾驶员换挡后，手从换挡杆松开时，换挡杆通过弹簧的反作用回到主挡位置。换挡杆上包含一个挡位传感器和一个选择传感器，来检测换挡杆的挡位（R、N、D 或 B）。传感器形式为霍尔传感器，可以精确地检测到挡位。每个传感器包含两套位置检测系统，也称为主系统和副系统，主、副系统组成判别自身故障的冗余设计。

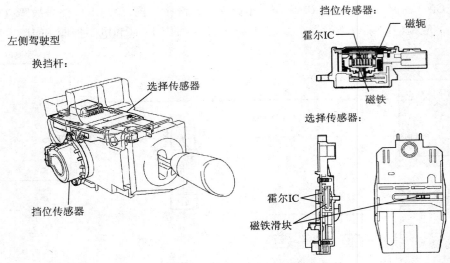

左侧驾驶型

换挡杆：

选择传感器

挡位传感器

挡位传感器：

霍尔IC

磁轭

磁铁

选择传感器：

霍尔IC

磁铁滑块

图8-4　挡位传感器和选择传感器位置

2. 挡位传感器

如图 8-5 所示，挡位传感器向 HV-ECU 输出变化的电压反映换挡杆的前后运动。该电压随着换挡杆的垂直运动在 0 ~ 5 V 变化。HV-ECU 认为挡位传感器输入低电压时换挡杆在 D 或 B 挡，中间电压信号时在主挡或 N 挡，高电压时在 R 挡。

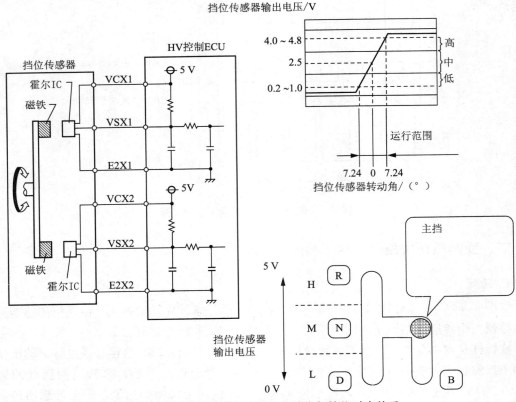

图8-5　挡位传感器电路和信号输出与挡位对应关系

3. 选择传感器

技师指导： 选择传感器采用两线电流型传感器，这种传感器的地线既是地线也是信号线，原理是 +B 通过 VC 给霍尔传感器供电 12 V，通过 VS，并经过下拉电阻接地，信号取自下拉电阻上部，换挡杆的滑动导致霍尔电流发生变化，经放大器放大后从 VS 输出，变化的电流会导致下拉电阻的电压发生变化，这个变化反映了换挡杆位置。

如图 8-6 所示，选择传感器向 HV-ECU 输出电压信号，该电压随着换挡杆的水平运动在 0~5 V 之间变化。HV-ECU 认为选择传感器低压输入在 B 挡，高压在 R、N 或 D 挡。HV-ECU 根据挡位传感器和选择传感器的信号组合决定换挡杆位置。

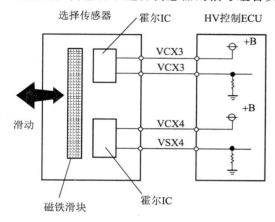

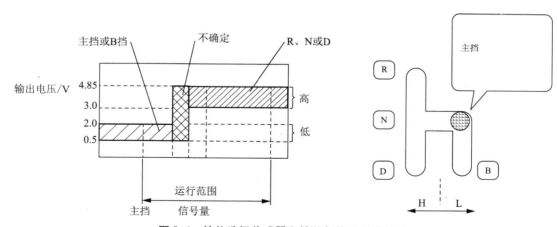

图 8-6 挡位选择传感器和挡位与信号对应关系

4. 故障码和故障部位

出现挡位主或副传感器电路开路或 GND 短路，或出现挡位主传感器电路 +B 短路，故障可能发生部位在线束或连接器、换挡杆和 HV-ECU。

出现挡位主传感器值和挡位副传感器值间的差大或选择主传感器值和选择副传感器值间的差大时，检修线束或连接器、换挡杆和 HV-ECU。

参考如图 8-7 所示的换挡杆水平选挡和垂直换挡传感器电路。

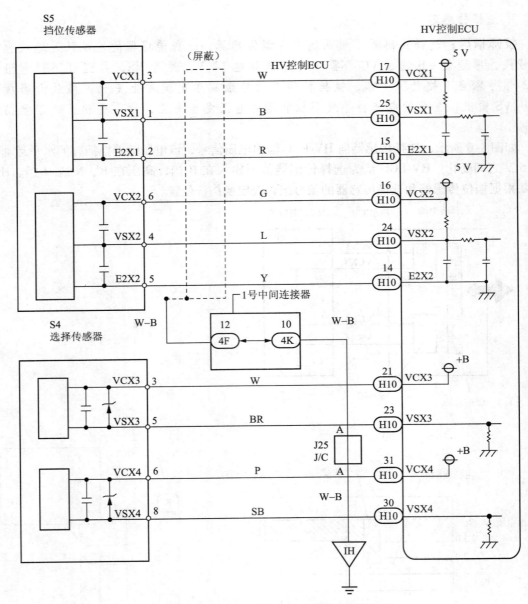

图 8-7 换挡杆水平选挡和垂直换挡传感器电路

5. 检查步骤

（1）读取智能测试仪的值（主挡位和副挡位传感器）

①将智能测试仪连接到 DLC3。

②打开电源开关（IG）。

③打开智能测试仪。

④进入下列菜单：Powertrain/Hybrid Control/Data List。

⑤读取主挡位和副挡位传感器电压值，见表 8-1。

挡位	主挡位传感器	副挡位传感器
R 挡	4.0~4.8	4.0~4.8
主挡或 N 挡	2.0~3.0	2.0~3.0
D 挡或 B 挡	0.2~1.0	0.2~1.0

表 8-1　主挡位和副挡位传感器电压值　　　　　　　　　　　　V

（2）检查挡位开关供电。

①断开挡位传感器连接器；

②打开电源开关（IG）；

③测量挡位传感器连接器端子间的电压。

挡位传感器供电标准电压规定为 4.5~5.5 V，选择传感器供电标准电压规定为 9~14 V。

三、驻车挡/空挡开关

1. 简述

与传统换挡杆的驻车挡不同，P 挡开关由换挡杆上部独立控制。开关为点动复位开关。P 挡开关包含电阻器 $R1$ 和 $R2$。当 P 挡开关没有按下时，开关提供 $R1$ 和 $R2$ 两串联电阻；当 P 挡开关按下时，开关只提供 $R1$ 电阻。HV-ECU 的 P1 端子上的电压随着开关电阻的变化而改变。HV-ECU 根据这个信号，控制变速驱动桥内部电动机转动，电动机的高速转动经减速机构减速后再锁止行星排的内齿圈，实现 P 挡锁止驱动轮的操作，操作时会有明显的电机工作噪声。

2. 故障码和故障部位

出现 P 挡开关电路对 GND 短路，P 挡开关电路开路或 +B 短路时，要检修线束或连接器、P 挡开关和 HV-ECU。

3. P 挡开关检修

电阻检查如图 8-8 所示，测量 4 和 3 脚电阻。因为 $R1 = 3\,900\ \Omega$，$R2 = 680\ \Omega$，所以按下 $R2$ 的旁路开关时，仅为电阻 $R1$，为 680 Ω，松开开关测量两个电阻的和为 4 580 Ω。

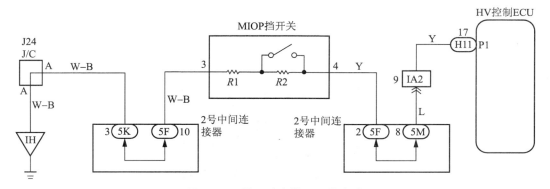

图 8-8　P 挡（驻车挡）开关电路

技师指导： 不要把 P 挡（驻车挡）和制动系统驻车制动弄混，P 挡是变速器系统，驻车制动是制动系统，P 挡功能为锁止驱动轮，驻车制动为制动后轮。

第二节　变速驱动桥系统数据流

变速驱动桥 ECU 系统数据流有 3 页，如图 8-9 ~ 图 8-11 所示，数据分析略。

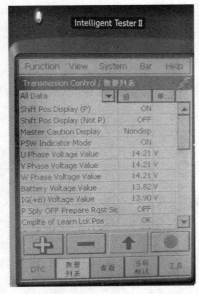

图 8-9　变速驱动桥 ECU 系统数据流第 1 页

图 8-10　变速驱动桥 ECU 系统数据流第 2 页

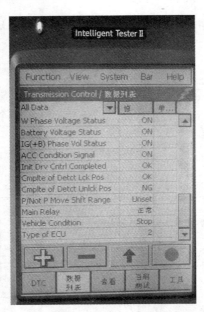

图 8-11　变速驱动桥 ECU 系统数据流第 3 页

第九章

汽车线控制动系统原理与检修

第一节　普锐斯混合动力汽车线控制动系统组成

普锐斯混合动力汽车采用线控制动系统，也称 ECB（Electronic Control Brake），是电子控制制动系统的缩写。ECB 系统能根据驾驶员踩制动踏板的位置程度和所施加的力所产生的液压大小计算所需的制动力，这个制动力称为总制动力，这个总制动力由液压制动和电机再生制动共同实现，而液压制动和再生制动的比例分配是随车速及制动时间的变化而改变的。如果由于系统故障导致再生制动失效，则制动系统会影响控制，结果驾驶员所需的全部制动力就由液压制动系统提供。

[**完成任务**] 什么是线控制动系统？_____；ECB 是什么的缩写？_____；ECB 和传统的制动系统的区别是什么？_____。

ECB 系统中的 ABS（防抱死制动系统）对过猛的制动或在易滑路面制动时，能防止车轮抱死。EBD（电子制动力分配）控制利用 ABS，根据行驶条件在前轮和后轮间分配合适的制动力。另外，转向制动时，它还能控制左右车轮的制动力，以保持车辆平稳行驶。通过尽量使用电机的再生制动力和控制液压制动实现再生制动与液压制动的联合控制。ECB 中的VSC+（增强型车辆稳定系统）功能可以防止转向时前轮或后轮急速滑动产生的车辆侧滑。和 EPS ECU（电动转向）一起进行联合控制，以便根据车辆的行驶条件提供转向助力。ECB系统的制动助力有两个功能：一是紧急制动时，如果制动踏板力不足，可以增大制动力；二是需要强大制动力时增大制动力。

设计上可以取消传统的制动真空助力器，采用 VSC 车辆稳定控制系统的油泵电动机供能，正常制动时，总泵的双腔串联主缸产生的液压不直接作用在轮缸上，而是通过制动行程模拟器的协助，由制动行程传感器和制动压力传感器转换为液压信号体现驾驶员的制动意图。电控系统通过调整作用于轮缸的制动执行器上液压泵的液压压力，从而获得实际需要的控制压力。控制系统的 ECB ECU 和制动防滑控制 ECU 集成在一起，并和液压制动控制系统（包括带 EBD的 ABS、制动助力和 VSC+）一起进行综合控制，一般要增加制动控制系统警告灯。

例如丰田普锐斯混合动力汽车的线控制动系统相对传统带真空助力的制动系统主要增加了行程模拟器、带有高压蓄能器的车辆稳定控制液压执行器、取消真空助力的双腔串联制动总泵和一个备用电源装置，如图9-1所示。

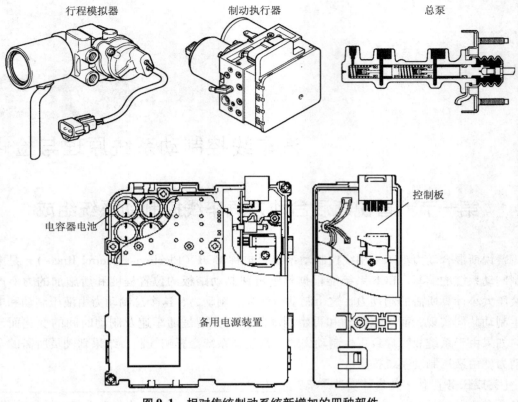

行程模拟器　　　　　　制动执行器　　　　　　　总泵

控制板

电容器电池

备用电源装置

图 9-1　相对传统制动系统新增加的四种部件

　　行程模拟器如图 9-2 所示，它位于总泵和制动执行器之间，根据制动中驾驶员踏制动踏板的力产生踏板行程。行程模拟器包括弹簧系数不同的两种螺旋弹簧，具有对应于总泵压力的两个阶段的踏板行程特性。

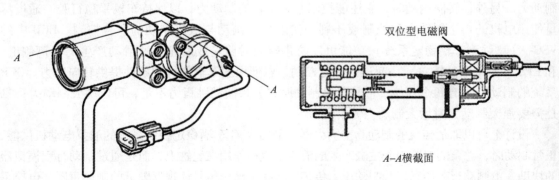

双位型电磁阀

A

A

A–A横截面

图 9-2　行程模拟器解剖图

　　备用电源装置用作备用电源以保证给制动系统稳定地供电。该装置包括 28 个电容器电池，用于存储车辆电源（12 V）提供的电量。当车辆电源电压（12 V）下降时，电容器电池中的电就会作为辅助电源向制动系统供电。关闭电源开关后，HV 系统停止工作，存储在电容器电池中的电量放电。维修中电源开关关闭后，备用电源装置就处于放电状态，但电容器中仍有一定的电压。因此，在从车辆上拆下备用电源装置或将其打开检查它的内部之前，一定要检查它的剩余电压，如果必要则使其放电。

普锐斯的主要组件位置如图9-3所示。

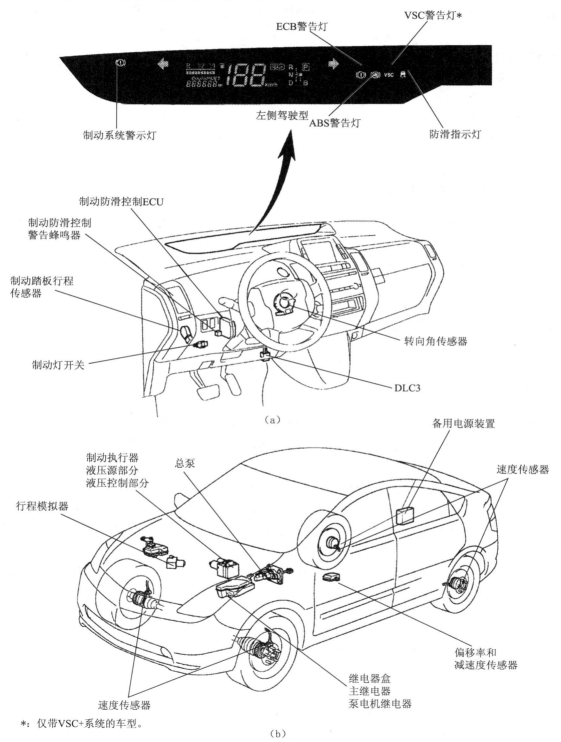

（a）

（b）

*：仅带VSC+系统的车型。

图9-3　普锐斯的主要组件位置

[**完成任务**] 在图9-3（a）中画出制动警告灯和ECB警告灯的符号：_____；ABS故障警告灯的符号：_____；车身稳定系统警告灯符号：_____；防滑指示灯符号：_____；制动防滑ECU位置：_____。蜂鸣器的作用：_____；制动踏板行程传感器的位置和作用：_____；方向盘转角传感器的作用：_____。

在图9-3（b）中制动总泵是否有真空助力器？_____；制动执行器上除了电机外，还增加了什么？_____；行程模拟器的作用是什么？_____；行程模拟器上的线束接的是什么元件？_____；储液罐在什么位置？_____；备用电源在什么位置？_____；备用电源的作用是什么？_____；偏移率和减速度传感器的作用是什么？_____。

一、普锐斯主组件功能

制动执行器液压源部分包括泵、泵电机、蓄能器、减压阀、电机继电器和蓄能器压力传感器，液压源部分产生并存储制动防滑控制ECU用于控制制动的液压。蓄能器压力传感器安装在制动执行器中。

制动执行器液压控制部分包括2个总泵切断电磁阀、4个增压电磁阀、4个减压电磁阀、2个总泵压力传感器和4个轮缸压力传感器。

2个双位型总泵切断电磁阀由制动防滑控制ECU控制来打开或关闭总泵和轮缸间的通道。

4个线性增压电磁阀和4个线性减压电磁阀，由制动防滑控制ECU控制以增减轮缸中的液压。

总泵压力传感器和轮缸压力传感器都安装在制动执行器中。

制动防滑控制ECU处理各种传感器信号和再生制动信号以便控制再生制动联合控制、带EBD的ABS、VSC+、制动助力和正常制动。根据各传感器的信号来判断车辆行驶状况，并控制制动执行器。

制动总泵：当电源部分出现故障时，制动总泵就直接向轮缸提供液压（由制动踏板产生）。

制动踏板行程传感器：直接检测驾驶员踩下制动踏板的程度。此传感器包括触点式可变电阻器，它用于检测制动踏板行程踩下的程度并发送信号到制动防滑控制ECU，信号采用反向冗余设计，用于检测传感器故障。

ABS警告灯：当制动防滑控制ECU检测到ABS、EBD或制动助力系统中的故障时，ABS警告灯就会点亮来警告驾驶员。

VSC警告灯：如图9-3所示，当制动防滑控制ECU检测到VSC+系统中的故障时，VSC警告灯就会点亮来警告驾驶员。

防滑指示灯：如图9-3所示，当ABS系统、VSC+系统或电机牵引力控制工作时，防滑指示灯闪烁来提示驾驶员。

ECB警告灯：如图9-3所示，当制动系统产生不影响制动力的小故障（如再生制动故障）时，该警告灯点亮来警告驾驶员。

制动系统警告灯：如图9-3所示，制动防滑控制ECU检测到制动分配系统的故障时，该警告灯点亮来警告驾驶员。驻车制动打开或制动液液面低时，该警告灯点亮来提示驾驶员。

制动防滑控制警告蜂鸣器：液压或电源部分有故障时，该蜂鸣器连续鸣叫以提示驾驶员。对于装有 VSC+ 的车型，该蜂鸣器间断鸣叫以提示驾驶员 VSC+ 起动。

HV-ECU：收到制动防滑控制 ECU 的信号后激活再生制动。发送实际再生制动控制值到制动防滑控制 ECU。

VSC+ 系统工作时，根据制动防滑控制 ECU 的输出控制请求信号来控制动力。上坡需要制动助力控制时，HV-ECU 发送后轮制动起动信号到制动防滑控制 ECU。

制动液液面警告开关：检测低制动液液面。

普锐斯的制动执行器包括液压控制和液压源两部分。制动执行器中安装有 2 个总泵压力传感器、4 个轮缸压力传感器和 1 个蓄能器压力传感器、10 个液压电磁阀、一个直流电动机。

1. 制动执行器液压源

液压源部分包括泵、泵电机、蓄能器、减压阀、2 个电机继电器和蓄能器压力传感器。

蓄能器压力传感器：蓄能器压力传感器持续检测蓄能器中的制动液压力，并发送信号到制动防滑控制 ECU。因此，制动防滑控制 ECU 控制泵电机。

泵和泵电机：采用柱塞泵，泵由电机驱动的凸轮轴带动工作，提供高压液体到蓄能器。

蓄能器：储存泵产生的液压。新款普锐斯蓄能器的内部和旧车型的相同，充满高压氮气并予以密封。新款普锐斯上采用了金属波纹管以提高蓄能器的气密性。

减压阀：如果由于蓄能器压力传感器故障导致泵持续工作，则减压阀能使制动液流回储液罐以防止压力过大。

电机继电器包括以下执行不同泵速的继电器：继电器 1（低速）和继电器 2（高速）。如图 9-4 所示，通常使用低泵速的继电器 1。当由于需要更大液压而使液压迅速降低时，如 ABS 液压控制时，才使用高泵速的继电器 2。如果其中的一个继电器出现故障，则用另一个启动泵。蓄能器压力传感器持续监控蓄能器中的压力并将信号发送到制动防滑控制 ECU。如果蓄能器中的压力低于设定值，则制动防滑控制 ECU 发送启动信号到电机继电器，以便启动泵电机，直到蓄能器中的压力达到设定值。

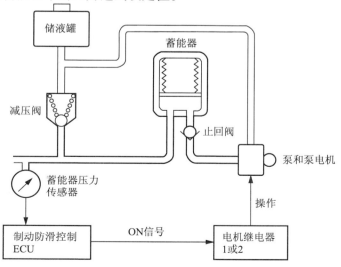

图 9-4　继电器 1（低速）和继电器 2（高速）

如果泵和泵电机意外地持续工作，从而使蓄能器中的压力过高或蓄能器传感器出现故障，则减压阀打开使制动液流回储液罐，以降低蓄能器中的压力。

如果蓄能器中的压力异常下降到 ECU 的设定压力以下，则制动防滑控制 ECU 点亮制动系统警告灯、制动控制系统警告灯、ABS 警告灯和 VSC 警告灯并使制动防滑控制警告蜂鸣器鸣叫来警告驾驶员制动液压力异常。

2. 液压控制部分

液压控制部分部件如图 9-6 所示，包括：10 个电磁阀和 6 个压力传感器：2 个总泵切断电磁阀 [（1），（2）]、4 个增压阀 [（3），（4），（5），（6）]；4 个减压阀 [（7），（8），（9），（10）]；2 个总泵压力传感器 [（A），（B）]；4 个轮缸压力传感器 [（C），（D），（E），（F）]。

总泵切断电磁阀（双位两通常开型）：制动系统启动时，该阀切断总泵和轮缸间的液压通道。

制动系统停止工作或液压源部分有故障时，该阀打开以保持前轮缸液压通道畅通并确保制动有效。但是，这需要比平常更大的力来踩制动踏板。

增压电磁阀（线性）：增压电磁阀由制动防滑控制 ECU 控制，它调节蓄能器的液压以便增大轮缸中的液压。

减压电磁阀（线性）：该阀由制动防滑控制 ECU 控制，调节液压以便降低轮缸的液压。

总泵压力传感器：总泵压力传感器将总泵产生的液压转换为电信号并将电信号发送到制动防滑控制 ECU。因此，制动防滑控制 ECU 判定驾驶员所需的制动力。

轮缸压力传感器：这些传感器检测作用在各轮缸上的液压，并将这些信号以反馈的形式发送到制动防滑控制 ECU。因此，制动防滑控制 ECU 监控各轮缸的液压并控制增压电磁阀和减压电磁阀以获得最优的轮缸压力。

二、电机再生制动

驱动桥内的主减速器和电机以机械方式连接在一起，驱动轮带动电动机转子转动而发电。这种联合控制提供再生制动和液压制动的合制动力。这样的控制能够最大限度地减少正常液压制动的动能损失，并把这些动能转化为电能。结构设计上增大电机功率有利增大再生制动力。

例如丰田普锐斯混合动力汽车的永磁电动/发电机（MG2）的永磁转子在车轮的带动下扫描定子，当然发动机的电压不会超过当时外界施加的外电压。通过混合动力电脑 HV-ECU控制换流开关元件的斩波时间，实现斩波发电。

第二节　普锐斯线控制动系统的工作原理

一、电动汽车电子制动力分配（EBD）

EBD 的英文全称是 Electric Brakeforce Distribution，中文译为电子制动力分配，德文缩写为 EBV。

如果车辆在直线前行时制动，则道路的变化就会减小后轮的负荷。制动防滑控制 ECU 通过速度传感器的信号可以检测到这种情况，制动执行器就会调节后轮的制动力分配达到最优控制。例如，制动时后轮制动力的大小根据车辆是否载荷而不同。后轮制动力的大小还跟减速的程度有关。因此，在这些情况下后轮制动力的分配可以得到最优控制，从而可以有效地利用后轮制动力。

左、右轮制动力分配（转向制动时）。车辆转向制动时，内侧车轮的载荷减小，外侧车轮的载荷增大。制动防滑控制 ECU 根据速度传感器的信号检测到这种状况后，制动执行器就会调节制动力以便最优地控制内侧车轮和外侧车轮的制动力分配。

1. 传统制动力分配

传统无电控控制的制动系统制动力的分配是通过后轴上的比例阀或感载阀以机械方法实现的，现在是通过制动防滑控制 ECU 通过电子控制 ABS 进液电磁阀和出液电磁阀的方法实现前、后轮制动力分配。制动防滑控制 ECU 能根据车辆行驶条件精确地控制制动力，如图 9-5 所示为前、后轴制动力比例关系。

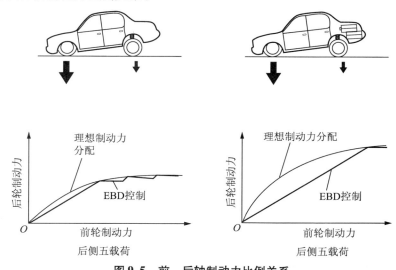

图 9-5　前、后轴制动力比例关系

2. EBD 系统的工作原理

制动防滑控制 ECU 根据 4 个车轮速度传感器发出的信号来计算各车轮的转速和减速度，并检查车辆滑移状况。根据滑移率情况，制动防滑控制 ECU 控制供压阀和减压阀，以便用下列 3 种模式来调节各轮缸的液压：减压模式、压力保持模式和增压模式。

如表 9-1 所示，正常制动时，总泵切断电磁阀关闭，各轮缸的液压回路保持独立。因此，总泵产生的液压不会直接起动轮缸。制动防滑控制 ECU 根据总泵压力传感器和制动踏板行程传感器的信号来计算驾驶员所需的制动力。然后，制动防滑控制 ECU 计算所需制动力所缺少的再生制动力值并将计算值发送到 HV-ECU，HV-ECU 收到值后产生再生制动力。同时，HV-ECU 发送实际再生制动力值到制动防滑控制 ECU，制动防滑控制。

表 9-1　EBD 系统的工作原理

未激活	正常制动	—	—
激活	增压模式	压力保持模式	减压模式
液压回路	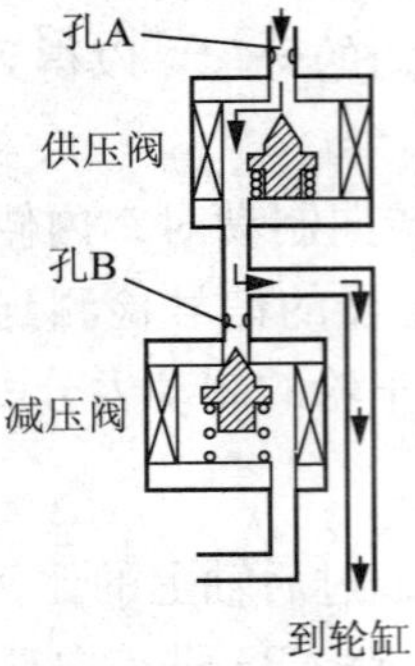	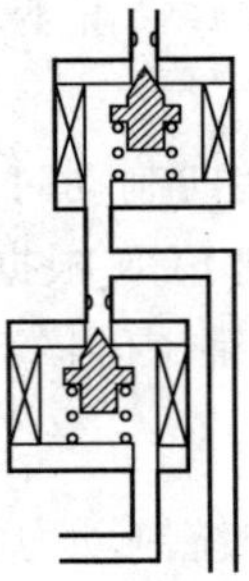	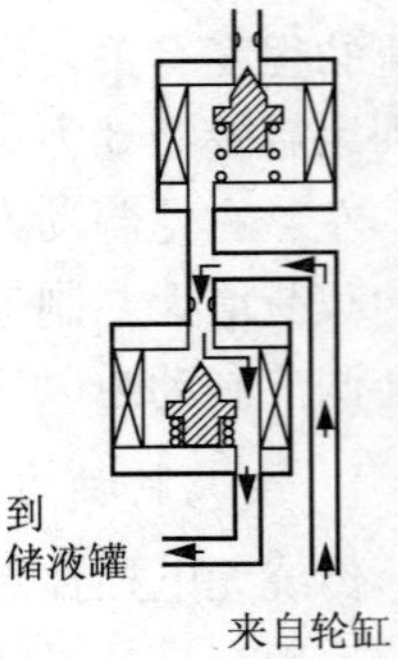
前　供压电磁阀（孔 A）	ON（半开*）	OFF（关闭）	OFF（关闭）
前　减压电磁阀（孔 B）	OFF（关闭）	OFF（关闭）	ON（半开*）
液压回路	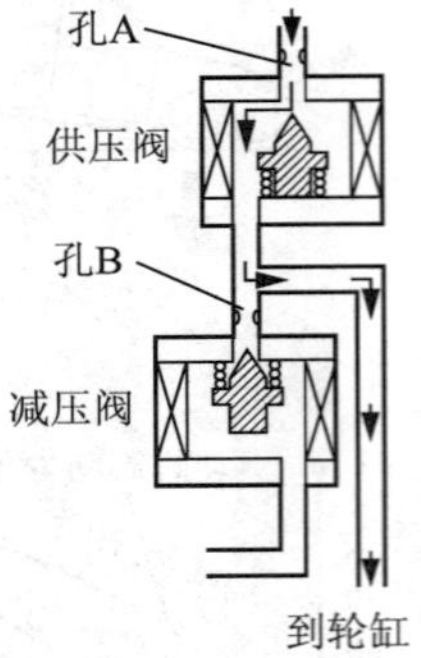	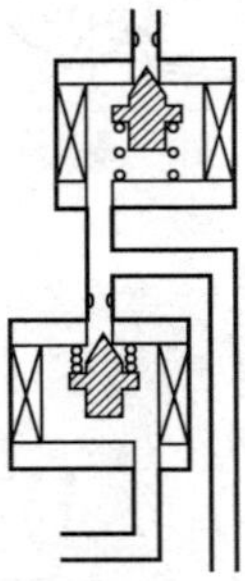	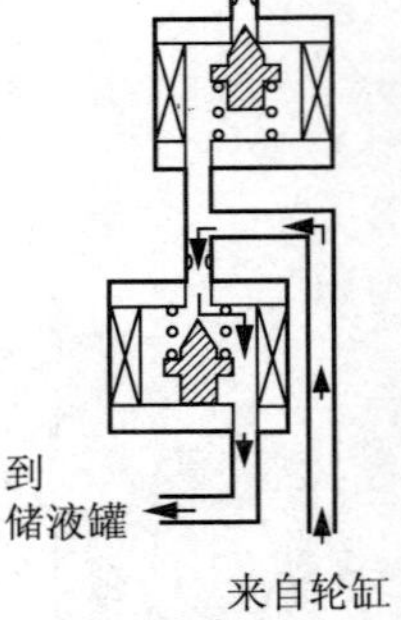
后　供压电磁阀（孔 A）	ON（半开*）	OFF（关闭）	OFF（关闭）
后　减压电磁阀（孔 B）	ON（关闭）	ON（关闭）	ON（半开*）
轮缸压力	增压	保持	减压
*：电磁阀根据使用条件持续调节孔的大小来控制液压			

二、线控液压 ABS 制动

防抱死制动系统 ABS 全称是 Anti-lock Braking System，ABS 系统工作原理如下。

1. 增压过程

增压过程如图 9-6 所示，制动防滑控制 ECU 根据总泵压力传感器和制动踏板行程传感器的信号来计算目标轮缸压力（和驾驶员所需制动力相等），然后制动防滑控制 ECU 将轮缸压力传感器信号和目标轮缸压力对比。如果目标轮缸压力低，则制动防滑控制 ECU 就向制动执行器加压。因此，蓄能器中的液压就被加到轮缸里。此外，当液压制动力必须增加以便根据再生制动力的变化进行联合控制时，操作和此相同。

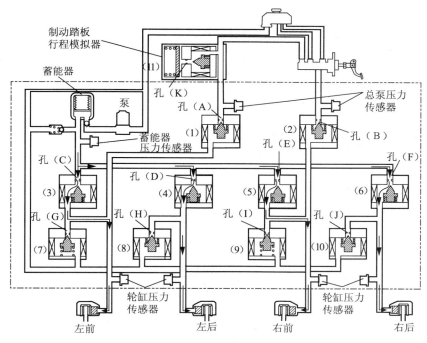

图 9-6　增压过程

[完成任务] 根据图 9-6 所示，写出增压控制过程。

2. 保压过程

保压过程如图 9-7 所示，制动防滑控制 ECU 根据总泵压力传感器和制动踏板行程传感

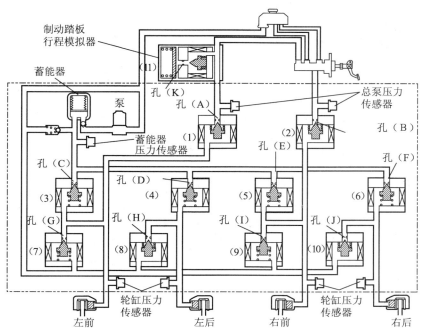

图 9-7　保压过程

器的信号来计算目标轮缸压力（和驾驶员所需制动力相等）。制动防滑控制 ECU 将轮缸压力信号和目标轮缸压力对比，如果相等，则制动防滑控制 ECU 将控制制动执行器保持在固定状态。因此，轮缸也将保持恒定压力。

[**完成任务**] 根据图 9-7 所示，写出保压控制过程。

_____。

3. 减压过程

减压过程如图 9-8 所示，制动防滑控制 ECU 根据总泵压力传感器和制动踏板行程传感器的信号计算目标轮缸压力（和驾驶员所需制动力相等）。然后制动防滑控制 ECU 将轮缸压力传感器信号和目标轮缸压力对比，如果目标轮缸压力高，则制动防滑控制 ECU 就给制动执行器减压。因此，轮缸中的压力就会下降。此外，当液压制动力必须减小以便根据再生制动力的变化进行联合控制时，操作和此相同。

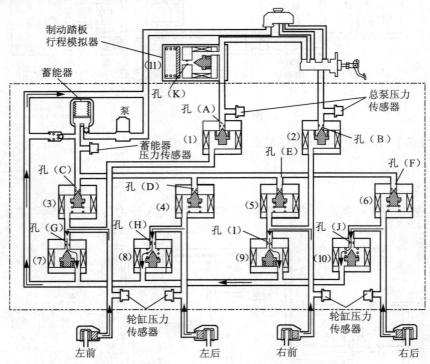

图 9-8　减压过程（总泵切断电磁阀 ON 为通电关闭）

[**完成任务**] 根据图 9-8 所示，写出减压控制过程。

_____。

如果由于某些故障使制动系统停止或蓄能器不供压时，则制动防滑控制 ECU 会激活安全保护功能。此功能打开制动执行器中的总泵电磁阀以保证总泵和轮缸间的液压通道畅通。这样，总泵产生的液压仅可使前轮缸实施制动。此时，行程模拟器切断电磁阀的孔（K）关闭以防止行程模拟器的运行对总泵的液压产生负面影响。

三、制动助力操作

如图 9-9 所示为制动助力操作，紧急制动情况下，制动防滑控制 ECU 根据压力传感器信号测定的总泵压力增加的速度检测驾驶员的意图。

　　如果 ECU 检测到需要额外的制动助力，则执行器中的泵会产生液压并作用于轮缸来增大压力。在下列情况下，制动防滑控制 ECU 也提供制动助力。车辆满载时，制动防滑控制 ECU 用总泵压力传感器和车速信号来检测工作条件。

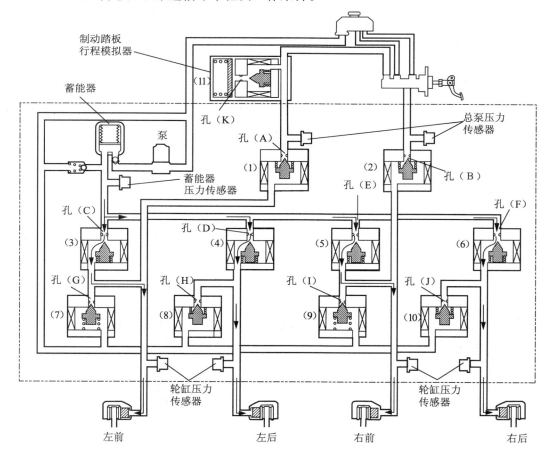

图9-9　制动助力操作

　　[**完成任务**] 根据图9-9所示，写出助力控制过程。

第三节　普锐斯线控制动系统的车身稳定控制

　　车身稳定控制系统（Vehicle Stability Control，VSC）是丰田开发的一种汽车主动安全系统，能够极大提高车辆操控安全系数和驾驶便利性。当出现紧急转弯、紧急加速和紧急制动等突发情况时，车辆可以迅速感知并采取相应的制动措施，如对每个轮胎进行单独控制，同时降低引擎的输出，维持车身的稳定。

一、VSC+ 系统

1. 判定车辆状态的方法

为了判定车辆状态，传感器检测转向角、车速、车辆偏移率和车辆的横向加速度，然后将这些值输入制动防滑控制 ECU 来计算。

（1）判定前轮滑动。

图 9-10（a）所示为判定前轮滑动，车辆前轮是否滑动是通过目标偏移率和实际偏移率的差判定的。车辆的实际偏移率小于驾驶员操作方向盘时产生的偏移率（目标偏移率是通过车速和转向角判定的），就意味着车辆的转向角度大于行驶轨迹。这样，制动防滑控制 ECU 就判定前轮有很大的滑动趋势。

（2）判定后轮滑动。

图 9-10（b）所示为判定后轮滑动，车辆后轮是否滑动是通过车辆偏离角和偏离角速度（单位时间内偏离角的变化）的值判定的。车辆偏离角大时，偏离角速度也大，制动防滑控制 ECU 就判定车辆的后轮有很大的滑动趋势。

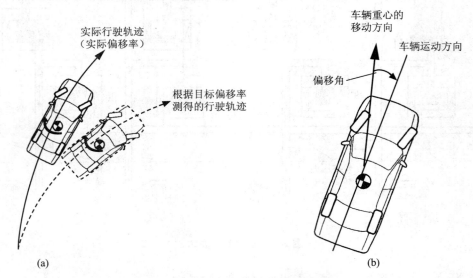

图 9-10 判定前轮滑动和判定后轮滑动

（a）判定前轮滑动；（b）判定后轮滑动

2. VSC+ 控制方法

制动防滑控制 ECU 判定出现前轮或后轮滑动趋势时，它就降低发动机的输出功率并在前后轮施加制动来控制车辆的偏移力矩。VSC+ 的基本工作原理说明如下。但是，控制方法根据车辆特性和行驶条件的不同而不同。

（1）阻止前轮滑动。

如图 9-11（a）所示，制动防滑控制 ECU 判定前轮有很大的滑动趋势时，它就会根据滑动趋势的大小来抵消滑动趋势。转向时，制动防滑控制 ECU 控制发动机的功率输出并在外侧前轮和两个后轮上施加制动来抑制前轮的滑动趋势。

（2）阻止后轮滑动。

如图9-11（b）所示，制动防滑控制ECU判定后轮有很大的滑动趋势时，它就会根据滑动趋势的大小来抵消滑动趋势。为了抑制后轮滑动趋势，它会给外侧前轮施加制动并产生向外侧倾的外向力矩。除了由制动力降低车速外，还能保证车辆的高稳定性。在有些情况下，制动防滑控制ECU在必要时也给后轮施加制动力。

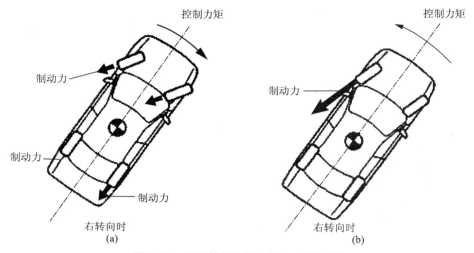

图9-11　不足转向和过度转向时的控制

（a）阻止前轮滑动的车轮控制；（b）阻止后轮滑动的车轮控制

※：图中箭头长度代表制动力的大小，可以向汽车重心取矩，根据转矩的方向来分析这样控制对汽车姿态的影响。

[完成任务]　在车辆右转弯，发生不足转向时，VSC系统如何控制？_____；在车辆左转弯，发生过度转向时，VSC系统如何控制？_____。

（3）和EPS系统的联合控制。

VSC+除了一般的VSC控制功能外，还能对EPS电动转向系统进行控制，对驾驶员根据车辆状况进行的转向操作提供转向助力。后轮失去抓地力时，本系统会控制制动力和动力。同时，系统还控制转向扭矩来帮助驾驶员转向。出现前轮滑动的趋势时，如果驾驶员转动方向盘的力过大，就会使情况恶化。为了防止这种情况，VSC+提供转向扭矩助力。

两侧车轮所受路面阻力不同时的制动操作。车辆左右车轮所在的路面阻力不同而进行制动时，根据制动强度，左右车轮的制动力也不同。这会产生导致转向的偏移力矩。这种情况下，VSC+和EPS ECU一起进行联合控制，在方向上产生一个转向扭矩助力来抵消已产生的力矩。这样操作EPS和增强驾驶员转向效果，VSC+提高了车辆的稳定性。

3. VSC+系统传感器

根据车轮轮速传感器、偏移率传感器、减速传感器和转向传感器发出的4种信号，制动防滑控制ECU判断车辆状况。

紧急避让或急转向时，如果前轮或后轮有很大的滑动趋势，并且制动防滑控制ECU检测到超过规定的车辆状况，则它根据车辆状况来控制动力和制动液液压。激活的轮缸根据车辆状况的不同而不同。

（1）偏移率传感器（带 VSC+ 系统）。

减速度传感器安装在偏移率传感器中，用于检测偏移率和侧向加速度，并将此信号发送到制动防滑控制 ECU。

维修更换偏移率传感器或制动防滑控制 ECU 后，制动防滑控制 ECU 侧的减速度传感器和偏移率传感器两者都必须进行初始化。

（2）转向角传感器（带 VSC+ 系统）。

转向角传感器用于检测转向方向和转向角，并将信号发送到制动防滑控制 ECU。转角传感器包括 3 个具有相位的光敏断路器。带槽的盘阻断光线从而使光敏 IC 打开或关闭，以便检测转向方向和转向角。维修或更换转向角传感器或转向柱总成后，转角传感器将会自动校准。

4. VSC+ 的液压系统操作

VSC+ 系统控制电磁阀并通过与正常制动时的不同管路来发送蓄能器中存储的液压到各车轮的制动轮缸。系统在下列 3 种模式下工作：减压模式、压力保持模式和增压模式。这样，前轮或后轮的滑动趋势得到了抑制。

（1）前轮滑动抑制（右转向）。

在前轮防滑控制中，在 2 个前轮和转向内侧后轮上施加制动力。另外，根据制动是 ON 或 OFF 和车辆状况，某些时候原本需要实施制动的车轮也许得不到制动力。

（2）后轮滑动抑制（右转向）。

控制后轮滑动时，在 2 个前轮和转向外侧后轮上施加制动力。

二、自诊断和安全保护

1. 自诊断

如果制动防滑控制 ECU 检测到 ECB、再生制动、带 EBD 的 ABS、制动助力和 VSC+ 系统中的故障，则制动控制系统、ABS、制动系统和 VSC 系统和这些故障相关的功能警告灯会指示或点亮，来提示驾驶员。指示灯的情况见表 9-2。

表 9-2　指示灯的情况

项目	再生制动联合控制	ABS	EBD	制动助力	VSC+	ECU
制动控制系统警告灯	○	○	○	○	—	○[2]
制动系统警告灯	—	—	○	○	—	○
ABS 警告灯	—	○	○	○	—	○
VSC 警告灯[1]	—	○	○	○	○	○[2]

注：○：灯亮；—：灯灭；[1]：仅带 VSC+ 系统的车型；[2]：可能不亮

2. 安全保护

混合动力或 VSC 系统有故障时，制动防滑控制 ECU 会禁止 VSC+ 工作。ABS 和（或）制动助力系统有故障时，制动防滑控制 ECU 会禁止带 EBD 的 ABS、制动助力和 VSC+ 系统工作。EBD 控制系统有故障时，制动防滑控制 ECU 会禁止 EBD 工作。因此，在没有带 EBD 的 ABS

系统、制动助力和 VSC+ 系统的情况下，制动对燃油喷射系统的燃油切断控制会中断。

第四节　普锐斯线控制动系统数据流

普锐斯线控制动系统数据流共 13 页，如图 9-12 ~ 图 9-24 所示，数据流分析略。

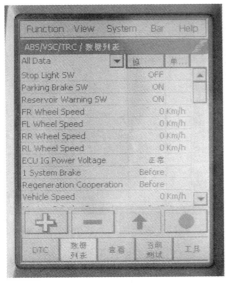

图 9-12　线控制动系统数据流第 1 页

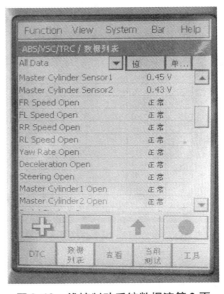

图 9-13　线控制动系统数据流第 2 页

图 9-14　线控制动系统数据流第 3 页

图 9-15　线控制动系统数据流第 4 页

图 9-16　线控制动系统数据流第 5 页

图 9-17　线控制动系统数据流第 6 页

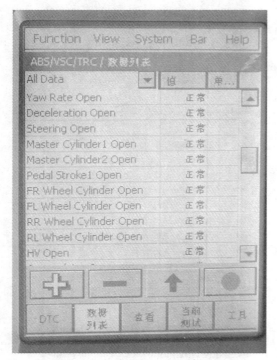

图 9-18　线控制动系统数据流第 7 页

图 9-19　线控制动系统数据流第 8 页

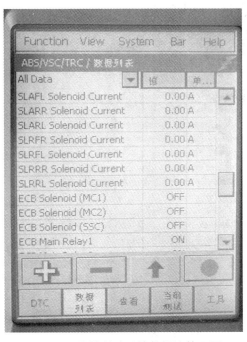

图 9-20　线控制动系统数据流第 9 页

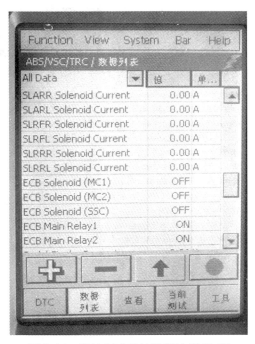

图 9-21　线控制动系统数据流第 10 页

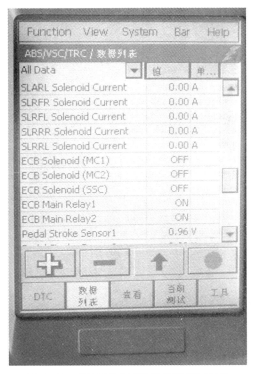

图 9-22　线控制动系统数据流第 11 页

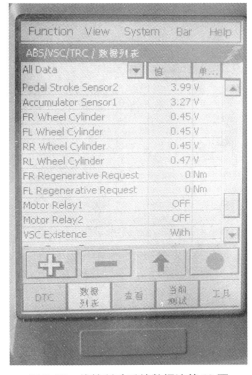

图 9-23　线控制动系统数据流第 12 页

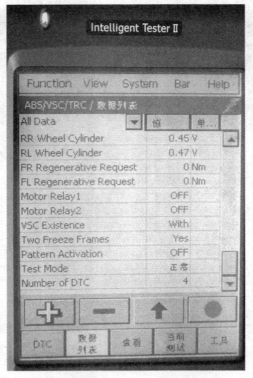

图 9-24　线控制动系统数据流第 13 页

第十章

混合动力汽车空调系统

第一节 电动空调压缩机工作原理

一、电动变排量涡旋式压缩机简介

新款普锐斯上的 ES18 电动变频压缩机由内置电机驱动。除了由电机驱动的部件外，压缩机的基本结构和工作原理与旧款普锐斯上的涡旋压缩机相同。空调变频器提供的交流电（201.6V）驱动电机，变频器集成在混合动力系统的变频器上。这样，即使发动机不工作，空调控制系统也能工作，能达到良好的空气状况，也减少了油耗。由于采用了电动变频压缩机，压缩机转速可以被控制在空调 ECU 计算的所需转速内。因此，冷却性能和除湿性能都得到了改善，并降低了功率消耗。压缩机的进气、排气软管采用了低湿度渗入软管，这样，可以减少进入制冷循环中的湿气。压缩机使用高压交流电，如果压缩机电路发生开路或短路，HV-ECU 将切断空调变频器电路来停止向压缩机供电。为了保证压缩机和压缩机壳内部高压部分的绝缘性能，新款普锐斯采用了有高绝缘性的压缩机油（ND11）。因此，绝对不能使用除 ND11 型压缩机油或它的同等品外的压缩机油。

二、压缩机结构

如图 10-1 所示为电动变频压缩机内部结构，电动变频压缩机包含一对螺旋线缠绕的固

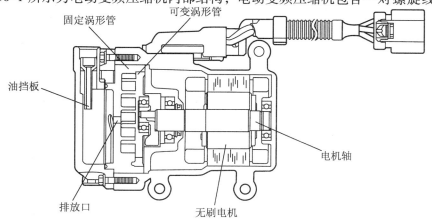

图 10-1 电动变频压缩机内部结构

定涡形管和可变涡形管、无刷电机、油挡板和电机轴。固定涡形管安装在壳体上，轴的旋转引起可变涡形管在保持原位置不变时发生转动，这时，由这对涡形管隔开的空间大小发生变化，实现制冷气的吸入、压缩和排出等功能。将进气管直接放在涡形管上可以直接吸气，从而可以提高进气效率。压缩机中有一个内置油挡板，可以挡住制冷循环过程中与气态制冷剂混合的压缩机油，使气态制冷剂循环顺畅，从而降低机油的循环率。

三、工作原理

如图 10-2 所示为电动变频涡旋压缩机工作原理。

（1）吸入过程。

在固定涡形管和可变涡形管间产生的压缩室的容量随着可变涡形管的旋转而增大，这时，气态制冷剂从进风口吸入。

（2）压缩过程。

吸入步骤完成后，随着可变涡形管继续转动，压缩室的容量逐渐减小。这样，吸入的气态制冷剂逐渐压缩并被排到固定涡形管的中心。当可变涡形管旋转约 2 周后，制冷剂的压缩完成。

（3）排放过程。

气态制冷剂压缩完成而压力较高时，通过按压排放阀，气态制冷剂由固定涡形管中心排放口排出。

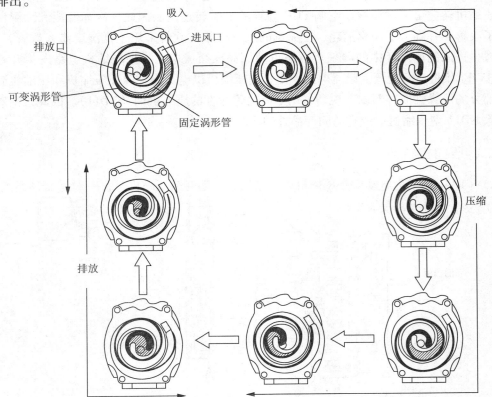

图 10-2　电动变频涡旋压缩机工作原理

第二节　普锐斯空调系统

一、空调变频器

如图 10-3 所示为变频器总成中的空调变频器内部结构，变频器总成中的空调变频器为空调系统中电动变频压缩机供电，变频器将 HV 蓄电池的额定电压 DC 201.6 V 转换为 AC 201.6 V 来为空调系统中的压缩机供电。

技师指导：1 mm² 通过 5 A 电流，若 6 kW 电动机 12 V 则需要供电线为 100 mm²，可以说这样的线又粗又硬，且根本无法绕成电机内的绕组，事实上电动汽车上的大功率设备全需高压供电，否则供电线都成问题。

具体工作原理可描述如下：HV-ECU 控制变频器总成中的 MCU（微控制器）对门驱动电路进行驱动，通过 6 个 IGBT 把直流电逆变成交流电，电机的转速由变频控制信号的频率决定，而变频控制信号频率由空调 ECU 通过 HV-ECU 控制电动压缩机。

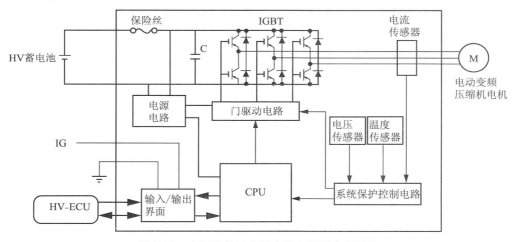

图 10-3　变频器总成中的空调变频器内部结构

1. 电动变频压缩机转速控制

如图 10-4 所示为电动变频压缩机转速控制图。空调 ECU 根据目标蒸发器温度（由车内温度传感器、湿度传感器、环境温度传感器和日照传感器计算而来）和蒸发器温度传感器检测的实际蒸发器温度计算压缩机目标转速。然后，空调 ECU 发送目标转速到 HV-ECU。HV-ECU 根据目标转速控制空调变频器，控制压缩机以符合空调系统操作的速度工作。空调 ECU 计算包含根据车内湿度（从湿度传感器获得）产生的校正数值的目标蒸发器温度和风挡玻璃内表面湿度（从湿度传感器、日照传感器、车内温度传感器、模式风门位置和刮水器工作状态计算而来）。这样，空调 ECU 控制压缩机转速使冷却性能和除雾性能不受影响。因此，车辆实现了乘坐舒适和低油耗等目标。

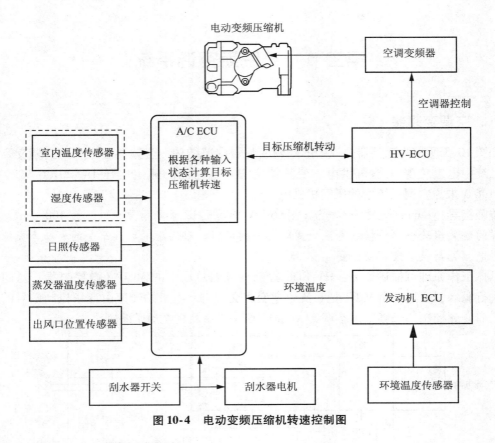

图10-4　电动变频压缩机转速控制图

2. 新款普锐斯空调系统的改进

（1）新系统采用了 ES18 型电动变频压缩机。该压缩机由空调变频器提供交流电来驱动，该变频器安装在混合动力系统的变频器上。这样，即使发动机不工作，空调系统也能工作。如此，既能达到良好的空气状况，也减少了油耗。

（2）所有车型都将自动空调系统作为标准配置而采用，此系统能自动改变出风口、出风口温度和出气量。

（3）新系统采用了鼓风机脉冲控制器。该控制器根据空调 ECU 提供的占空信号控制输出电压来调节鼓风机电机的转速。这样，就减少了由于传统鼓风机线性控制器发热所造成的功率损失，从而实现了低油耗。

（4）车内温度传感器增加了湿度传感器功能。这样，空调系统工作时，优化了除湿性能。

（5）采用了紧凑、轻型和高效的电动水泵。这样，发动机停止时也能保证合适的暖风机性能。

（6）采用了模糊控制功能来计算要求的出风口温度（TAO）和自动空调控制系统的鼓风量。从而空调 ECU 可以计算出出风口温度、鼓风量、出风口和与运行环境相适合的压缩机转速。这样，提高了乘坐舒适性。

技师指导：模糊控制这种控制方式是计算机上用来模拟人类模糊决策的程序。它使用"IF-THEN"控制规则的数学函数来断定普通计算不能处理的周围环境（例如"稍微大"或

"特别大")。因此，这种控制使用类似于人类语言的计算机语言在计算机上模拟人类如何处理大量信息的技术。在常规自动空调控制系统中，空调 ECU 根据预定的计算公式以传感器提供的温度信息为基础，依据设定温度计算所需的出风口温度（TAO）。通过自动控制伺服电机和鼓风机电机以达到计算出的 TAO 数值，此系统保持车内温度稳定，确保了乘坐舒适性。但是，根据 TAO 数值统一决定所有的控制数值的常规自动空调控制系统对控制的限制较大（因为它是线性系统的结合）。因此，新款普锐斯采用了模糊控制（非线性控制），可进行微调控制。模糊控制根据它们各自数学函数确定温度偏差、环境温度和太阳辐射符合等级程度。此外，系统使用模糊计算方法计算所需的出风口温度和鼓风机鼓风量。根据这些计算结果，空调 ECU 对出风口温度、鼓风机鼓风量、压缩机和出风口进行控制。温度偏差的一致性等级程度根据实际的车内温度和设定温度可定义为 9 个等级，太阳辐射的符合等级程度根据日照传感器数值可定义为 4 个等级（低、中低、中和高），环境温度的符合等级程度根据环境温度传感器数值可定义为 5 个等级（隆冬、冬天、春秋、春夏和盛夏）。空调模糊控制功能确定的鼓风机鼓风量如图 10-5 所示。

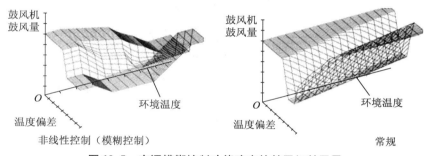

图 10-5　空调模糊控制功能确定的鼓风机鼓风量

（7）旧款普锐斯中，空调由空调控制面板控制。在新款普锐斯中，如图 10-6 所示，改为由复式显示器的空调屏幕显示上的开关和方向盘衬垫上的开关来控制操作。除了空调屏幕显示外，AUTO、再循环、前除霜器和后除霜器开关的操作条件也可以由组合仪表上的指示灯来表示。

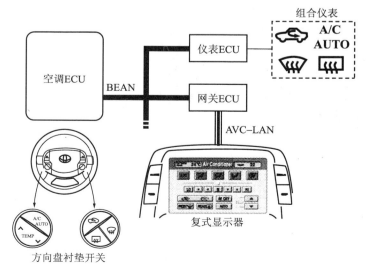

图 10-6　复式显示器的空调屏幕显示代替空调控制面板控制

二、系统图和主组件位置图

如图 10-7 所示为主组件位置图。

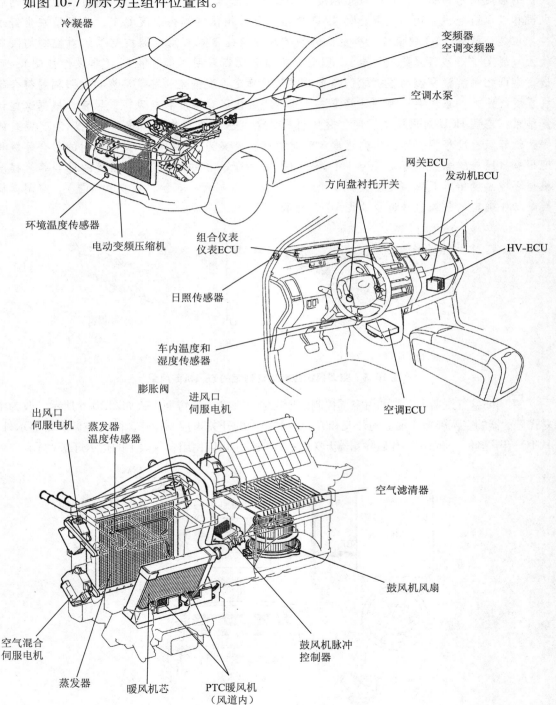

冷凝器

变频器
空调变频器

空调水泵

网关ECU

发动机ECU

方向盘衬托开关

HV-ECU

环境温度传感器

组合仪表
仪表ECU

电动变频压缩机

日照传感器

车内温度和
湿度传感器

空调ECU

膨胀阀

进风口
伺服电机

出风口
伺服电机

蒸发器
温度传感器

空气滤清器

鼓风机风扇

空气混合
伺服电机

鼓风机脉冲
控制器

蒸发器

暖风机芯

PTC暖风机
（风道内）

图 10-7　主组件位置图

三、空调其他部件介绍

1. 蒸发器

新车型采用了 RS（改良型条状）蒸发器。在蒸发器装置的顶部和底部有储液罐并使用了微孔管结构，从而达到增强导热性、散热更集中、使蒸发器更薄的效果。为了最大限度地减少异味和细菌的滋生，蒸发器涂抹了一层含有灭菌剂的树脂。在这层树脂的下面是一层保护蒸发器的铬酸盐自由层。

2. 暖风机芯

采用 SFA（直吹铝制）暖风机芯。与传统 SFA 暖风机芯是同样的直吹（全程吹风）型暖风机芯。但是此暖风机芯采用了密集暖风机芯结构，从而达到紧凑、高效的性能。

3. PTC 暖风机和鼓风机脉冲控制器

如图 10-8 所示，2 个 PTC（正温度系数）暖风机安装在暖风机芯上，此暖风机芯在欧洲左侧驾驶型汽车上为选装配置。PTC 暖风机包含在中间插有 PTC 元件的电极，电流通过 PTC 元件来加热流经散热片的空气。

在欧洲左侧驾驶型汽车上，PTC 暖风机作为选装配置，安装在空调装置前部的足部通风口内。PTC 暖风机是一个蜂房型的热敏电阻，直接加热风道中的空气。

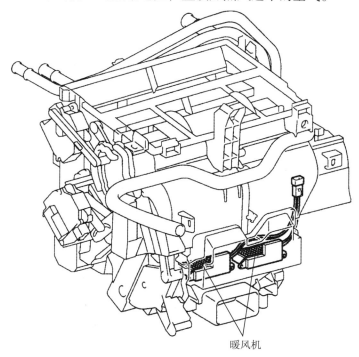

暖风机

图 10-8　PTC 加热器位置

如图 10-9 所示为暖风鼓风机的无级调速。鼓风机脉冲控制器根据空调 ECU 输入的占空循环信号控制输出到鼓风机电机的电压。它比旧车型使用的鼓风机控制器产生热量小。因此，与常规的鼓风机线性控制器相比，热量损耗得以减少，燃油消耗量得以降低。

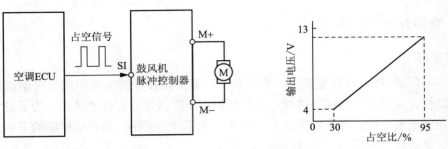

图 10-9　暖风鼓风机的无级调速

4. 冷凝器

新款普锐斯保留了旧款普锐斯的分级制冷冷凝器。但是，新款普锐斯的冷凝器芯更小，因此，制冷剂量也减少。冷凝器的冷却循环系统采用了分级制冷循环，这样，导热性增强。分级制冷循环分为冷凝和超冷两部分，并在两者之间有一个液气分离器（调节器）。经过调节器的液体制冷剂在超冷部分被再次冷却，增加了制冷剂自身的冷却容量，从而可以得到高效的制冷性能。

5. 水泵

普锐斯系统采用了电动水泵。即使发动机由于混合动力的功能需要停止工作，暖风机仍可正常工作。

6. 车内温度和湿度传感器

如图 10-10 所示，湿度传感器被加入到了车内温度传感器中。通过检测车内的湿度，这个功能优化了空调系统操作期间的除湿效率。因此，压缩机的功耗得以减少，车内达到了舒适的湿度。

湿度传感器中内置的湿度传感阻力膜吸收并释放车内的湿气。在吸收和释放的过程中，湿度传感阻力膜扩张（吸收湿气时）和收缩（释放湿气时）。湿度传感阻力膜的碳粒间的间隙在吸收和释放湿气时扩张和收缩，改变电极间电阻，从而引起湿度传感器的输出电压变化。空调 ECU 通过电极间的电阻造成的湿度传感器的输出电压的变化检测车内湿度。

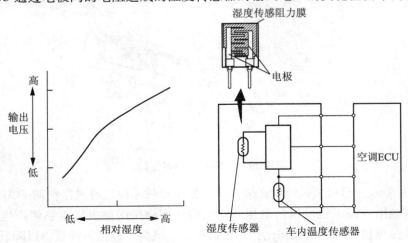

图 10-10　车内温度和湿度传感器

7. 空气过滤器

鼓风机装置内的空气过滤器（标准型粒子过滤器）能够除去粉尘。此过滤器由聚合物制成，用于清洁车内的空气。因此，可将它作为可燃物质处理，有利于环保。空气过滤器（标准型粒子过滤器）应在车辆行驶 3 万/公里后更换。但这与使用状况（或环境）有关。

四、自诊断

空调 ECU 具有自诊断功能。它以故障码的形式将所有操作故障存储在空调系统存储器中。通过操作空调控制开关，存储的故障码可显示于复式显示器上。由于诊断结果的存储由蓄电池直接提供电能，因此在点火开关关闭后它们也不会消失。

修理中可进行如下工作：可利用指示灯检查模式和温度设定显示。可利用传感器检查过去的和现在的传感器空调变频器的故障，清除过去的故障数据。可利用执行器检查模式检查鼓风机电机、伺服电机和电磁式离合器是否按 ECU 信号正常工作。

第十一章

普锐斯混合动力汽车检修

第一节　汽车主要零部件名称和位置

一、零部件位置分布

为了便于后几章的顺利讲解，先对普锐斯元件位置做一下简要介绍，如图 11-1～图 11-4 所示。

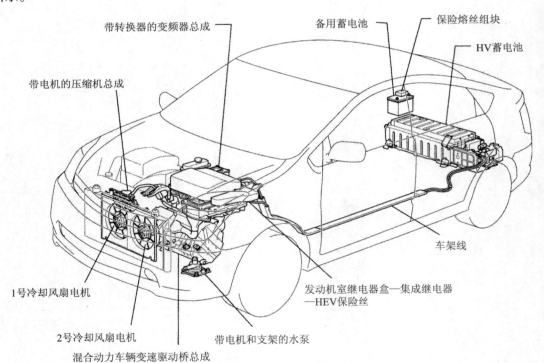

图 11-1　普锐斯整车主要零部件名称和位置

[**完成任务**] 请在实车上找到图 11-1 中元件，并将找到的元件名称写在下面。

1：＿＿＿＿＿＿＿＿＿＿；2：＿＿＿＿＿＿＿＿＿＿；3：＿＿＿＿＿＿＿＿＿＿；4：＿＿＿＿＿＿＿＿＿＿；
5：＿＿＿＿＿＿＿＿＿＿；6：＿＿＿＿＿＿＿＿＿＿；7：＿＿＿＿＿＿＿＿＿＿；8：＿＿＿＿＿＿＿＿＿＿；
9：＿＿＿＿＿＿＿＿＿＿；10：＿＿＿＿＿＿＿＿＿＿；11：＿＿＿＿＿＿＿＿＿＿。

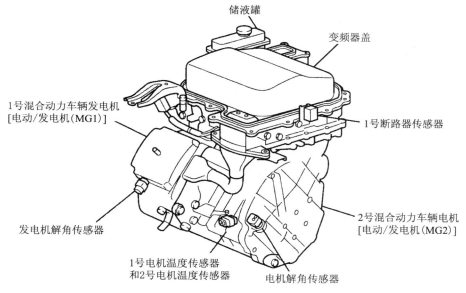

储液罐

变频器盖

1号混合动力车辆发电机
[电动/发电机(MG1)]

1号断路器传感器

发电机解角传感器

2号混合动力车辆电机
[电动/发电机(MG2)]

1号电机温度传感器
和2号电机温度传感器

电机解角传感器

图 11-2　普锐斯发动机仓主要零部件名称和位置

［**完成任务**］ 请在实车上找到图 11-2 中元件，并将找到的元件名称写在下面。

1: _____ ; 2: _____ ; 3: _____ ; 4: _____ ;

5: _____ ; 6: _____ ; 7: _____ ; 8: _____ 。

接线盒总成(母线模块)

接线盒总成
(母线模块)

2号车架线

蓄电池
ECU

蓄电池加液口塞
检修塞卡箍（包括
高压保险丝）

1号主蓄电池电缆

1号系统主继电器

2号主蓄电池电缆

系统主电阻器

3号系统主继电器

2号系统主继电器

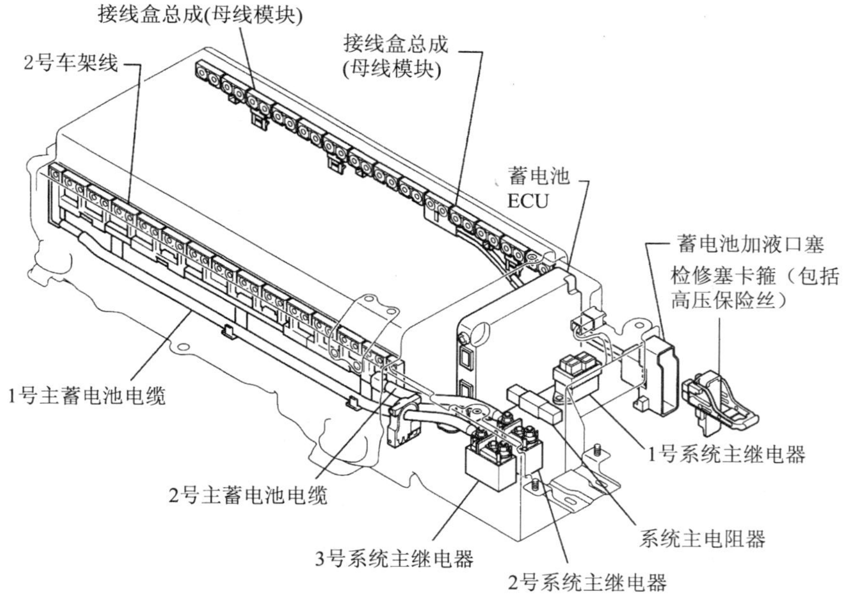

图 11-3　普锐斯高压蓄电池箱零部件名称和位置

［**完成任务**］ 请在实车上找到图 11-3 中元件，并将找到的元件名称写在下面。

1: _____ ; 2: _____ ; 3: _____ ; 4: _____ ;

5: _____ ; 6: _____ ; 7: _____ ; 8: _____ ;

9: _____ ; 10: _____ ; 11: _____ ; 12: _____ 。

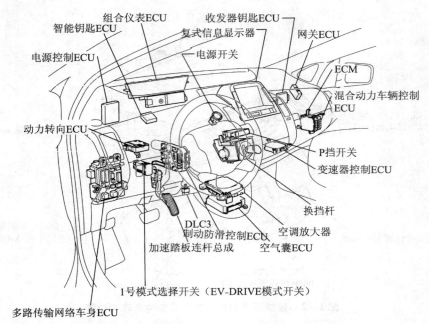

图 11-4　普锐斯仪表台附近主要零部件名称和位置

[**完成任务**] 请在实车上找到图 11-4 中元件，并将找到的元件名称写在下面。

1：_____；2：_____；3：_____；4：_____；

5：_____；6：_____；7：_____；8：_____；

9：_____；10：_____；11：_____；12：_____；

13：_____；14：_____；15：_____；16：_____；

17：_____；18：_____；19：_____；20：_____。

二、系统简述

混合动力普锐斯动力流、信号流、电力流示意图如图 11-5 所示。

1. HV 控制 ECU 控制概述

HV 控制 ECU 控制 MG1、MG2、发动机、再生制动控制和 HV 蓄电池 SOC。这些部件由挡位、加速踏板位置和车速决定。

HV 控制 ECU 监控 SOC 和 HV 蓄电池、MG1 和 MG2 的温度，以便更好地控制这些项目。

挡位在 N 挡时，HV 控制 ECU 切断电源，关闭 MG1 和 MG2。

如果驱动车轮失去牵引力，则 HV 控制 ECU 发挥电机索引力控制功能来限制 MG2 转动，以保护行星齿轮组并避免 MG1 产生过流。

为保护高压电路并确保电路安全切断，HV 控制 ECU 利用 3 个继电器连接并切断高压电路来进行 SMR 控制。

2. ECM 控制概述

ECM 接收到来自 HV 控制 ECU 的电源需求值和目标转速，并控制 ETCS-i 系统、燃油喷射量、点火正时和 VVT-i 系统。

3. 变频器控制概述

根据 HV 控制 ECU 提供的信号，变频器将直流电（HV 蓄电池）转换为交流电（MG1 和 MG2），反之亦然。另外，变频器将 AC（MG1）的电力供给 AC（MG2）。然而，当电流从 MG1 到 MG2 的过程中，电流在变频器内变为直流电。

HV 控制 ECU 发送信号到变频器内部的功率晶体管以切换 MG1 和 MG2 的 U、V 和 W 相来驱动 MG1 和 MG2。

如果 HV 控制 ECU 收到来自变频器的过热、过流或异常电压信号，它会停止工作。

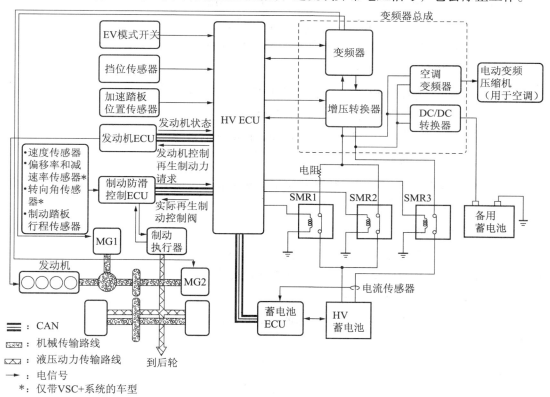

图 11-5　混合动力普锐斯动力流、信号流、电力流示意图

4. 增压转换器控制

根据 HV 控制 ECU 提供的信号，增压转换器将直流电 201.6 V（用于 HV 蓄电池）的正常电压升压到直流电 500 V 的最高电压。

由 MG1 和 MG2 产生的 AC 500 V 的最高电压通过变频器转为直流电，增压转换器根据 HV 控制 ECU 的信号将直流电降至 DC 201.6 V。

5. 转换器控制

DC/DC 转换器将直流电 201.6 V 的正常电压降至直流电 12 V 以向车身电气部件供电，同时也对备用蓄电池（DC 12 V）进行再充电。

转换器保持备用蓄电池端子的恒定电压。

6. 空调变频器控制

空调变频器将 HV 蓄电池正常电压从直流电 201.6 V 改变为交流电 201.6 V，给运行空调系统电动压缩机提供电力。

7. MG1 和 MG2 主控制

MG1 由发动机控制旋转，MG1 发出 500 V 的电压给 HV 蓄电池充电。同时，MG1 也可作起动机来起动发动机。

MG2 主要将多余的电流供应给发动机，以提高整体驱动力。制动过程中或未踩下加速踏板时，MG2 产生电荷给 HV 蓄电池重新充电（再生制动系统）。

速度传感器检测到 MG1 和 MG2 的速度和位置后，将其输出到 HV 控制 ECU 上。

安装在 MG2 上的温度传感器检测到 MG2 的温度并将其输送到 HV 控制 ECU 上。

8. 制动防滑控制 ECU 控制概述

制动时，制动防滑控制 ECU 计算总制动力并传输再生制动力请求到 HV 控制 ECU。一接收到此信号，HV 控制 ECU 就计算出再生制动力所需的数量并将其发送到制动防滑控制 ECU。根据这个值，制动防滑控制 ECU 计算并执行所需的液压制动力。

9. 蓄电池 ECU 控制概述

蓄电池 ECU 检测 HV 蓄电池的状况并控制冷却风扇，以使 HV 蓄电池保持在预测温度范围内，以此来有效地控制这些组件。

10. 换挡控制概述

HV 控制 ECU，根据挡位传感器提供的信号检测挡位（P、R、N、D 或 B），并控制 MG1、MG2 和发动机，以建立适合选择挡位的行驶条件。

变速器控制 ECU 通过 HV 控制 ECU 提供的信号检测到驾驶员已按下 P 挡开关。然后，变速器控制 ECU 运行换挡控制执行器以机械地锁止变速驱动桥。

11. 碰撞控制时

发生碰撞时，如果 HV 控制 ECU 收到来自空气囊 ECU 的空气囊张开信号，或来自位于变频器内部的断路器传感器的执行信号，则关闭 SMR 和电源开关以使整个电源停止工作。

12. 电机驱动模式控制

驾驶员手动按下位于仪表板的 EV-drive 模式开关时，如果所需条件满足，则 HV 控制 ECU 只通过 MG2 行驶车辆。

13. 巡航控制系统运行控制

当安装在 HV 控制 ECU 中的巡航控制 ECU 收到巡航控制开关信号时，它计算巡航控制所需数值，并计算发动机、MG1 和 MG2 的驱动力以达到最佳运行效果。

14. 指示灯和警告灯点亮控制

使指示灯点亮或闪烁，以提示驾驶员车辆状况或系统故障。

15. 诊断

HV 控制 ECU 检测到故障时，HV 控制 ECU 诊断并存储故障对应的值。

16. 安全保护

当 HV 控制 ECU 检测出故障时，HV 控制 ECU 根据已经存储在存储器中的数据决定停止或控制执行器和各个 ECU。

三、高压系统元件分布

高压系统主要相关元件的零部件位置分布如图 11-6 所示。

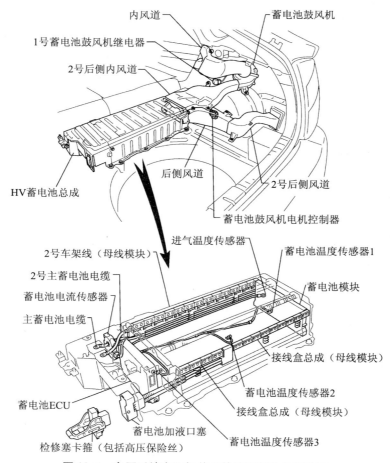

图 11-6　高压系统主要相关元件的零部件位置分布

[**完成任务**] 请在实车上找到图 11-6 中元件，并将找到的元件名称写在下面。

1：＿＿＿＿＿＿＿；2：＿＿＿＿＿＿＿；3：＿＿＿＿＿＿＿；4：＿＿＿＿＿＿＿；
5：＿＿＿＿＿＿＿；6：＿＿＿＿＿＿＿；7：＿＿＿＿＿＿＿；8：＿＿＿＿＿＿＿；
9：＿＿＿＿＿＿＿；10：＿＿＿＿＿＿＿；11：＿＿＿＿＿＿＿；12：＿＿＿＿＿＿＿；
13：＿＿＿＿＿＿＿；14：＿＿＿＿＿＿＿；15：＿＿＿＿＿＿＿；16：＿＿＿＿＿＿＿；
17：＿＿＿＿＿＿＿；18：＿＿＿＿＿＿＿；19：＿＿＿＿＿＿＿；20：＿＿＿＿＿＿＿；
21：＿＿＿＿＿＿＿；22：＿＿＿＿＿＿＿。

四、高压电源系统控制

高压系统电路如图 11-7 和图 11-8 所示。

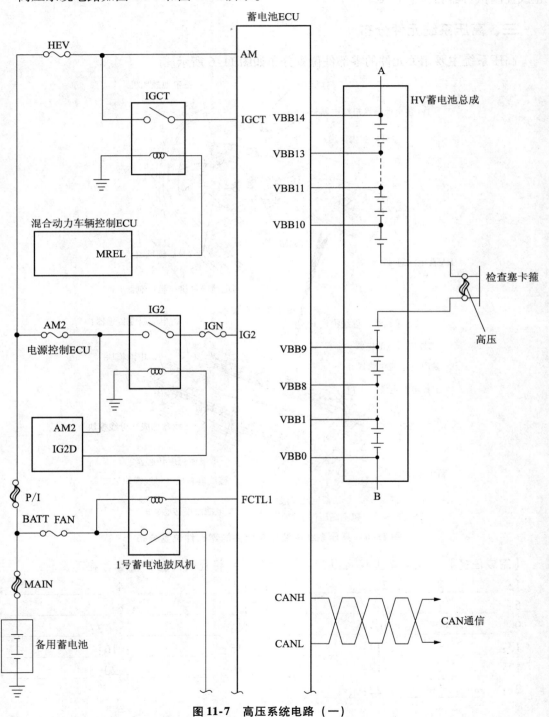

图 11-7　高压系统电路（一）

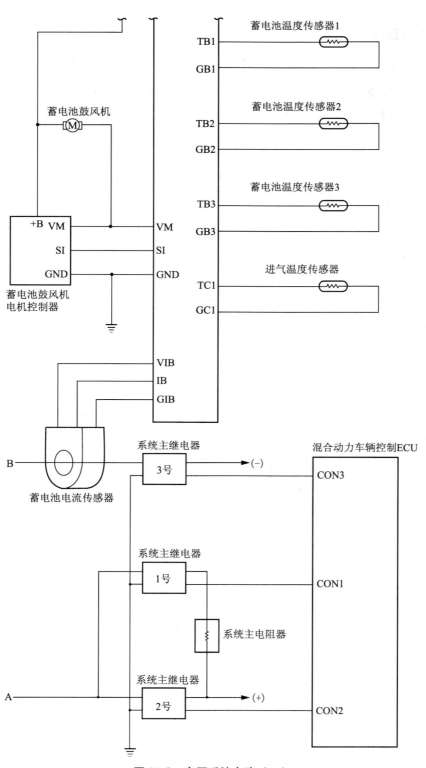

图 11-8　高压系统电路（二）

五、通信系统

1. 系统简述

混合动力蓄电池系统的主要作用是通过使用蓄电池 ECU 监控 HV 蓄电池总成的状况，并将此信息传送给 HV-ECU。此外，混合动力蓄电池系统控制蓄电池鼓风机电机控制器，以使 HV 蓄电池总成的温度保持在适当范围内。蓄电池 ECU 使用 CAN（控制器区域网络）保持与以下设备间的通信：混合动力车辆控制 ECU、ECM 和空调放大器。

技师指导： 因为蓄电池 ECU 连接到车身电气区域网络（Body Electrical Area Network，BEAN），所以数据通过网关 ECU 传送。

如图 11-9 所示为系统通信网络电路。

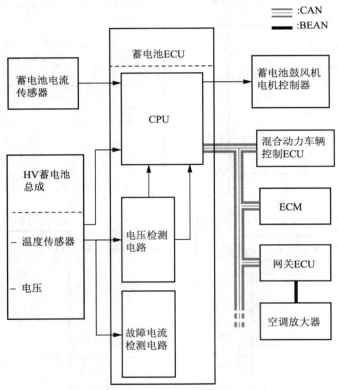

图 11-9　系统通信网络电路

2. 控制说明

（1）HV 蓄电池总成管理和安全保护功能。

①车辆加速时，蓄电池总成放电。车辆减速时，蓄电池总成通过转换制动能量充电。蓄电池 ECU 根据电压、电流和温度测算 HV 蓄电池的 SOC（充电状态），然后将结果发送至 HV-ECU。结果，混合动力车辆控制 ECU 根据 SOC 执行充电和放电控制。

②如果故障发生，则蓄电池 ECU 执行安全保护功能，依照故障程度保护 HV 蓄电池总成。

（2）蓄电池鼓风机电机控制。

车辆行驶时，为了控制 HV 蓄电池总成温度的升高，蓄电池 ECU 根据 HV 蓄电池总成的温度决定并控制蓄电池鼓风机的操作模式。

（3）MIL 照明控制。

如果蓄电池 ECU 检测到影响排气的故障，它将把 MIL 照明请求输送给混合动力车辆控制 ECU（蓄电池 ECU 不直接点亮 MIL）。

3. 检查间歇性故障

（1）检查间歇性故障。

①进行模拟测试；

②在模拟测试中，根据客户所述故障和用 DTC 记录的定格数据，再现故障发生时的行驶状态。

（2）检查连接器和端子。

（3）拨动线束和连接器。

第二节　高压上电系统检修

一、系统主继电器

1. 简述

如图 11-10 所示为系统供电电路。如果由于 1 号到 3 号任一系统主继电器粘接，则可能不能关闭高压系统。HV-ECU 监控 3 个继电器，如果发现任一继电器有故障，则停止系统。

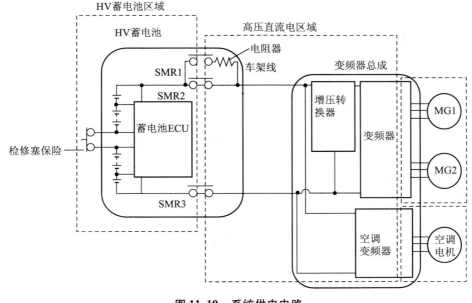

图 11-10　系统供电电路

2. 系统高压上、下电工作原理

SMR（系统主继电器）根据 HV-ECU 的请求连接和断开高压电源电路。如图 11-11 所示为高压系统上电控制。

SMR 由 3 个继电器（1 个用于负极侧，2 个用于正极侧）组成以保证安全运行。连接时，SMR1 和 SMR3 先打开。接着，SMR2 打开且 SMR1 关闭。这个过程通过限制所允许流过电阻的额定电流值使电路免受高压大电流的冲击。断开时，SMR2 和 SMR3 依次关闭。HV-ECU 检查继电器是否正确关闭。HV-ECU 监控 SMR（CON1、CON2 和 CON3）的正常工作状况来检查故障。

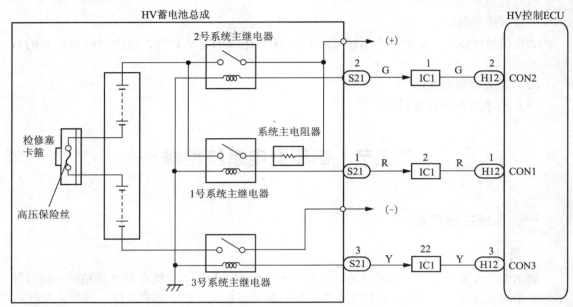

图 11-11　高压系统上电控制

如图 11-12 所示为系统主电阻（20 Ω），图 11-13 所示为蓄电池管理 ECU（由日本电装公司配套）。

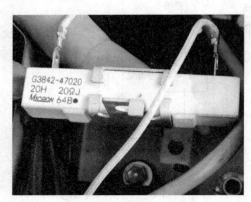

图 11-12　系统主电阻

图 11-13　蓄电池管理 ECU

3. 故障检修

出现 HV 蓄电池正极侧的系统主继电器端子持续闭合，应检修 1 号系统主继电器和 2 号系统主继电器。

出现 HV 蓄电池正极侧和负极侧的系统主继电器端子持续关闭，应检修 1 号系统主继电器、2 号系统主继电器、3 号系统主继电器。

二、混合动力蓄电池电压系统绝缘故障

混合动力蓄电池电压系统绝缘故障包括：高压电路和车身的绝缘电阻小；空调压缩机电机或空调变频器的绝缘电阻小；HV 蓄电池、蓄电池 ECU、系统主继电器或系统主电阻器的绝缘电阻小。

HV 变速驱动桥或电机和发电机变频器的绝缘电阻小；电机和发电机变频器、空调变频器、系统主继电器、系统主电阻器或车架线的绝缘电阻小。

空调高压系统绝缘电阻在 3MΩ 以上（与系统有压缩机机油有关系），其他高压系统绝缘电阻在 10MΩ 以上。

技师指导： 测量电机绝缘时使用过去用的摇表，操作不当有可能造成绝缘击穿，最好用专用的绝缘测量表。

三、检查 2 号正极系统主继电器（与 3 号负极系统主继电器检查相同）

1. 检查 2 号正极系统主继电器

将两个安装螺母分别安装到负极和正极端子。扭矩：5.6 N·m。

（1）用欧姆表测量正极和负极端子间的电阻。标准电阻：10 kΩ 或更大。如果不符合标准，则更换 2 号系统主继电器。

（2）用欧姆表将电压加到连接器端子间，然后测量正极和负极端子间的电阻。标准电阻小于 1 Ω。2 号系统主继电器线圈标准电阻为 20～50 Ω。

2. 混合动力蓄电池负极接触器电路持续关闭

（1）简述。

HV-ECU 根据监控 3 号系统主继电器（CON3）的运行情况来检查故障。

（2）监控说明。

HV-ECU 监控 3 号系统主继电器（CON3）的正常运行情况。如果 HV-ECU 检测到高电继电器电路开路、对 +B 短路或 GND 短路故障，则 HV-ECU 点亮 MIL 并设定 DTC。

四、电机变频器温度传感器故障

1. 简述

HV-ECU 使用安装在变频器内部的温度传感器来检测电机变频器的温度。用通往 MG1 和 MG2 的同一冷却系统冷却变频器。冷却系统与发动机冷却系统相独立。电机变频器温度传感器的特点与增压转换器温度传感器相同。为了检查变频器冷却系统的作用和防止冷却系统过热，HV-ECU 根据电机变频器温度传感器传来的信号来限制负载的大小。而且，HV-ECU 还检测电机变频器温度传感器电路故障和传感器本身的故障。

如图 11-14 所示为电机变频器温度监测电路。

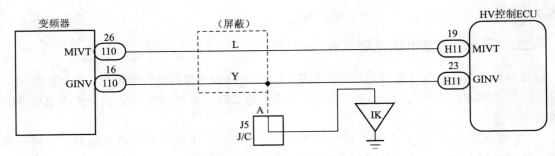

图 11-14　电机变频器温度监测电路

2. 故障检修

如果出现电机变频器温度传感器输出突变，信号偏移，应检修如下故障可能发生部位。

（1）线束或连接器。

（2）变频器冷却系统。

（3）带电机和支架的水泵总成。

（4）冷却风扇电机。

（5）2 号冷却风扇电机。

（6）带转换器的变频器总成。

出现电机变频器温度传感器电路开路或 GND 短路显示 205 ℃，+B 短路显示为 –50 ℃，应检修线束或连接器、带转换器的变频器总成和 HV-ECU。

五、发电机变频器温度传感器

1. 简述

HV-ECU 使用安装在变频器内部的温度传感器来检测发电机变频器的温度。用通往 MG1 和 MG2 的同一冷却系统冷却变频器。冷却系统与发动机冷却系统相独立。发电机变频器温度传感器的特点与增压转换器温度传感器相同。

为了检查变频器冷却系统的作用和防止冷却系统过热，HV-ECU 根据发电机变频器温度传感器传来的信号来限制负载的大小。而且，HV-ECU 还检查发电机变频器温度传感器电路故障和传感器本身的故障。

如图 11-15 所示为发电机变频器温度传感器电路。

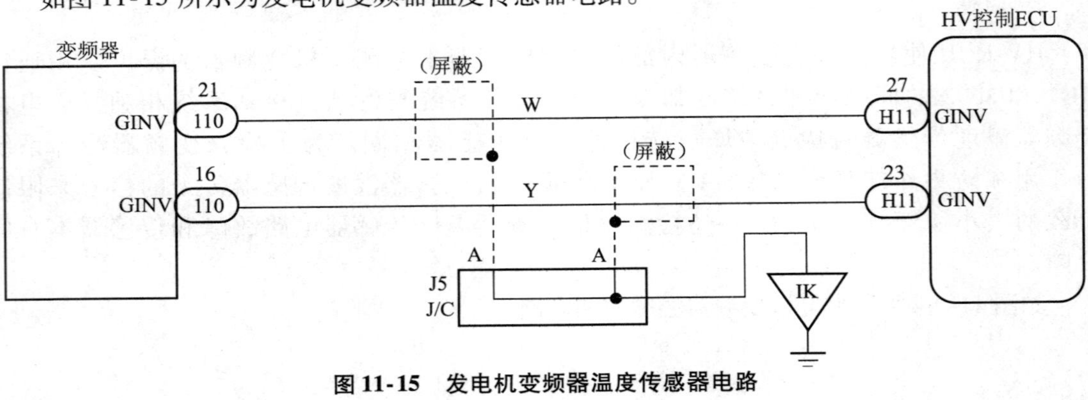

图 11-15　发电机变频器温度传感器电路

2. 故障检修

出现发电机变频器温度传感器输出突变、输出偏移时，应检修线束或连接器、变频器冷却系统、带电机和支架的水泵总成、冷却风扇电机、2 号冷却风扇电机和带转换器的变频器总成。

出现发电机变频器温度传感器电路开路或 GND 短路、+B 短路时，应检修线束或连接器、带转换器的变频器总成和 HV-ECU。

第三节　12 V 充电系统检修

在传统汽车上电源由 12 V 蓄电池和 12 V 发电机组成。在电动汽车上没有 12 V 发电机，需要将高压蓄电池的电能通过 DC/DC 转换为 12 V，此时 DC/DC 的作用相当于传统汽车的发电机。

一、DC/DC 转换器状态电路

1. 简述

DC/DC 转换器把 HV 蓄电池的 201.6 V 直流电转换成 12 V 直流电，给车辆照明、音响和 ECU 系统供电。同时，它为备用蓄电池充电。

2. DC/DC 系统工作原理

如图 11-16 所示，先让 4 个电子开关管中的 T_1 和 T_3 导通，再让 T_2 和 T_4 导通，组成单向换流桥电路，换流过程受转换器控制电路控制，这样就把 201.6 V 直流电转换成交流电。变压器降低它的电压，经 L_1、D_5 和 L_2、D_6 组成的两个半波整流，再经 L、C 滤波成 12 V 直流电，经 MAIN FUSE 120 A 保险丝向蓄电池充电。DC/DC 转换器根据蓄电池电压检测端子 S 的电压来控制输出电压，以保持备用蓄电池端子的电压恒定。

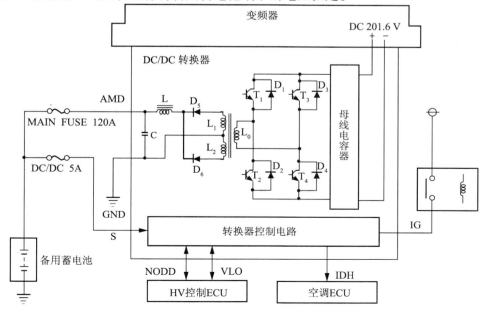

图 11-16　DC/DC 系统工作原理

S（Sensor）为端子感应蓄电池端电压，用于 DC/DC 输出电压调节，AMD（Ampere Direct）为大功率直流，VLO（Voltage Low）为电压过低，IDH（Input Direct High）为输入直流电压高。

技师指导： 传统 S 线是发电机电压调节器进行蓄电池电压检测线，是 Source（电源）的缩写。当蓄电池端电压偏离基准值时，电压调节器做出反向的电压调节。AMD 线相当于发电机的 +B 线。

第一代普锐斯采用的是电解电容器，第二代和第三代全采用薄膜电容模块（图 11-17），采用薄膜电容模块可以降低变频器的体积和质量，适应电压范围更广，功率可更大，损耗更低，性价比更高。

图 11-17　薄膜电容模块正反面图片

二、DC/DC 转换器监控

1. NODD 信号简述

如图 11-18 所示，HV-ECU 用 NODD 信号线路可发送停止转换指令到达 DC/DC 转换器，并接收 DC/DC 的 12 V 充电系统状态正常或异常的信号。

HV-ECU 通过 NODD 端子监控 DC/DC 转换器电路的状态。如果 ECU 检测到 DC/DC 转换器内部电路故障，将停止转换器的操作，这时备用蓄电池无法充电，电压会逐渐降至 11 V 以下，则 ECU 输出故障码。

出现 DC/DC 转换器的 NODD 信号电路开路或 GND 短路以及 DC/DC 转换器的 NODD 信号电路 +B 短路这两种故障，要检修线束、连接器和带转换器的变频器总成。

如果车辆在 DC/DC 转换器不工作的情况下行驶，备用蓄电池的电压将会降低，这将妨碍车辆继续行驶。因此，HV-ECU 监控 DC/DC 转换器的操作，如果检测到故障，将警告驾驶员。

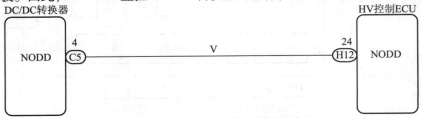

图 11-18　DC/DC 转换器监控电路

2. VLO 信号简述

如图 11-19 所示，HV-ECU 通过 VLO 信号线路发送输出电压开关信号到 DC/DC 转换器，以根据车辆状态开关输出电压。如果车辆在 DC/DC 转换器不工作的情况下行驶，备用蓄电池的电压将会降低，这将妨碍车辆继续行驶。因此，HV-ECU 监控 DC/DC 转换器的操作，如果检测到故障，将警告驾驶员。

DC/DC 转换器的 VLO 信号电路开路或 GND 短路，DC/DC 转换器的 VLO 信号电路 +B 短路，要检修线束、连接器和带转换器的变频器总成。

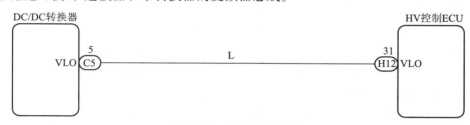

图 11-19　VLO 信号电路

3. 系统监控检修

（1）故障码和故障部位。

①DTC 检测条件。

a. 检测到 DC/DC 转换器内部电路故障；

b. DC/DC 转换器进入安全保护模式；

c. 备用蓄电池电压降至 11 V 以下。

②故障可能发生部位。

a. 备用蓄电池；

b. 保险熔丝组块；

c. 保险丝（12 V 电子设备）；

d. 发动机室继电器盒；

e. 变频器冷却软管；

f. 带电机和支架的水泵总成；

g. 冷却风扇电机；

h. 2 号冷却风扇电机；

i. 线束或连接器；

j. 带转换器的变频器总成（DC/DC 转换器）。

（2）检查备用蓄电池端子的电缆连接情况。

①关闭电源开关。

②在下列各点检查备用蓄电池（12 V）电缆连接情况：蓄电池正极和负极端子、蓄电池负极电缆的车身接地和保险熔丝组块螺母三处正常都不应有松动；检查线束和连接器，包括带转换器的变频器总成、蓄电池和车身接地。

③断开 C5 和 C6 转换器变频器连接器 C。

④打开电源开关（IG）。测量线束侧连接器的电压。标准电压：S 端子对车身接地始终

有 12 V 蓄电池电压，AMD 端子车身接地始终有 12 V 蓄电池电压，电源开关打开 IGCT 对车身接地电压应为 8 ~ 16 V。

⑤检查线束侧连接器间的电阻。标准电阻 NODD 对车身接地为 100 ~ 140 Ω。

（3）检查带转换器的变频器总成的工作情况。

①连接 C5 和 C6 转换器变频器连接器。

②将带 AC/DC 400 A 探针的电气测试仪连接到 C6 连接器的线束。

③将 114 和 115 连接器（颜色为橙色）连接到变频器。

④安装变频器盖，安装检修塞卡箍。

⑤打开电源开关（READY），等待 5 min。

⑥操作下面列出的电子装置，将用电负荷开至最大：将灯开关设定为远光，将加热器鼓风机风扇设定至 HI，打开除雾器，踩下制动踏板，同时按下车窗玻璃调节器主开关的所有开关，向右或左转动方向盘。

⑦测量电流和电压。标准 DC/DC 转换器输出电流应在 40 ~ 100 A。蓄电池电压应在 13 ~ 15 V。

（4）检查变频器冷却液。

①检查变频器冷却液量是否正常，软管是否弯曲、扭曲、损坏或堵塞。

②检查电机是否正常转动。正常：储液罐中的冷却液液面波动。也可用蓄电池直接向电机加电检查冷却风扇电机，冷却风扇应转动平稳，电机工作电流在 92 ~ 110 A。

第四节　蓄电池 ECU 供电系统检修

一、蓄电池 ECU

1. 简述

如图 11-20 所示，HV-ECU 根据从蓄电池 ECU 接收到的故障信号来提示驾驶员，并使安全保护控制起作用。例如用来自蓄电池 ECU 异常信号输入（ROM/RAM 故障）来检修 HV 蓄电池系统和蓄电池 ECU。

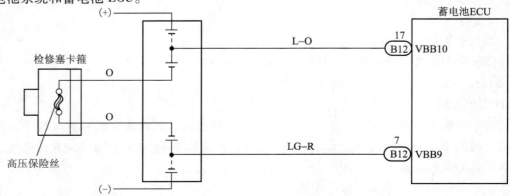

图 11-20　蓄电池 ECU 对电池组的电压监测

2. 监控说明

HV-ECU 一接收到来自蓄电池 ECU 的异常信号输入，就点亮 MIL 并设定 DTC。HV-ECU 计算已接收的 HV 蓄电池电压、增压转换器电压和变频器电压间的差。如果任一差值超过指定值，则 HV-ECU 判定蓄电池电压电路存在故障。

3. 检查步骤

提示：修理故障之后，重新启动系统（打开 READY 灯）并再次检查 DTC。

（1）读取输出 DTC（HV 蓄电池）。

（2）将智能测试仪连接到 DLC3。

（3）打开电源开关（IG）。

（4）打开智能测试仪。

（5）进入下列菜单：Powertrain/HV Battery/DTC。

（6）读取 DTC。

蓄电池 ECU 将 HV 蓄电池电压的信息通过 CAN 通信传送到 HV-ECU。出现 HV 蓄电池电压电路故障，请检查 HV 蓄电池电压电路，如检修塞卡箍、高压保险丝、蓄电池检修塞和蓄电池 ECU。

技师指导：（1）在检查高压系统之前，采取安全措施以避免发生触电事故，如戴上绝缘手套来拆下检修塞卡箍。卸下检修塞卡箍后，将它放入口袋内，防止在维修高压系统时，其他技师重新将它连接。

（2）断开检修塞卡箍后，5 min 内请不要接触任何高压连接器或端子。

提示：至少需要 5 min 对变频器内的高压电容器进行放电。

二、电源控制 ECU 供电

如图 11-21 和图 11-22 所示，驾驶员在踩下制动踏板过程中按下电源开关，电源控制 ECU 发送 ST 信号到 HV-ECU。

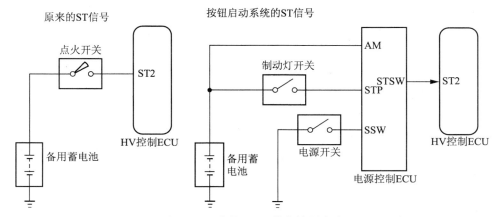

图 11-21　电源 ECU 供电控制方式

HV 控制 ECU 监控 ST 信号以检测故障。如果 ST 信号不能满足 +B 的电源需要，ST 将会持续打开，这将导致 HV 系统仅通过打开电源开关（IG）起动。HV 控制 ECU 监控 ST 信号以防止此类情况发生。

电源开关关闭时，HV 控制 ECU 的 ST 信号打开，若有故障检查线束或连接器和电源控制 ECU。

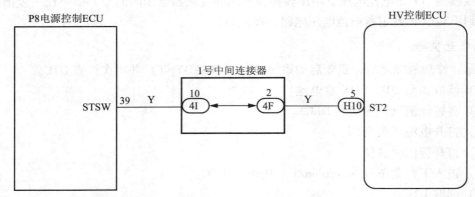

图 11-22　供电开关启动信号间接传输给 HV-ECU 电路

检查步骤：

（1）检查混合动力车辆控制 ECU（ST2 电压）。

（2）检查线束和连接器（混合动力车辆控制 ECU、电源控制 ECU）。

①HV 控制 ECU 进行大量诊断测试以确认 ECU 系统内部和外部是否正确运行。HV 控制 ECU 在其中一项诊断中检查发电机 CPU 自行测试结果。如果 HV 控制 ECU 通过发电机 CPU 自行测试检测到"Fail"（故障），则判定发电机 CPU 出现内部故障。

②HV 控制 ECU 进行大量诊断测试以确认 ECU 系统内部和外部是否正确运行。HV 控制 ECU 在其中一项监控中检查电机主 CPU 串行通信。如果 HV 控制 ECU 检测到故障，则判定从 HV 控制 ECU 到电机主 CPU 串行通信都存在内部故障。

③HV 控制 ECU 进行诊断监控以确认 ECU 系统内部和外部是否正确运行。HV 控制 ECU 在其中一项监控中监控电机主 CPU 电源。

④HV 控制 ECU 在此诊断监控中检查电机解角传感器有无 R/D（解角传感器/数据转换器）故障。如果 HV 控制 ECU 检测到 R/D 故障，则判定电机解角传感器存在内部故障。

⑤HV 控制 ECU 在其中一项诊断中检查电机 CPU 自行测试结果。如果 HV 控制 ECU 通过电机 CPU 自行测试检测到"Fail"（故障），则判定电机主 CPU 出现内部故障。

⑥HV 控制 ECU 在其中一项诊断中监控 HV 控制 ECU 重要的 RAM 电路。如果 HV 控制 ECU 检测到重要的 RAM 电路故障，则判定 HV 控制 ECU 存在内部故障。

⑦HV 控制 ECU 在此项诊断监控中检查来自电机主 CPU 的 REF 信号有无故障。如果 HV 控制 ECU 检测到 REF 信号故障，则判定电机主 CPU、REF 信号或 HV 控制 ECU 存在故障。

⑧HV 控制 ECU 在此项诊断监控中检查 CAN 控制器的通信总断开数量和信息调节器。如果检测到通信总线断开数或信息调节器故障，则判定 HV 控制 ECU 存在故障，HV 控制 ECU 点亮 MIL 并设定 DTC。

三、ECU 供电系统

1. 简述

如图 11-23 所示，蓄电池 ECU 将蓄电池 ECU 的 IG2 电压信息通过 CAN 通信传送到 HV-ECU。出现蓄电池 ECU 的 IG2 信号电路故障，应检修线束或连接器和蓄电池 ECU。

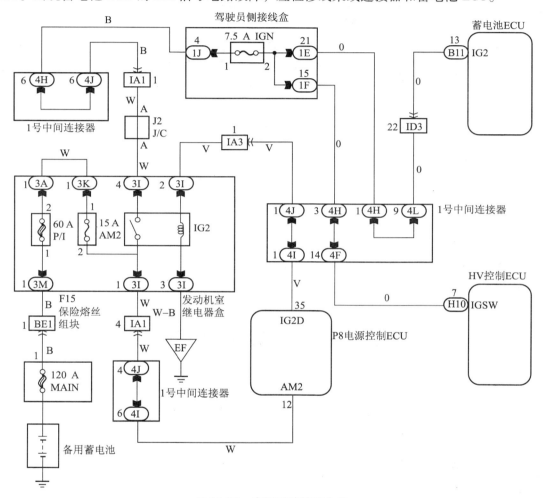

图 11-23　电源系统控制电路

2. 监控说明

若电源开关打开（IG）时，所发送蓄电池 ECU 的 IG2 电压低，则 HV-ECU 判定蓄电池 ECU 的 IG2 端子存在电路故障。HV-ECU 检测到故障时会点亮 MIL 并设定 DTC。

四、HV 主继电器

1. 简述

如图 11-24 所示，HV 控制 ECU 通过监控 IGCT 继电器和 IG2 继电器来检测故障。

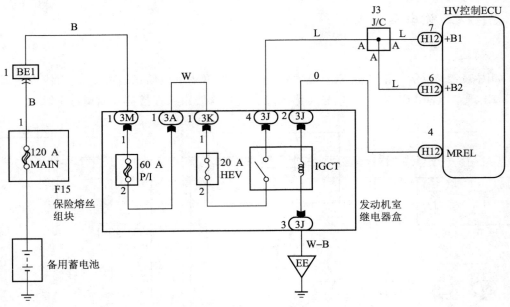

图 11-24 HV-ECU 供电电路

2. 故障检修

出现 IGCT 继电器始终关闭故障，应检修线束或连接器和集成继电器（IGCT 继电器）。

出现 IG2 逻辑矛盾，应检修线束或连接器和集成继电器（IG2 继电器）。

第五节 蓄电池管理系统检修

技师指导： 实用的蓄电池管理系统包括蓄电池温度管理和蓄电池电压一致性监测。蓄电池电压一致性监测可以及时对电压一致性不好的蓄电池进行更换。如出现过高电压和过低电压的蓄电池，管理系统会及时报出蓄电池的箱号和位号。

一、HV 蓄电池故障

1. 简述

HV 控制 ECU 根据从蓄电池 ECU 接收到的异常信号向驾驶员发出警告并进行安全保护控制。

2. 故障检修

蓄电池 ECU 异常信号输入可能来自 HV 蓄电池系统故障、高压保险丝熔断、HV 蓄电池冷却系统故障，这时应检修 HV 蓄电池系统和蓄电池 ECU。

由于车辆位于 N 挡、燃油耗尽或 HV 控制系统出现故障而导致 HV 蓄电池的 SOC（充电量）减少时，要检修 HV 控制系统、燃油是否不足、HV 蓄电池总成。

二、混合动力蓄电池组冷却风扇控制

1. 简述

如图 11-25 所示为蓄电池组冷却风扇控制电路图。

鼓风机电机控制器调节蓄电池鼓风机的电压。鼓风机电机控制器带有铝制散热片。从后侧风道向 HV 蓄电池总成吹入空气，对安装在后侧风道里的鼓风机电机控制器进行制冷。

电流从蓄电池 ECU 的 FCTL1 端子流向 1 号蓄电池鼓风机继电器的继电器线圈；当继电器触点闭合时，则向蓄电池鼓风机供电。

蓄电池 ECU 输出风扇运行信号时，鼓风机电机控制器调节施加给蓄电池鼓风机的电压（VM），以便获得需要的风扇转速。调节电压同时以监控信号的形式输送给蓄电池 ECU 的 VM 端子。鼓风机电机控制器通过监控蓄电池鼓风机 +B 端子的电压来纠正鼓风机电机的电压。

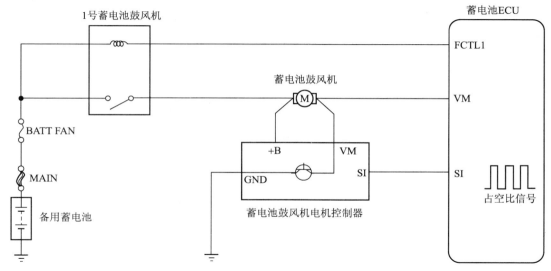

图 11-25　蓄电池组冷却风扇控制电路

FCTL1 控制 1 号蓄电池鼓风机继电器工作，开关闭合向蓄电池鼓风机供电， +B 向电机控制器供电，VM 端子监测电机控制器的分压，SI 是根据温度传感器确定的占空比信号，用于驱动功率三极管。

技师指导： FCTL1 是 Fan Control 1 的缩写，VM 是 Voltage Monitor 的缩写，SI 是 Signal Input 的缩写。

2. 故障检修

出现车速恒定时，蓄电池鼓风机电压低于故障极限或高于故障极限应检修如下故障可能发生部位。

（1）线束或连接器。

（2）BATT FAN 保险丝。

（3）1 号蓄电池鼓风机继电器（线圈通断和触点电阻）。

（4）蓄电池鼓风机（采用加电法）。

（5）后侧风道（蓄电池鼓风机电机控制器）。

（6）蓄电池 ECU。

蓄电池鼓风机控制器如图 11-26 所示，鼓风机接线器如图 11-27 所示。

图 11-26　蓄电池鼓风机控制器

图 11-27　蓄电池鼓风机接线器

三、高压保险丝

尽管互锁开关已嵌合，VBB9 和 VBB10 端子间电压仍低于标准值（1 次检查逻辑），则应检修高压保险丝、塞卡箍、蓄电池检修塞和蓄电池 ECU。

检查检修塞卡箍、检修塞和高压保险丝电阻，阻值应小于 1 Ω，如图 11-28 和 11-29 所示，检查蓄电池检修塞端子间的电阻。标准电阻 A–C、B–D 和保险丝间电阻要小于 1 Ω。

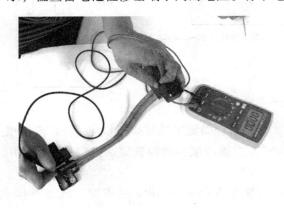

图 11-28　高压导线电阻测量

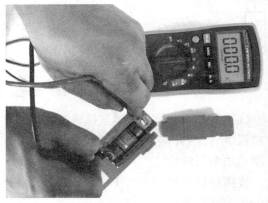

图 11-29　保险丝测量

四、混合动力蓄电池组电流传感器

1. 简述

如图 11-30 所示为安装在 HV 蓄电池总成负极电缆侧的霍尔电流传感器，检测流入 HV 蓄电池的电流值。霍尔电流传感器向蓄电池 ECU 的 IB 端子输入一个电压（根据电流值在 0～5 V 之间变化）。霍尔电流传感器的输出电压低于 2.5 V 时指示 HV 蓄电池总成正在充电；

高于 2.5 V 时指示 HV 蓄电池总成正在放电。

蓄电池根据输入到 IB 端子的信号来决定 HV 蓄电池总成的充电和放电，并通过确定电流值测算 HV 蓄电池的 SOC（充电状态）。

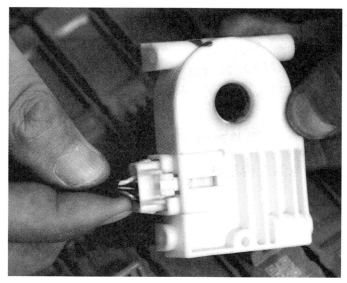

图 11-30　霍尔电流传感器

2. 传感器监测图和信号输出

霍尔电流传感器测量电路电压信号输出如图 11-31 所示。

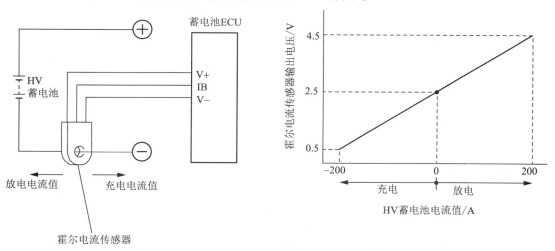

图 11-31　霍尔电流传感器测量电路电压信号输出

3. 故障检修

霍尔电流传感器电路如图 11-32 所示。出现霍尔电流传感器的电源故障、电流传感器本身故障、电流传感器内电压低、霍尔电流传感器内电压高时，应检测 HV 蓄电池总成（线束或连接器）、霍尔电流传感器和蓄电池 ECU。

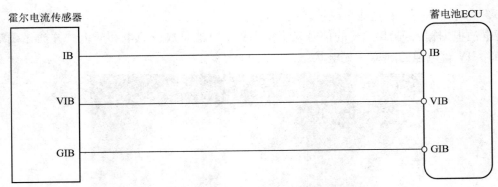

图 11-32　霍尔电流传感器电路

五、混合动力蓄电池温度传感器

1. 简述

在 HV 蓄电池总成的底部安装有 3 个蓄电池温度传感器。封闭在每个蓄电池温度传感器里的热敏电阻的阻值随着 HV 蓄电池总成温度的改变而改变。蓄电池温度越低，则热敏电阻的阻值越高。相反，温度越高，则阻值越低。

蓄电池 ECU 使用蓄电池温度传感器来检测 HV 蓄电池总成的温度。根据该检测结果，蓄电池 ECU 控制蓄电池鼓风机。这样，HV 蓄电池温度上升到预定温度时，鼓风机风扇起动。如图 11-33 所示为蓄电池温度传感器温度和电阻的关系，如图 11-34 所示为蓄电池温度传感器电路。

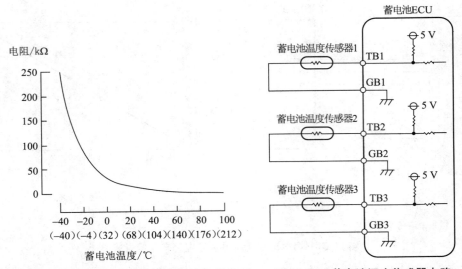

图 11-33　蓄电池温度传感器温度和电阻的关系　　**图 11-34　蓄电池温度传感器电路**

2. 故障检修

出现蓄电池温度传感器故障、温度传感器内电阻小、温度传感器内电阻大时，应检修 HV 蓄电池总成（HV 蓄电池温度传感器）和蓄电池 ECU。

六、混合动力蓄电池组空气温度传感器

1. 简述

如图 11-35 所示为蓄电池组空气温度传感器电路。

进气温度传感器位于 HV 蓄电池总成上，它的电阻值随着进气温度改变而改变。进气温度传感器的特性与蓄电池温度传感器的特性相同。蓄电池 ECU 使用进气温度传感器的信号调节蓄电池鼓风机的空气流速。

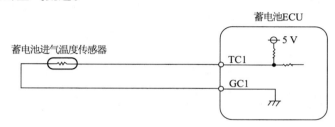

图 11-35　蓄电池组空气温度传感器电路

2. 故障检修

进气温度传感器检测到开路或 +B 短路显示 −45 ℃，或 GND 短路显示 95 ℃（1 次检查逻辑），应检修 HV 蓄电池总成（进气温度传感器）和蓄电池 ECU。

七、混合动力蓄电池系统电压

1. 简述

如图 11-36 所示为蓄电池分组电压采集电路。出现以下任一状况（1 次检查逻辑）：各蓄电池盒电压低于 2 V（2 组电池一监测）、所有蓄电池盒电压为 −24 ~ 2 V，故障可能发生部位为接线盒总成（母线模块）、2 号车架线（母线和线束）和蓄电池 ECU。

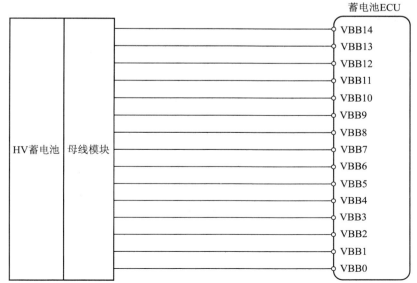

图 11-36　蓄电池分组电压采集电路

2. 故障检修

检查接线盒总成（母线模块），如图 11-37 所示为镍氢蓄电池模块的串联。检查是否将 2 号车架线螺母拧紧至规定扭矩。扭矩：5.4 N·m。检查 2 号车架线（母线模块）各连接器电阻是否小于 1 Ω。

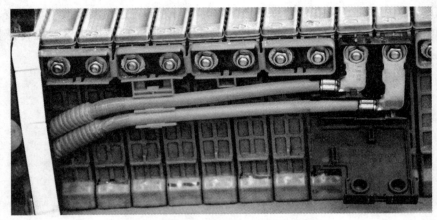

图 11-37　镍氢蓄电池模块的串联

八、蓄电池被检单元间电压差大

根据蓄电池每个被检单元的电压，判定有故障的被检单元（1 次检查逻辑）、HV 蓄电池总成和蓄电池 ECU，读取 Data List 时，所有被检单元电压相差应在 0.3 V 以内，否则更换电池。

技师指导： 第二代普锐斯电池共 168 块，分成 28 组，每组 6 块，每 12 块为一个被检单元，共 14 个被检单元，当发现 14 个被检单元的最大电压和最小电压相差大于 0.3 V，说明蓄电池有损坏，尽快更换，否则将导致 168 块电池寿命大大缩短。

九、蓄电池 ECU 与 HV-ECU 通信中断

蓄电池 ECU 通过 CAN（控制区域网络）通信接收来自混合动力车辆控制 ECU、发动机 ECM 和网关 ECU 的信号。

出现与发动机 ECM 的 CAN 通信故障（无信号接收）或混合动力车辆控制 ECU 的 CAN 通信故障（无信号接收）时，应检修 CAN 通信系统。

第六节　蓄电池 ECU 动态数据流

蓄电池管理 ECU 动态数据流共分 8 页，如图 11-38 ~ 图 11-45 所示，其动态分析过程略。

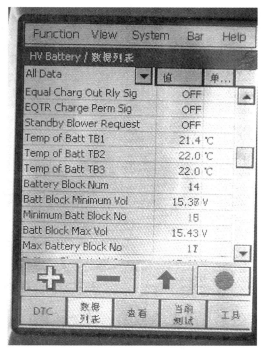

Function View System Bar Help

HV Battery / 数据列表

All Data	▼	值	单...
Engine Coolant Temp		49	℃
Engine Revolution		0	rpm
Vehicle Spd		0	Km/h
Engine Run Time		152	s
+B		14.000	V
DTC Clear Warm Up		0	
DTC Clear Run Distance		0	Km
DTC Clear Min		33	min
MIL on Engine Run Time		0	min
MIL Status		OFF	
Mileage after Malfunc		0	km

DTC | 数据列表 | 查看 | 当前测试 | 工具

图 11-38 数据流第 1 页

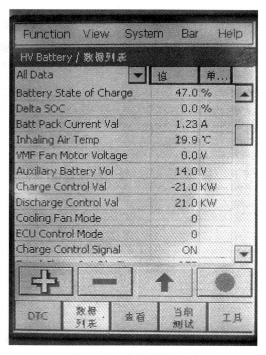

Function View System Bar Help

HV Battery / 数据列表

All Data	▼	值	单...
Battery State of Charge		47.0	%
Delta SOC		0.0	%
Batt Pack Current Val		1.23	A
Inhaling Air Temp		19.9	℃
VMF Fan Motor Voltage		0.0	V
Auxiliary Battery Vol		14.0	V
Charge Control Val		-21.0	KW
Discharge Control Val		21.0	KW
Cooling Fan Mode		0	
ECU Control Mode		0	
Charge Control Signal		ON	

DTC | 数据列表 | 查看 | 当前测试 | 工具

图 11-39 数据流第 2 页

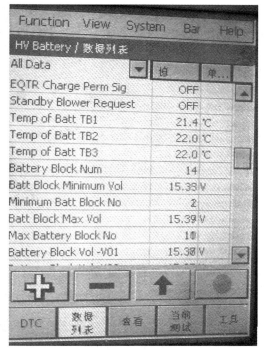

Function View System Bar Help

HV Battery / 数据列表

All Data	▼	值	单...
Equal Charg Out Rly Sig		OFF	
EQTR Charge Perm Sig		OFF	
Standby Blower Request		OFF	
Temp of Batt TB1		21.4	℃
Temp of Batt TB2		22.0	℃
Temp of Batt TB3		22.0	℃
Battery Block Num		14	
Batt Block Minimum Vol		15.37	V
Minimum Batt Block No		16	
Batt Block Max Vol		15.43	V
Max Battery Block No		17	

DTC | 数据列表 | 查看 | 当前测试 | 工具

图 11-40 数据流第 3 页

Function View System Bar Help

HV Battery / 数据列表

All Data	▼	值	单...
EQTR Charge Perm Sig		OFF	
Standby Blower Request		OFF	
Temp of Batt TB1		21.4	℃
Temp of Batt TB2		22.0	℃
Temp of Batt TB3		22.0	℃
Battery Block Num		14	
Batt Block Minimum Vol		15.38	V
Minimum Batt Block No		2	
Batt Block Max Vol		15.39	V
Max Battery Block No		10	
Battery Block Vol -V01		15.38	V

DTC | 数据列表 | 查看 | 当前测试 | 工具

图 11-41 数据流第 4 页

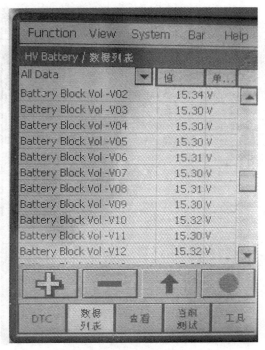

图 11-42　数据流第 5 页

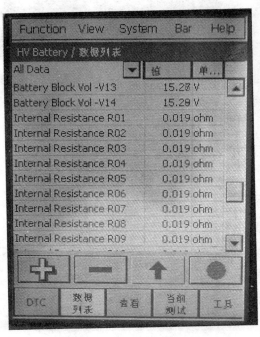

图 11-43　数据流第 6 页

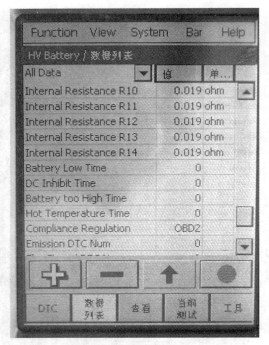

图 11-44　数据流第 7 页

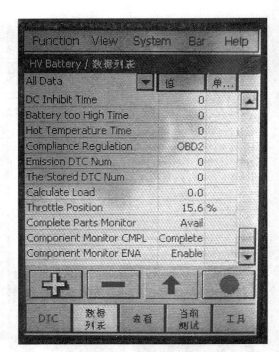

图 11-45　数据流第 8 页

第十二章

奥迪 Q5 混合动力汽车技术

第一节　奥迪 Q5 混合动力汽车简介

奥迪公司早在 1989 年以 Audi 100 Avant C3 车为基础开发出了第一代奥迪混合动力轿车。该奥迪混合动力轿车用 5 缸汽油发动机驱动前轮，用一台 9 kW 电动机驱动后轮，使用镍镉蓄电池来储存电能。1992 年，以 Audi 100 Avant quattro C4 车为基础又推出了另一款奥迪混合动力轿车。在 1997 年，奥迪公司以 A4 Avant B5 车为基础开发并小批量生产"全混"式混合动力汽车。该车使用一台 66 kW 的 1.9 L TDI 发动机和一台水冷式 21 kW 电机来提供动力，使用安装在车后部的铅酸凝胶蓄电池来提供电能，油电两种动力装置都是驱动前轮。量产的奥迪混合动力轿车采用插电式（Plug-in）设计，在纯电动模式时，奥迪混合动力轿车的最高车速可达到 80 km/h；要是以 TDI 发动机作为动力，其最高车速可达 170 km/h。

奥迪轿车 e-tron 采用了插电串联式混合动力技术，成为增程式电动汽车，增程用的发动机和前轮之间根本就没有任何机械连接，发动机带动发电机发电来驱动汽车。

一、Audi Q5 hybrid quattro

Audi Q5 hybrid quattro（奥迪 Q5 混合四驱）是奥迪公司第一款使用 155 kW 的 2.0 L TF-SI 发动机的高级 SUV 级的完全混合动力车，这种混合动力是一种并联式混合动力技术，其动力接近 V6 发动机，油耗接近四缸 TDI 发动机。

二、能量流

电驱动阶段：高压蓄电池放电给电机供电，为了提高电机效率，电压还要升高。同时 12 V 的车载电网也由高压蓄电池来供电，如图 12-1 所示为蓄电池向电机和低压电气系统供电。

能量回收阶段：如图 12-2 所示，在减速阶段，牵引电机以发电方式来实施制动，从而为高压蓄电池充电。驾驶员刚一松开油门踏板，一部分能量就得到了回收，另外在制动过程中，回收的能量也会更多。12 V 的车载电网由牵引电机发电来充电。

电动加速（E-Boost）阶段：执行电动加速功能时，发动机功率是 155 kW，电动机功率是 40 kW（本电机作为发电机时功率是 31 kW）。总体算来，发动机和电动机共计可产生 180 kW（并不是 195 kW）的功率。

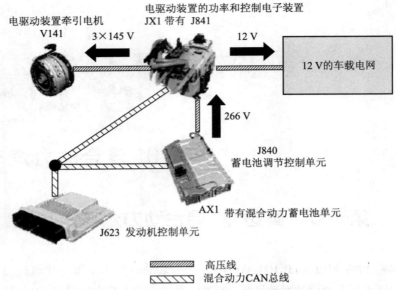

图 12-1　蓄电池向电机和低压 12 V 电气系统供电

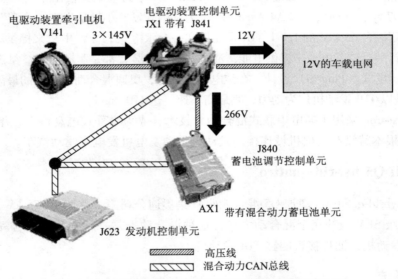

图 12-2　电机能量再生发电供给蓄电池和低压电气系统

下坡阶段：车轮处在车身推动的滚动状态，这时离合器断开，发动机关闭，电机通过能量回收来，再降压为 12 V，为 12 V 的车载电网供电。

第二节　奥迪 Q5 混合动力汽车发动机

一、发动机工作曲线和技术数据

如图 12-3 所示为奥迪 Q5 混合动力 2.0 L TFSI 发动机的扭矩 – 功率特性曲线，从曲线可以看出扭矩和功率都得到了提升，低速小功率时却产生大扭矩，这才是汽车行驶需要的扭力输出。

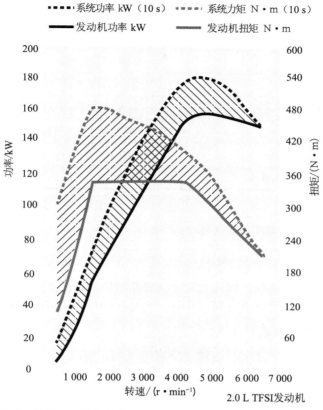

图 12-3　奥迪 Q5 混合动力 2.0 L TFSI 发动机扭矩 – 功率特性曲线

表 12-1 所示为奥迪 Q5 汽车技术参数。

表 12-1　奥迪 Q5 汽车技术参数

发动机代码	CHJA
结构形式	四缸直列发动机和三相交流电机/发电机
排量/cm^3	1 984
内燃机功率/kW（马力），转速/（$r \cdot min^{-1}$）	155（211），4 300 ~ 6 000
系统功率/kW（马力）	180（245）
内燃机扭矩/（$N \cdot m$），转速/（$r \cdot min^{-1}$）	350，1 500 ~ 4 200
系统扭矩/（$N \cdot m$）	480
纯电力驱动时的最高车速/（$km \cdot h^{-1}$）	100
纯电力驱动时的可达里程/km	3（车速为 60 km/h 时）
每缸气门数/个	4
缸径/mm	85.5

续表

发动机代码	CHJA
行程/mm	92.8
压缩比	9.6:1
传动形式	8-挡自动变速器，四驱
发动机管理系统	MED 17.1.1
燃油	高级无铅汽油 ROZ 95
排放标准	EU V（欧洲五号标准）
CO_2 排放/（$g \cdot km^{-1}$）	159
混合动力部件所增加的额外质量/kg	<130

二、2.0 L TFSI 发动机的变化

1. 省去辅助装置的皮带传动机构

由于省去了皮带传动机构，因此开发了一种新的辅助装置支架，该支架用于电动空调压缩机，曲轴和平衡轴轴承的材质有所变化，以满足起动停止模式的工作需要。

2. 后消音器上的可控式排气阀

只有左侧的后消音器上才装有这种可控式排气阀，如图 12-4 所示，该阀由排气控制阀 1 - N321 来控制。该排气控制阀膜盒有真空作用时，排气管内的排气阀就关闭，断电后真空消失，排气阀打开。

在发动机停机时，该阀是打开着的。在扭矩不高于 300 N·m，或者转速不超过 1800 r/min 时，以及怠速给蓄电池充电时，为防止产生节流的噪声，该阀关闭。

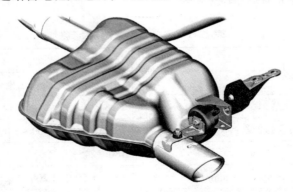

图 12-4 左侧的后消音器真空单元（用于通过真空来控制排气阀）

3. 冷却

如图 12-5 所示，为了冷却功率和控制电子装置 JX1 的功率控制部分，增设一个低温冷却循环回路。在冷却液循环和温度管理方面引入了发动机控制系统 MED.17.1.1，它有 3 个处理器，因此也可以实现创新温度管理。使用这种控制单元的目的是：通过改进车辆热平衡

来进一步降低油耗和 CO_2 排放量。所谓改进热平衡，是指将所有受热部件和连接在冷却系统上的部件（比如发动机或变速器）上的温度保持在能使其效率最佳的范围内。

Audi Q5 hybrid quattro 车上的冷却系统分为低温循环和高温循环两部分。在发动机不工作时，冷却液是由电动冷却液泵来循环的。

发动机冷却系统为高温循环部分，组件包括暖风热交换器、冷却液截止阀 N82、电机 V141、高温循环冷却液泵 V467、冷却液泵、废气涡轮增压器、发动机机油冷却器、冷却液温度传感器 G62、特性曲线控制的发动机冷却系统节温器 F265、冷却液续动泵 V51、高温循环散热器、变速器机油冷却器。

电机驱动为低温循环部分，组件包括电驱动装置的功率和控制电子装置 JX1、低温循环冷却液泵 V468、低温循环散热器。

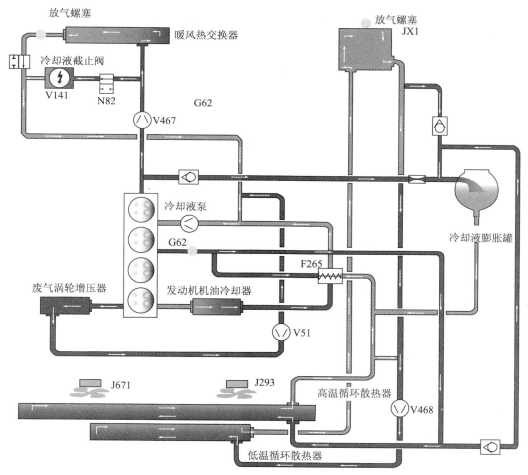

图 12-5　奥迪 Q5 混合动力汽车冷却系统

- F265 特性曲线控制的发动机冷却系统节温器[2]（开启温度 95 ℃）
- G62 冷却液温度传感器
- J293 散热器风扇控制单元[2]
- J671 散热器风扇控制单元 2[2]
- JX1 电动机构功率和控制电子装置

·N82 冷却液截止阀② （在热的一侧）

·V51 冷却液续动泵②

·V141 电机①

·V467 高温循环冷却液泵②

·V468 低温循环冷却液泵①

注：①表示由电驱动装置的功率和控制电子装置 JX1 来控制；

②表示由发动机控制单元 J623 来控制。

[**完成任务**] 在图 12-5 中找出这个冷却系统的发动机高温循环部件和电机驱动的低温循环部件，并试写出发动机高温循环和电机驱动的低温循环路径。

发动机高温循环路径：_____

_____。

电机驱动的低温循环路径：_____

_____。

4. 发动机控制单元 J623

如图 12-6 所示为发动机控制单元 J623，J623 不仅要控制发动机工作，还要控制温度管理系统，发动机控制单元在执行温度管理功能时会控制所有冷却液循环过程。最后 J623 还是车辆混合动力功能的管理单元，决定是否要用电动方式来驱动车辆，并将驾驶员期望的车速通知功率和控制电子装置 JX1 的控制电子部分。

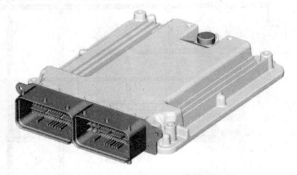

图 12-6　发动机控制单元 J623

5. 运输模式

采用运输和售后服务模式，可以在故障诊断时让发动机持续运转着：在"P"挡位置执行强制降挡，随后发动机就一直在运转着，直至挂上某个挡位为止。在电动模式时，车速调节装置总是处于激活状态。

在运输模式时，电机就只作为发电机来使用了。也就是说不能靠电动方式来驱动车辆，无电动加速（E-Boost）功能，无起动停止模式功能，无能量回收功能。在运输模式下，发动机运转时会一直为高压蓄电池充电。在运输模式时，最高车速为 35 km/h，最高转速为 3 500 r/min。如果未关闭运输模式，那么当车辆在下次 15 号线供电时如果行驶距离超过了 100 km，该模式就会自动关闭。

6. 售后服务模式

在发动机控制单元内进行自适应，就可激活售后服务模式，冷却液温度必须不低于 25 ℃。作为识别标记，废气警报灯 K83（MIL）和发动机电子系统指示灯 K149（EPC）会亮起。在售后服务模式下，电机就只作为发电机来使用了，且发动机运转时会一直为高压蓄电池充电。因此也就不能靠电动方式来驱动车辆，无电动加速（E-Boost）功能，无起动-停止模式功能，无能量回收功能。

此外，可以通过 12 V 辅助起动机来起动发动机。若未取消自适应过程，那么当车辆在下次 15 号线供电时如果行驶距离超过了 50 km，该模式就会关闭。

[完成任务] 维修发动机系统，需要发动机工作时，要启动什么模式才能让发动机工作？_____。用诊断仪进入哪个控制单元进行自适应才能使供电开关 READY 挡起点火开关 START 挡的作用？_____。

如图 12-7 所示为带有混合动力模块的 8 挡自动变速器。自动变速器控制单元 J217 是混合动力 CAN 总线和驱动 CAN 总线的用户。

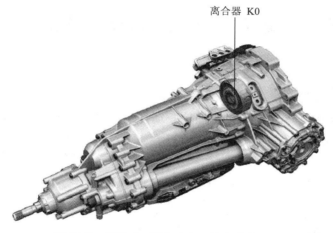

离合器 K0

图 12-7　奥迪 Q5 混合动力 8 挡自动变速器

多片式离合器 K0 与电机转子合为一体取代了变扭器。多片式离合器浸在油池中工作，用于将发动机与电机断开或连接上。由于取消了变扭器，离合器 K1 就用作起步元件了。各工况变速器执行元件的工作情况参考表 12-2。

表 12-2　各工况变速器执行元件的工作情况

行驶状态	离合器 K0	离合器 K1
发动机起动	接合	未接合
纯电力驱动时	未接合	接合
能量回收	未接合	接合
内燃机驱动车辆行驶	接合	接合
内燃机在怠速运转	接合	未接合
电动加速	接合	接合

行驶状态	离合器 K0	离合器 K1
车辆滑行（无能量回收）	未接合	未接合
车辆滑行（有能量回收）	未接合	接合

为了能在电机不工作时润滑自动变速器，并为液压操纵机构建立起必要的 ATF 液压压力，安装了一个变速器 ATF 油辅助液压泵 V475。温度如果较低的话，该泵可能无法建立起所需的压力。

由于在被动牵引时，变速器是得不到润滑的，因此如果需要牵引车辆，其规定与以前的自动变速器相同，需要将选挡杆挂在 N 位置，牵引距离不超过 50 km，牵引车速不超过 50 km/h。

[完成任务] 离合器 K0 的位置在哪？ _____ ；作用是 _____。
离合器 K1 的位置在哪？ _____ ；作用是 _____。

第三节　奥迪 Q5 混合动力转向和制动系统

一、电动转向系统

如图 12-8 所示为奥迪 Q5 混合动力四轮驱动（Audi Q5 hybrid quattro）汽车上使用的电动助力循环球式转向机，转向控制单元 J500 挂在组合仪表/底盘 CAN 总线上。

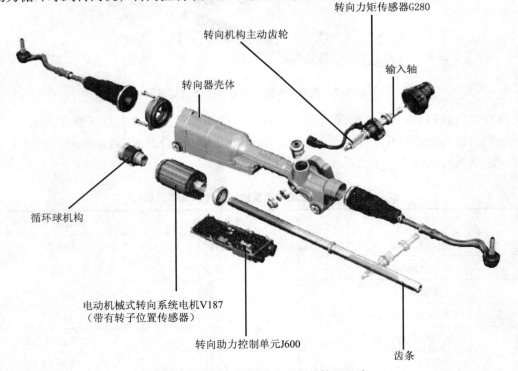

转向力矩传感器G280
转向机构主动齿轮
输入轴
转向器壳体
循环球机构
电动机械式转向系统电机V187
（带有转子位置传感器）
转向助力控制单元J600
齿条

图 12-8　奥迪 Q5 混合动力电动转向系统

二、奥迪制动系统制动真空泵 V192

电动制动真空泵 V192 固定在 ESP 整体总成的前面，如图 12-9 所示。该泵的作用是在发动机关闭期间，为制动助力器提供足够的真空度。真空度低时，通过制动助力压力传感器 G294 来产生信号，由发动机控制单元 J623 经继电器 J318 来操控。

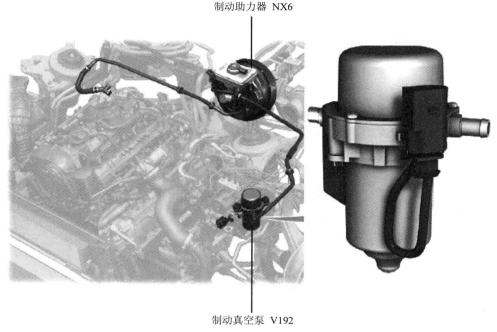

制动助力器 NX6

制动真空泵 V192

图 12-9　电动制动真空泵

[**完成任务**] 奥迪 Q5 混合动力制动系统采用电动真空泵 V192 后，发动机工作时，电动真空泵是否还工作？_____；纯电动工况电动真空泵工作的机会多还是少？_____。

三、ESP 总成

Audi Q5 hybrid quattro 车上的 ESP 总成，其结构与 Audi Q5 是一样的，但是软件方面就混合动力发动机牵引力矩调节功能做了相应的扩展。

在电力制动（能量回收）时，出于稳定考虑不会令制动压力泄压，所以发动机控制单元在需要时会下令去调节驱动力矩。如果在挡位 D 时关闭了 ESP 或者是接通了坡路起步辅助系统，那么在车辆行驶过程中，发动机一直都在工作着。

制动踏板位置传感器 G100 连接在发动机控制单元上。发动机控制单元通过制动踏板位置传感器 G100 的信号来操控电力制动（能量回收）和液压制动的比例分配。制动踏板在制动助力器上有一个约 9 mm 的空行程。在这段空行程中是仅有能量再生制动的，等到制动时就可以很好地过渡到液压制动了。

在更换了制动踏板位置传感器或者是更换了发动机控制单元时，必须进行制动踏板位置传感器 G100 与发动机控制单元之间的自适应（学习）。

[**完成任务**] 奥迪 Q5 混合动力制动系统哪个传感器控制能量回收？_____

_____。

第四节　奥迪 Q5 混合动力电气系统

一、混合动力蓄电池单元 AX1

混合动力蓄电池单元 AX1 在行李箱内的备胎坑中，结构如图 12-10 所示，它由高压蓄电池 A38、蓄电池管理控制单元 J840、高压系充保养插头接口 TW、安全插头接口 TV44、高压线束接口 PX1、12V 车载电网接口构成。

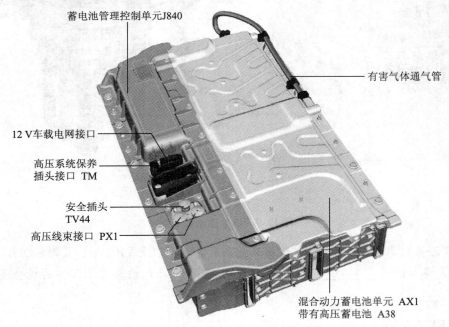

图 12-10　混合动力蓄电池单元 AX1 的结构

在这个蓄电池壳体内，集成有用于吸入和排出冷却空气的开口。混合动力蓄电池单元电池参数见表 12-3，壳体使用电位补偿线（电位均衡线）与车辆相连。

表 12-3　混合动力蓄电池单元电池参数

高压蓄电池	单元电池参数
额定电压/V	266
单格电压/V	3.7
电池格数量	75（串联的）
容量/Ah	5.0
工作温度/℃	15～55

高压蓄电池	单元电池参数
总能量/（kW·h）	1.3
可用能量/（kW·h）	0.8
功率/kW	最大40
质量/kg	38

［完成任务］ 蓄电池壳体使用电位均衡线后，壳体一旦漏电，人站在车身上是否会被电击？_____。实践中见到这根电位均衡线没有接到车身上是错误的。

为了能在蓄电池有过热故障时将逸出的气体引至车底部位，在该壳体上装了一个有害气体通气管。

二、蓄电池管理控制单元 J840

蓄电池管理控制单元集成在混合动力蓄电池单元 AX1 的左侧，该控制单元与混合动力 CAN 总线和驱动 CAN 总线相连。J840 监测高压蓄电池的温度，并通过蓄电池冷却模块来调节蓄电池冷却状况。该控制单元查明并分析充电状态、单格电压和蓄电池电压的信息，这些信息通过混合动力 CAN 总线传至发动机控制单元。

1. 高压继电器

高压蓄电池通过高压继电器来与其他高压部件连接或断开。"正极"和"负极"继电器各一个。

一旦 15 号线接通，蓄电池管理控制单元 J840 会立即接通高压继电器，继电器触点闭合。如果蓄电池管理控制单元 J840 供电的 12 V 电压中断，高压触点断开，即意味着 12 V 车载电网"关闭"，表示高压装置也是"关闭"的。

在下述情况下，高压继电器的触点由蓄电池管理控制单元 J840 来断开：

· 点火开关已关闭；

· 安全线已切断；

· 安全带涨紧器已触发；

· 安全气囊已触发；

· 两个 12 V 蓄电池在"15 号线接通"的情况下已与车载电网断开。

［完成任务］ 想一想丰田普锐斯的高压上电继电器是哪个控制单元控制的？_____ 与奥迪 Q5 有什么区别？_____。

2. 高压蓄电池 A38

高压蓄电池 A38 集成在混合动力蓄电池单元 AX1 内，有一个电流传感器用于在充电和放电时监测电流。另有传感器用于监测高压触点前和后的电压。

控制高压蓄电池的电量状态（SOC）保持在 30%～80% 之间可以明显提高高压蓄电池的寿命，但组合仪表上的蓄电池是以 0%～100% 来显示的。电池电量状态百分数作为一个信息被放置在混合动力 CAN 总线上，哪个控制单元想用，哪个控制单元接收。

在达到了起动能力最低极限值时（高压蓄电池电量状态低于25%）或者是没能起动发动机，那么发送机控制单元会给仪表显示发送一个信息，随后就会显示"车辆现在无法起动"这个内容。请参见随车的使用说明书。如果充电状态低于20%，那么就不准许有放电电流了。在纯电力驱动行驶时，高压蓄电池给高压电网和12 V车载电网同时供电。

[完成任务] 奥迪Q5混合动力仪表的SOC表在0%说明电池电量为多少？ ＿＿＿＿＿
＿＿＿＿＿；奥迪Q5混合动力仪表的SOC表在100%说明电池电量为多少？ ＿＿＿＿＿
＿＿＿＿＿；电池电量状态低于多少无法进行高压起动？ ＿＿＿＿＿＿＿＿＿；电量状态低于20%，高压上电继电器是否断开？ ＿＿＿＿＿＿＿＿。

3. 高压蓄电池的充电

如果组合仪表上显示"车辆现在无法起动"这个内容（见随车的使用说明书），那就必须给高压蓄电池充电。如果充电应关闭点火开关，将充电器（至少30 A）或者带有三相发电机的发电车接到"跨接起动销"上。充电过程完成后接通点火开关，仪表就会显示"正在形成起动能力，请稍等……"这个信息。

如果在1 min内，高压蓄电池无法吸收充电电流，那么就会显示"充电过程已中断，无法形成起动能力"这个信息。其原因是充电器或者发电车的充电能力太弱。另外这种故障信息也可以以红色的混合动力警报灯来提示。如果识别出充电电流，那么高压蓄电池会被充电到35%的状态，组合仪表上会显示一个绿色的充电插头，表示12 V蓄电池在这时被充电。如果高压蓄电池的充电状态降至5%以下，那么12 V蓄电池就无法再充电了。

[完成任务] 奥迪Q5混合动力汽车高压蓄电池无电时，充电机要跨接到＿＿＿＿＿
＿＿＿＿＿上；请在车上找到这个起动销：＿＿＿＿＿＿＿＿＿；若充电过程中断说明：＿＿＿＿＿＿＿＿＿；电量状态低于5%，高压蓄电池还能向12 V蓄电池充电吗？
＿＿＿＿＿＿＿＿＿。

4. 高压系统保养插头TW

高压系统保养插头是两部分高压蓄电池之间的连通保险，如果拔下了这个保养插头，那么这两部分的连接就断开了。如果在高压部件上或者在高压部件附近要使用车削工具、成型工具或棱角锋利的工具，那么必须拔下这个保养插头。要想恢复供电，请在诊断仪中来进行诊断码清除操作，这也是一个安全设计。

（1）保养插头的开锁和上锁。

请关闭点火开关。要想够着高压系统保养插头TW，必须打开行李箱内的高压系统保养盖板。这个保养插头就在混合动力蓄电池单元AX1的橘黄色橡胶盖下，因此必须先移开这个橡胶盖。操作如图12-11（a）和（b）所示。

（2）拔下保养插头。

高压上电继电器断开，只控制了外部P1和P2的供电输出。这些维修操作是在高压蓄电池箱的内部进行的，为了安全，一个途径就是操作这个保养插头，因为该插头是高压蓄电池两个部分之间的连通。

具体说就是该插头有两个确定的开关位置。在位置1时，安全线是被切断的（高压上电继电器断开），如图12-11（c）所示。在位置2时，蓄电池两个部分之间的串联连接就被断开了（蓄电池中间保险丝被拔下了），如图12-11（d）所示。这时可以将保养插头从支架上拉出。这时高压装置就被关闭了，从更安全的角度讲，应检查是否可靠断电（即验电）。

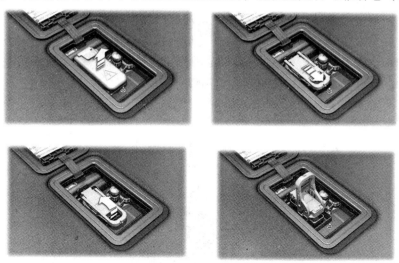

图 12-11　高压系统保养插头

（a）移开橡胶盖；（b）保养插头已插好状态；
（c）保养插头在位置1；（d）保养插头在位置2

保养插头内有一个高压装置熔断式保险丝，其规格是 125 A（与丰田普锐斯相同），如图 12-12 所示。

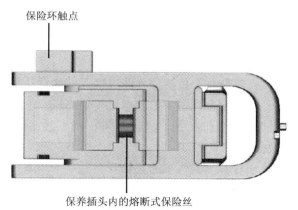

保险环触点

保养插头内的熔断式保险丝

图 12-12　保养插头内的保险丝

要想让高压系统再次恢复工作，请按相反顺序将保养插头回位。再次工作时测量操作的细节，详见诊断仪的故障导航。

说明：只有受训合格的高压电技工才可以拔这个保养插头，以保证装置处于停电状态。

［**完成任务**］针对奥迪 Q5 混合动力汽车，请为学生组织一次蓄电池箱维护的安全操作。

三、安全理念

如图 12-13 所示为蓄电池单元上的安全理念设计。

1. 绝缘控制

整个高压回路包括高压蓄电池内部、正负母线、功率和控制电子装置 JX1 的功率部分（逆变器）、电机的三相线和连接空调压缩机（包括空调压缩机）的导线。为了识别整个高压回路上的绝缘故障，每 30 s 系统对高压电网完成一次绝缘测量。如果有绝缘故障的话，那么组合仪表上会有信息，提示用户去服务站寻求帮助。

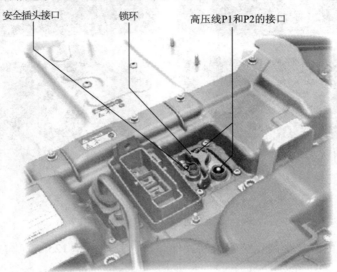

安全插头接口　　　　锁环　　　　高压线P1和P2的接口

混合动力蓄电池单元上的带有锁环的安全插头座（插头和高压线均已拔下）

图 12-13　蓄电池单元上的安全理念设计

2. 带有安全插头 TV44 的安全设计

安全设计包含一个电气元件和一个机械元件。电气元件的设计是用安全线串联所有高压元件，一旦将某个高压部件与电网分离了，控制单元控制高压上电继电器断开。机械部分是由安全插头与锁环一起构成的一个机械锁，该锁可防止高压线在未断开高压上电继电器时（即 P1 和 P2 有电时）被拔出。

德国奥迪汽车的安全线和日本丰田汽车的互锁开关是一个功能，但德国奥迪汽车的安全线串联了更多的高压元件。

3. 安全线接合

高压装置的所有部件都是通过一根单独的低压呈环状彼此相连的导线串联的。当所有部件都可以工作时，高压继电器触点就可以接合了。

4. 安全线中断

如果安全线脱开（比如因为某个部件无法工作或者安全插头已拔下了），即使再插上这个高压元件，高压上电继电器也不会闭合，这是因为系统检测到安全线断开后，存储了针对安全线断开的故障码。就功能方面来说，安全线在控制方法与前、后车灯的冷监控相似。

检查安全线插头是接合了还是断开着的工作由混合动力蓄电池单元（电池箱）内的蓄电池管理控制单元来完成。如果该控制单元判断出安全线是断开着的，那么它就不会去操控高压继电器触点闭合，于是高压蓄电池与高压装置之间的连接就中断了。

[**完成任务**] P1 是蓄电池的正极还是负极？_____。

5. 安全插头 TV44

安全插头操作参考图 12-14。安全插头的机械上锁，开始本工作前，必须拔下保养插头（只有培训合格的高压电技工才允许执行此项工作）。只有在先拔下了安全插头 TV44 后，才允许断开混合动力蓄电池单元的高压线。由于断开了安全线，所以高压线上就没有电了（无电压），在拔高压线时就不会遭电击了。操作时先拔离锁环，然后才能拔下高压线的插头，断开 P1 和 P2 的两条正、负高压线。

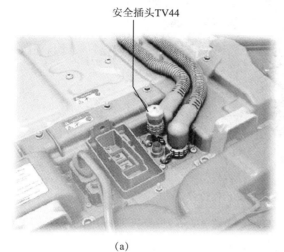
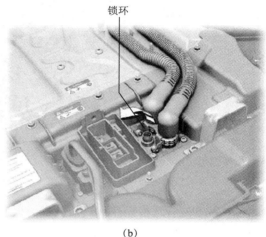

安全插头TV44

锁环

(a)   (b)

图 12-14   安全插头操作参考
(a) 拔下了安全插头 TV44；(b) 拔离锁环

说明：只有受训合格的高压电技工才可以拔这个保养插头，以保证装置处于停电状态。

技师指导： 安全插头 TV44 是为防止不拔检修塞而直接拔 P1 和 P2 供电线而设计的，因为不拔检修塞时要断开 P1 和 P2 供电线是有一定危险的，而加了 TV44 这个安全插头后，必须要断开这个 TV44 插头和转动锁环才能实现断开 P1 和 P2 供电线，而在断开 TV44 这个安全插头后，安全线断开，高压上电继电器下电（断开）。

四、蓄电池冷却

由于 Audi Q5 hybrid quattro 车上的高压蓄电池总是在不断地充电和放电，蓄电池在充电或放电都会放出热量。热量除了导致蓄电池老化外，最重要的是还会使得相关导体上的电阻增大，这会导致电能不转换为功，而是转换成热量释放掉了。因此，高压蓄电池有一个冷却模块，该模块上有自己的蒸发器，并连接在电动空调压缩机的冷却液循环管路上。这个冷却模块使用 12 V 的车载电网电压工作。

如图 12-15 所示为蓄电池冷却系统元件位置，所示冷却模块的部件如下：

· 蓄电池风扇 1 V457；
· 混合动力蓄电池循环空气翻板 1 的伺服电机 V479；
· 混合动力蓄电池循环空气翻板 2 的伺服电机 V480；
· 混合动力蓄电池蒸发器前的温度传感器 G756；

·混合动力蓄电池蒸发器后的温度传感器 G757；
·混合动力蓄电池冷却液截止阀 1 N516；
·混合动力蓄电池冷却液截止阀 2 N517。

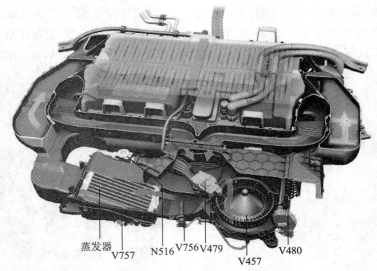

蒸发器 V757　N516 V756 V479　　V480
　　　　　　　　　　　　　V457

图 12-15　蓄电池冷却系统元件位置

如果蓄电池管理控制单元通过蒸发器前的温度传感器 G756 或者蒸发器后的温度传感器 G757 探测到蓄电池的温度过高，那么控制单元就会接通风扇 V457。控制单元内设置了冷却功能模型，根据具体温度情况，在蒸发器工作时可从新鲜空气模式切换为循环空气模式。发往自动空调控制单元 J255 的冷却功率请求分为三级，鼓风机转速由蓄电池管理控制单元 J840 通过 LIN 总线来控制。

在新鲜空气工作模式时，风扇 V457 从备胎坑内抽入空气，空气经蒸发器被引入到蓄电池，热空气经后保险杠下方被引出。在循环空气工作模式时，循环空气翻板 1 和 2 都是关闭着的，不会吸入新鲜空气。

在需要时，控制单元 J840 将请求信息通过 CAN 总线发送给空调控制单元，以便去接通电动空调压缩机 V470、蓄电池风扇 V457、混合动力蓄电池循环空气翻板 1 的伺服电机 V479 和混合动力蓄电池循环空气翻板 2 的伺服电机 V480 由控制单元经 LIN - 总线来调节。伺服电机 V479 和 V480 是串联的。混合动力蓄电池冷却液截止阀 N516 在不通电时是关闭着的，它控制去往混合动力蓄电池空调器的冷却液液流；混合动力蓄电池冷却液截止阀 N517 在不通电时是打开着的，它控制去往车内空调器的冷却液液流。冷却模块有一个维修位置，以便能够着其下方的 12 V 蓄电池。

[**完成任务**] 奥迪 Q5 的蓄电池降温是通过在电池箱内使用空调的蒸发箱，这与丰田普锐斯是否相同？　　　　　　　　　　　　　　　　　　　　　　　　　　　　　　　　。

数一数电池箱内的电池单元个数是多少：　　　　　　　　　　　；热空气遇冷会生成水，设计上是否应该有排水装置？　　　　　　　　　　　；循环空气模式是否从备胎坑中吸入空气？　　　　　　　　　　　。

请写出图 12-15 蓄电池冷却系统元件名称（不要从前面直接抄录下来）。

V757：＿＿＿＿＿＿＿＿＿＿；N516：＿＿＿＿＿＿＿＿＿＿；V756：＿＿＿＿＿＿＿＿＿＿；
V479：＿＿＿＿＿＿＿＿＿＿；V457：＿＿＿＿＿＿＿＿＿＿；V480：＿＿＿＿＿＿＿＿＿＿。

五、电驱动装置的功率和控制电子装置 JX1

电驱动装置的功率和控制电子装置 JX1 是翻译名称，实际上是电机的逆变器和电机控制单元（DSP 控制器，微控制器中的高速型）。表 12-4 列出了控制功率的电子装置参数。

表 12-4　控制功率的电子装置参数

功率控制电子装置	参数
DC/AC	额定电压 266 V，有效电压 AC 189 V
AC 恒定电流	有效电流 240 A
AC 峰值电流	有效电流 395 A
AC/DC	有效电压 189 V，额定电压 266 V
电机驱动	0～215 V
DC/DC	266 V 到 12 V 以及 12 V 到 266 V（双向的）
DC/DC 功率/kW	2.6
质量/kg	9.3
体积/L	6

电驱动装置（逆变桥）的功率和控制电子装置 JX1 由电子驱动控制单元 J841、交流电驱动装置 VX54、牵引电机逆变器 A37、降压 DC/DC 转换器 A19 和中间电容器 C25 组成。电驱动控制单元 J841 是混合动力 CAN 总线和驱动 CAN 总线用户。牵引电机逆变器 A37（双向脉冲式逆变器）将高压蓄电池的直流电转换成三相交流电，供交流电机使用。在能量回收时和发电机工况时，会将三相交流电转换成直流电，用于给高压蓄电池充电。电动机的转速是通过改变逆变器的输出频率来进行调节的，比如在转速为 1 000 r/min 时，供电频率约为 267 Hz，扭矩是通过脉冲宽度调制来进行调节的。降压 DC/DC 转换器 A19 用于将高压蓄电池（266 V）的直流电压转换成较低的 12 V 车载电网用直流电压。中间电容器 C25 用作电机（E-Machine）的蓄能器。在"15 号线关闭"或者高压系统切断（因有撞车信号）时，该中间电容器会通过电驱动装置的内部电路主动放电。

由于 A19 这个 DC/DC 变压器可双向工作，因此它也能将 12 V 较低的车载电网电压转换成高压蓄电池的高电压（266 V），但该功能仅用于跨接起动时，目的是给高压蓄电池充电。

功率和控制电子装置 JX1 在逆变和整流时要生热，为电子装置能正常工作，要将温度控制在一定范围内（一般 70 ℃或 80 ℃以下），因此要有自己的低温循环管路，该管路连接在发动机冷却循环管路的冷却液膨胀罐上。冷却液通过低温循环冷却液泵按需要来进行循环，低温循环管路是温度管理功能的一个组成部分，发动机控制单元 J623 负责触发该泵。

在电动驱动车辆行驶时，发动机控制单元为功率和控制电子装置 JX1 提供关于能量回收、发电机模式和车速方面的信息。功率和控制电子装置 JX1 通过电驱动装置的位置传感器 G713 来检查转子的转速和位置，用电驱动装置温度传感器 G712 来检查电机 V141 的冷却液温度。

接通点火开关在"READY"挡，且已踩制动器时，高压上电控制如下："15 号线接通，且 50 号线接通"，仪表显示"Hybrid Ready"（混合动力已准备完毕）这个信息。"Hybrid Ready"表明正、负极母线的高压上电继电器工作，高压电从高压蓄电池供给到功率和控制电子装置 JX1，只要抬起刹车，电压能从功率和控制电子装置 JX1 供给到三相永磁同步电机。同时，也可从高压蓄电池经 DC/DC 降压到 12 V 车载电网。

[完成任务] 从单/双向角度说一说奥迪 Q5 的 12 V DC/DC 和丰田普锐斯的 12 V DC/DC 的不同。_____。

丰田普锐斯汽车的功率电子装置的冷却电动循环泵是由哪个控制单元控制的？_____。

奥迪 Q5 混合动力汽车的冷却电动循环泵是由哪个控制单元控制的？_____。

Q5 混合动力汽车电机控制上采用了电机相线电流传感器、电机转子位置传感器 G713（检查转子的转速和位置）、电机温度传感器 G712（检查电机 V141 的冷却液温度），从控制传感器的种类上讲与丰田普锐斯是否相同？_____。

第五节　奥迪 Q5 混合动力电动机

一、电驱动装置的电机 V141

表 12-5 列出了空调电机 V141 的参数。

表 12-5　空调电机 V141 的参数

电驱动装置的电机	参数
功率/kW（相应转速）	40（2 300 r/min）
扭矩/（N·m）	210
模块质量/kg	31
电机质量/kg	26
电压/V	AC 3 ~ 145

电驱动装置的电机安装在 2.0 L TFSI 发动机和 8 挡自动变速器之间的空隙处，取代了变扭器，如图 12-16 所示。该电机是永磁同步电机，由一个三相场来驱动，转子上装备有永久磁铁（由钕－铁－硼制成，Nd-Fe-B）。电机 V141 的电驱动装置集成在三相交流驱动装置 VX54 内。电驱动装置的电机由电驱动控制单元 J841 和电驱动功率及控制电子装置 JX1 来操控，通过改变频率来调节转速，通过脉冲宽度调制来调节扭矩。通过功率控制电子装置来将

266 V 的直流电转换成三相交流电。

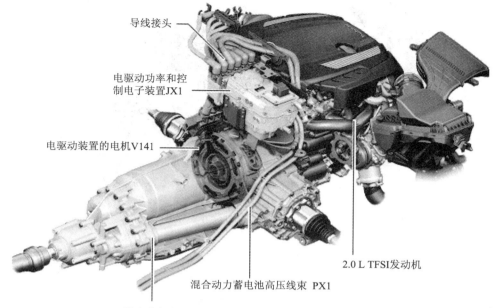

导线接头

电驱动功率和控
制电子装置JX1

电驱动装置的电机V141

2.0 L TFSI发动机

混合动力蓄电池高压线束 PX1

8挡自动变速器

图 12-16　安装在变速器壳体内部的电机 V141

电机用于起动发动机外，在发电机模式时借助于电驱动功率和控制电子装置 JX1 内的 DC/DC 变压器来给高压蓄电池和 12 V 蓄电池充电。Audi Q5 hybrid quattro 四轮驱动汽车可使用这个电驱动装置的电机来以纯电动方式驱动车辆行驶（但是车速和可达里程是受限制的），且该电机可在车辆加速（Boost）时给发动机提供助力。如果混合动力管理器识别出电驱动装置的电机足够用于驱动车辆行驶，那么发动机关闭。

[**完成任务**] 奥迪 Q5 发动机的排量是多少？＿＿＿＿＿＿＿；逆变桥位置：＿＿＿＿＿＿＿＿＿＿＿＿；电机控制器的位置：＿＿＿＿＿＿＿＿＿；电机 V141 的位置：＿＿＿＿＿＿＿＿；从逆变器引入了几根电缆？＿＿＿＿＿＿＿；从逆变器又引出了几根电缆？＿＿＿＿＿＿＿。请注意电缆的走向。

二、永磁同步电机

电机是水冷式的，它集成在发动机的高温循环管路上。冷却液由高温循环管路冷却液泵 V467 根据需要情况来进行分三级调节，该泵由发动机控制单元 J623 来操控。电驱动装置温度传感器 G712 是一个负温度系数电阻（NTC），它测量电机线圈间的温度。如果这个温度高于 180 ℃甚至 200 ℃，那么电机的功率就被降至零。重新起动发动机取决于电机的温度情况，这种情况若必要可通过 12 V 起动机来起动。电机转子位置传感器 G713 是按坐标转换器原理来工作的，它用于监测转子的实际转速和角位置。

如图 12-17 所示，电驱动装置的电机由铸造铝壳体、带有电磁线圈的定子、永久磁铁（由钕-铁-硼 NdFeB 制成）、一个轴承盖（用于连接到自动变速器的变扭器上）、分离离合器、三相动力接头组成。

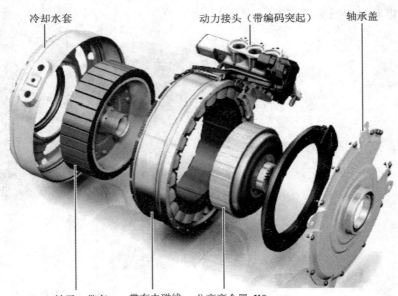

冷却水套　　　　　　　动力接头（带编码突起）　　　　轴承盖

转子，带有　　带有电磁线　　分离离合器 K0
永久磁铁　　　圈的定子

图 12-17　电机 V141 结构

如图 12-18 所示，电机温度传感器 G712 通过一个温度模型来判定出该电机的最热点。这个温度传感器的信号用于操控高温循环的冷却能力，这个冷却循环管路是创新温度管理的组件。通过一个电动冷却液辅助泵和接通发动机的冷却液泵，可实现让冷却液状态在静止不流动到最大冷却能力之间进行调节。该传感器出故障了，那么组合仪表上就会显示黄色的混合动力系统警告灯。这时司机必须到就近的服务站寻求帮助。这时车辆也无法重新起动，但是可以继续靠发动机工作来行驶，由于没有发电机，发动机单独行驶的里程取决于 12 V 蓄电池，即直至 12 V 蓄电池提供的电压不能维持汽车控制单元或发动机电控元件工作为止。

同时如图 12-18 所示，电机转子位置传感器 G713。由于带有自己的转速传感器的发动机在以电动模式工作时，与电驱动装置的电机是断开的，因此电驱动装置的电机需要有自己的传感器，以便用于监测转子位置和转子转速。为此，就在电驱动装置的电机内集成了一个转速传感器。该传感器要是出故障了，那么组合仪表上就会显示红色的混合动力系统警告灯。失效时的影响是电机关闭，车辆滑行至停止，无法使用电动方式来驱动车辆行驶，发电机工作模式关闭，无法起动发动机，这时司机应向服务站寻求帮助。

发动机管理系统和变速器管理系统根据这个传感器传来的信号来判断电驱动装置的电机是否转动以及转速是多少。该信号用于操控电机发电使用，还可操控电机作为发动机的起动机使用。

[完成任务] 奥迪 Q5 混合动力的电机冷却在发动机的高温回路上，还是低温回路上？
_____；与丰田普锐斯电机冷却的区别：_____。

在学习发动机冷却系统时，请掌握创新温度管理的控制思路，为学习奥迪发动机高温冷却系统提供技术支撑。

G712和G713

图 12-18　电机线圈温度传感器 G712、电机转速和位置传感器 G713

第六节　奥迪 Q5 混合动力汽车空调

一、电动空调压缩机简介

电动空调压缩机 V470 使用压缩机内置的功率和控制电子装置 JX1 的交流高电压来工作。电动空调压缩机 V470 参数见表 12-6，压缩机上集成有空调压缩机控制单元 J842。该控制单元连接在扩展 CAN 总线上。转速是通过脉冲宽度调制（PWM）信号来调节的（PWM信号从 0 到 100%）。该压缩机由自动空调控制单元 J255 来激活，"OFF"或者"AC 关闭"功能只会影响到为车内制冷的空调。

表 12-6　电动空调压缩机 V470 参数

电动空调压缩机 V470	参数
电机	无电刷式异步电动机
消耗功率/kW	最大 6
供电/V	266 DC
电流消耗/A	最大 17

电动空调压缩机 V470	参数
转速/（r·min^{-1}）	800～8 600
冷却	通过吸入冷却液
质量/kg	7

对高压蓄电池进行冷却是单独激活该压缩机的（不依赖于自动空调控制单元 J255）。另外还安装了柴油发动机上常见的、用于空气辅助加热器 Z35 的 PTC（正温度系数）加热元件。空气辅助加热控制单元 J604 负责操控小循环继电器 J359 和大循环继电器 J360。

[**完成任务**] 奥迪 Q5 混合动力汽车空调电机的逆变器位置：_____；电机外部的高压线为几根线芯？_____。丰田普锐斯电机空调电机逆变器位置：_____。

二、制冷系统组成

电动空调系统元件位置如图 12-19 所示，电动空调压缩机 V470 是用螺栓拧在缸体上，如图 12-20 所示，它通过一条四芯线与功率电子（逆变桥）和控制电子装置连接。该四芯高压线与其他高压线不同，有两条用于高压空调压缩机电机逆变桥的正、负高压线，另外两条线用作安全线。

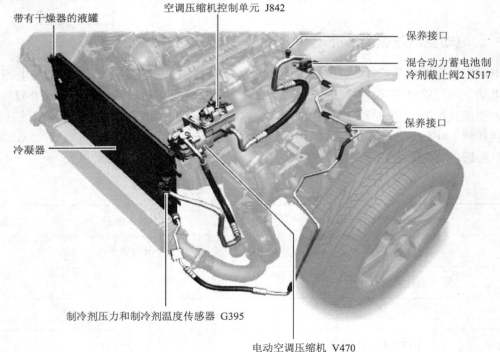

图 12-19 电动空调系统元件位置

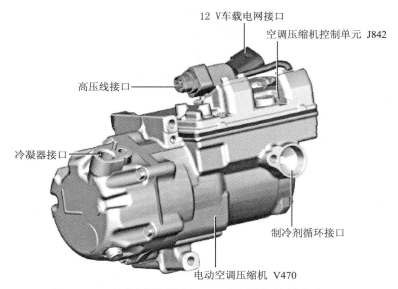

图 12-20　电动空调压缩机 V470 和压缩机控制单元 J842

奥迪 Q5 混合动力汽车电动空调系统通信如图 12-21 所示。

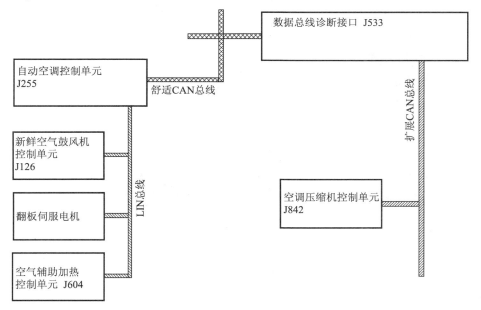

图 12-21　奥迪 Q5 混合动力汽车电动空调系统通信

第七节　奥迪 Q5 混合动力汽车高压系统

在高压系统内要完成 IT 线路结构转换。I 代表绝缘传递电能（通过单独的、对车身绝缘的正极导线和负极导线）。T 表示所有用电器都采用等电位与车身相连，该导线由控制单元 J840 在绝缘检查时一同监控，以便识别出绝缘故障或者短路。另外，高压线的圆形触点上也有机械编码。在高压车载电网中，所有插头都有防接触层，所有高压导线都有厚厚的绝缘层和一个波纹管（多加了一层抗刮磨层）。

高压装置的导线与其他车载电网和 12 V 电气系统用的导线是有明显区别的。由于电压高、电流大，因此高压装置导线的横截面积要明显大一些，且使用专用的插头触点来连接。为了让人们注意高压电的危险性，高压装置的所有导线都是橙色的。所有生产厂商均已达成一致：所有高压导电线都制成为橙色的。为避免安装错误，高压线都有机械编码并用一个插接环在下面的颜色环做上标记。图 12-22 所示为奥迪 Q5 混合动力汽车高压系统连接，表 12-7 所示为奥迪 Q5 混合动力汽车高压系统连接的详细内容。

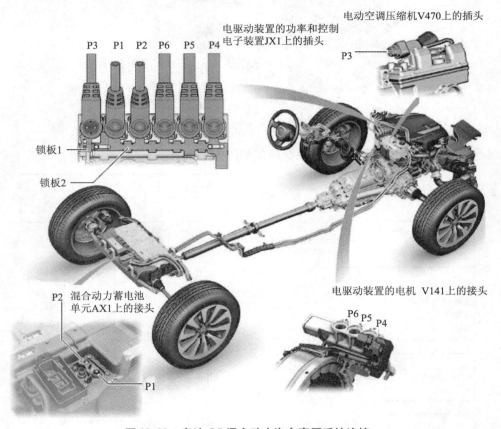

图 12-22　奥迪 Q5 混合动力汽车高压系统连接

[**完成任务**] 由图 12-22 提示说出高压线芯数功能。

P3：＿＿＿＿＿＿＿；＿＿＿＿＿＿＿。P1 和 P2：＿＿＿＿＿＿＿；＿＿＿＿＿＿＿。

P4、P5、P6＿＿＿＿＿＿＿；＿＿＿＿＿＿＿。

高压装置内有如下线路段（表 12-7）：

（1）从高压蓄电池到功率和控制电子装置 JX1 的两根高压线（P1，P2）。

（2）从功率和控制电子装置 JX1 到电机的三根高压导线（P4 U 编码环为蓝色，P5 V 编码环为绿色，P6 W 编码环为紫色）。

（3）从功率和控制电子装置 JX1 到空调压缩机的一根双芯高压线（P3 编码环为红色）。

表 12-7　奥迪 Q5 混合动力汽车高压系统连接的详细内容

接头	编号	环颜色和局部颜色	状态
功率和控制电子装置 JX1——高压蓄电池	P1	红色	T +（HV-Plus）
混合动力蓄电池高压线束 PX1	P2	棕色	T −（HV-Minus）
功率和控制电子装置 JX1——空调压缩机	P3	红色	—
功率和控制电子装置 JX1——电驱动装置 的电机	P4	蓝色	U
	P5	绿色	V
电机高压线束 PX2	P6	紫色	W

一、导线高压插头环编码和机械编码

如图 12-23 所示为高压插头使用介绍。给空调压缩机供电的 P3 导线与其他导线插头是不同的，该插头有正、负双芯的双圆形触点和两个用于安全线的触点，所以 P3 实际是四芯结构，其余 5 根为单芯结构。

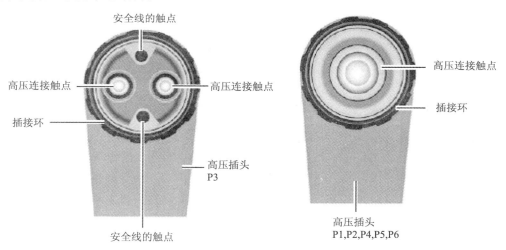

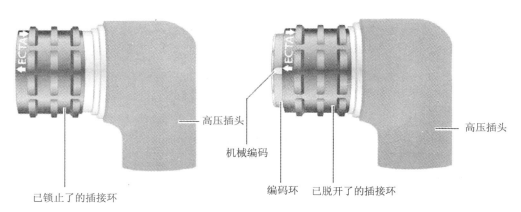

图 12-23　高压插头使用介绍

第十二章　奥迪 Q5 混合动力汽车技术

[**完成任务**] 机械编码是点还是环？_____。

如果向上拔出并松开插接环，就能看见环编码的颜色了。在插上插头后，必须向下压插接环，直至其卡止，这样才算真正接好。除了通过颜色环来标出编码外，高压插头和接口上还有机械编码。编码的位置用黄色标记标出。

二、功率和控制电子装置 JX1 的连接

如图 12-24 所示为 P1、P2 从高压蓄电池到功率和控制电子装置 JX1 混合动力蓄电池高压线束 PX1 接头。高压蓄电池和功率控制电子装置是通过两根橙色的高压线连接的。这两根导线是单极的，都有屏蔽功能，各有各的电位。

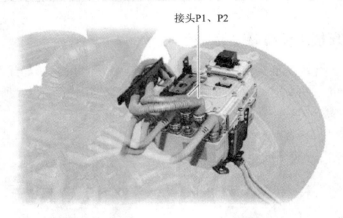

图 12-24　高压电插头 P1、P2 的位置

如图 12-25 所示为 P3 从功率和控制电子装置 JX1 到空调压缩机接头，空调装置因空调压缩机的原因而成为 Audi Q5 hybrid quattro 车高压装置的一部分。这种新颖的操控方式的优点在于：即使发动机不工作，也仍能对车内空间进行空调调节。该空调装置视蓄电池电量状态来工作。如果高压蓄电池的电量下降，那么系统会自动起动发动机来给高压蓄电池充电。

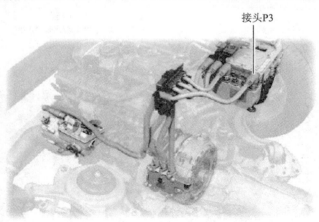

图 12-25　高压电插头 P3 的位置

为防止弄混，高压线采用颜色标识和机械标识，并带有屏蔽功能和安全线。如果将该导线两个插头中的一个拔下，相当于拔下了安全插头，高压系统将关闭。

如图 12-26 所示为 P4、P5 和 P6 通过三相控制电缆经电机高压线束夹 PX2 到电机。

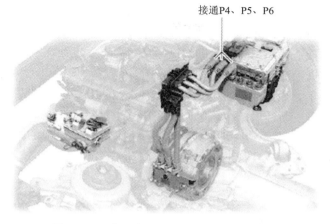

图 12-26　高压电插头 P4、P5 和 P6 的位置

三、12 V 车载供电网

如图 12-27 所示为高压和低压电源系统元件位置，与传统燃油 Audi Q5 汽车相比 12 V 车载供电网取消了 12 V 的交流发电机，交流发电机的功能由高压电机来接管。12 V 车载供电网由功率和控制电子装置 JX1 中的 DC/DC 来供电。一个备用蓄电池 A1（12 Ah）安装在左后侧围板内。12 V 的蓄电池监控控制单元 J934 连接在数据总线诊断接口 J533 的 LIN 总线上。备用蓄电池在"15 号线接通"时由蓄电池分离继电器 J7 来接通。取消了稳压器 J532，其再生能量由备用蓄电池来承担。在"15 号线关闭"时，备用蓄电池不消耗电流。

备用蓄电池
A1

蓄电池监控控制单元J934

蓄电池监控制单元
J387

蓄电池
A

高压系统线路分配器 TV1，
带有蓄电池分离继电器 J7和
启动蓄电池转换继电器J590

图 12-27　高压和低压电源系统元件位置

[完成任务] 请写出图 12-27 高压和低压电源系统中元件位置和名称。

A1：_____；_____。J934：_____；_____。

J387：_____；_____。 J7：_____；_____。

TV1：_____；_____。 J850：_____；_____。

1. 12 V 辅助起动机

Q5 混合动力汽车仍保留 12 V 起动机，目的是在高压蓄电池无法起动高压电动机的特定情况下用于起动发动机。这时发动机仓的 12 V、68 Ah 起动用蓄电池 A（不是备用 A1 蓄电池）就由发动机控制单元通过起动蓄电池转换继电器 J580 来与车载供电网断开了，以便将全部能量都用于起动机。断开后的车载电网由备用蓄电池 A1 和 DC/DC 转换器来供电。

说明：在检修 12 V 车载供电网时，必须将这两个 12 V 蓄电池的接线都断开。跨接起动螺栓可在诊断仪的自诊断中找到帮助，通过外接起动螺栓可以给 12 V 蓄电池充电，在 12 V 蓄电池没电时，也可借助于跨接起动螺栓来起动，通过外接起动螺栓也可以给高压蓄电池充电。而备用蓄电池 A1 只有在接通点火开关时才能充上电。

[完成任务] 丰田普锐斯只有备用 12 V 蓄电池，没有 12 V 起动机用蓄电池的优缺点是什么？_____。

奥迪 Q5 采用备用 12 V 蓄电池和 12 V 起动机用蓄电池的优点是什么？

_____。

2. 电子点火开关

通过"点火钥匙已插入"这个信息，点火开关告知高压装置：现在准备要行车了。对于蓄电池管理控制单元来说，"点火钥匙已插入"这个信息是个必须要满足的条件，满足后该控制单元才能将高压蓄电池高压继电器的触点接到高压供电网上。如果拔出了点火钥匙，控制单元将高压蓄电池与高压供电网断开。

高压上电控制踩下制动踏板，操作点火开关实现"15 号线接通"和"50 号线接通"，并在仪表上显示"Hybrid Ready"（混合动力准备完毕），才可以靠电动机来驱动车辆行驶（当然在高压蓄电池电量严重不足时会自动起动发动机）。

3. 安全气囊控制单元 J234

为了避免在碰撞后高压装置对乘员和救援人员造成危害，安全气囊控制单元识别出碰撞信号后，蓄电池管理控制单元 J840 利用这个碰撞识别信号将高压继电器触点断开，从而将高压蓄电池与高压供电网分离开。

在第一个碰撞级时，只要安全带涨紧器触发了，高压触点就脱开了。第一级碰撞引起的高压断开过程是可逆的，也就是说：当再次接通点火开关后，高压触点可以再次合上。在第二个碰撞级时，安全带涨紧器和安全气囊就都触发了，高压蓄电池与高压供电网的分离就是不可逆的，只能使用诊断仪来重置此过程。救援人员根据触发了的安全气囊就可知道高压上电继电器已断开。

4. 系统管理

如图 12-28 和图 12-29 所示为系统管理功能涉及的控制单元，这个系统功能图展示了使用电机来驱动行驶时所用到的部件。所有参与行驶的车辆系统之间要交换大量的输入和输出信号，比如用于驱动暖风和空调、助力转向和制动器等。最重要的是在从电驱动切换到发动机驱动或反之时两个动力系统的配合问题，以便使得驱动力矩的变化不影响行驶舒适性。

因此，发动机管理系统、变速器管理系统和混合动力管理系统之间的彼此配合就需要非常精确。对于发动机驱动和电动驱动来说，发动机控制单元和电机控制单元是混合动力管理系统单元的两个子单元。

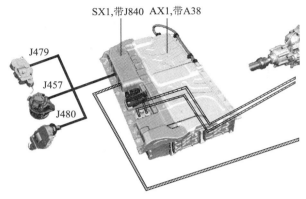

图 12-28　系统管理功能涉及的控制单元（1）

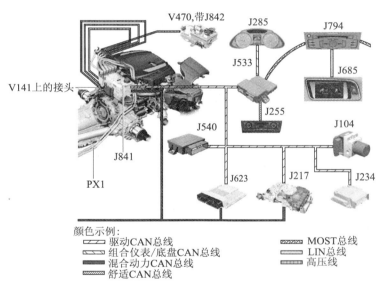

图 12-29　系统管理功能涉及的控制单元（2）

AX1 混合动力蓄电池单元

PX1 混合动力蓄电池高压线束

SX1 插头和配电盒 1

· 高压线监控

A38 高压蓄电池

J104 ABS 控制单元

· 制动装置液压压力，制动压力

· 车轮转速监测

J217 自动变速器控制单元

· 变速器转速

· 发动机/电驱动电机的离合器操纵

J234 安全气囊控制单元

· 碰撞信号

J255 自动空调控制单元

· 激活空调压缩机

J285 组合仪表内控制单元

· 组合仪表显示屏上的文字信息和行驶状态说明

J457 蓄电池风扇 1

J479 混合动力蓄电池循环空气翻板 1 的伺服电机

J480 混合动力蓄电池循环空气翻板 2 的伺服电机

· 挡位识别

· 变速器液压系统温度

· 电动液压泵，变速器液压压力，挡位切换

J540 电动机械式驻车制动器

· 司机下车识别

J623 发动机控制单元

· 电动驱动模式接通/关闭

· 制动操作信号

· 电子油门 E-Gas 信号

· 发动机转速

· 发动机温度

· 司机缺席识别

· 电驱动电机的冷却液温度

J685 MMI 显示器

· 显示行驶状态说明

J794 信息电子控制单元 1

J533 数据总线诊断接口

· 不同总线系统之间的数据传递

· 传送显示信息

J840 蓄电池管理控制单元

· 蓄电池温度

· 操控高压触点

J841 电驱动控制单元

· 电驱动电机的转速

· 电驱动电机的温度

· 功率和电子控制装置的温度

· 电压监控

J842 空调压缩机控制单元

· 压缩机转速

V141 电驱动电机

V470 电动空调压缩机

四、下车识别和自动驻车功能

如果满足司机车门已关闭、行驶准备状态为"Hybrid Ready"或者发动机正在运行，车速低于 7 km/h，已挂入挡位 D、R、S 或 Tip 等行驶挡位，未踩下脚制动踏板的全部条件时，司机下车识别自动驻车功能会监控司机车门开关状态和制动信号。若司机车门打开了，那么就识别为司机下车了，这时电动机械式驻车制动器自动实现驻车。要想再次激活司机下车识别功能，车速必须要高于 7 km/h。变速器在挡位 N（车辆在洗车机中）或 P（自动变速器内的机械锁）时，电动机械式驻车制动器不会自动驻车。

五、司机缺席识别

如果满足行驶准备状态为"Hybrid Ready"，并识别出司机在场（通过司机车门关闭，且司机扎安全带）或司机车门已关闭且已挂入某个行驶挡位三个条件的话，就判定为司机在场。

如果在挂入挡位 P 时，打开了司机车门或者摘下了安全带，将判定为司机缺席。如果是在发动机工作着时识别出这种情况的，那么发动机会继续工作。如果是在发动机不工作时识别出这种情况的，那么混合动力管理系统将转换为待命状态，此时高压蓄电池不会有电流输出，且发动机也不能再起动。由于没有高压蓄电池给 12 V 蓄电池充电，12 V 蓄电池会放光电能。

[完成任务] 请创造出司机缺席的假象，测试这时 DC/DC 是否给 12 V 蓄电池供电，丰田普锐有这个功能吗？＿＿＿＿＿＿＿＿＿＿＿＿＿＿＿＿＿＿＿＿＿＿。

六、行驶程序

Audi Q5 hybrid quattro 车有三种行驶程序可供用户来选择，见表 12-8。

表 12-8 行驶程序控制

行驶挡位	程序	可能的影响
EV	扩展了的电驱动模式	▶电动行驶，只能使用到高压蓄电池的充电状态不低于30% ▶纯电动行驶的最大车速为100 km/h ▶滑行（内燃机和电机都不产生驱动力） ▶起动－停止 ▶无 Boost 功能 ▶制动能量回收
D	燃油消耗情况最佳，Boost功能适中	▶电动行驶，只能使用到高压蓄电池的充电状态不低于30% ▶滑行（内燃机和电机都不产生驱动力） ▶起动－停止 ▶Boost 功能适中 ▶制动能量回收
S 和 Tip－通道	电驱动的 Boost 功能较强	▶起动－停止 ▶出色的 Boost 功能 ▶制动能量回收 ▶无电动行驶功能

第八节　奥迪 Q5 混合动力显示和操纵单元

Audi Q5 hybrid quattro 车装备了下述装置和功能，用于操纵和显示电动驱动系统：

（1）功率表取代了发动机转速表。

（2）高压蓄电池充电状态显示。

（3）取消了冷却液温度显示。

（4）电驱动优先切换按钮 E709。

一、功率表上的显示

如图 12-30 所示为仪表显示功能，在行车过程中，功率表上会显示各种车辆状态、混合动力系统的动力输出情况或者充电功率情况。

[完成任务] 请在图 12-30 中找到高压蓄电池的 SOC 表；在发动机工作时，将油门踏板踩到底，仪表指针应指到哪？大指针的这个仪表是功率表还是转速表？

_____。

二、显示屏

1. 故障显示

组合仪表上的显示故障信息。如果高压系统有故障，那么组合仪表显示屏上的警报灯会加以提示。该警报灯可能以黄色亮起，也可能以红色亮起。根据高压系统的故障类型，会显示相应的颜色和提示文字，如图 12-31 所示。

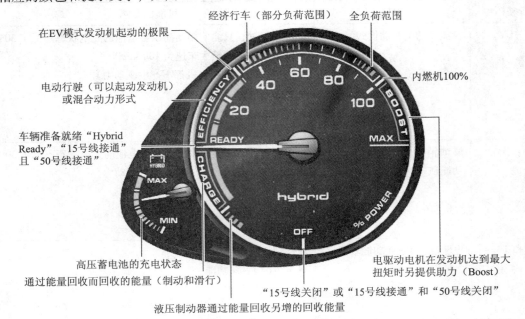

图 12-30　仪表显示功能

显示	文字提示	含义
	Hybridantrieb:(混合动力驱动装置)车辆仍能行驶。Systemstörung.(系统故障)可以使用内燃机来驱动车辆继续行驶 Bitte Service aufsuchen(请寻求服务站帮助)	
HYBRID	Hybridantrieb:(混合动力驱动装置：)车辆无法再行驶了 Systemstörung!(系统故障！) Ausfall Lenk-und Bremsunterstutzung möglich。(转向助力和制动助力可能失灵)	

图 12-31　显示屏显示功能

2. 充电状态显示

如图 12-32 所示为高压蓄电池充电的仪表显示，如果识别出有充电电流，那么组合仪表显示屏上会出现一个绿色的充电插头（见图中圈出部分）。

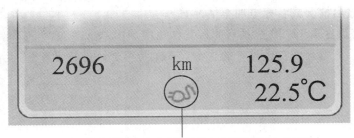

识别出有充电电流时组合仪表显示屏上的显示

图 10-32　高压蓄电池充电的仪表显示

［**完成任务**］ 如果显示屏出现图 12-32 所示的插头，是高压蓄电池充电还是 12 V 蓄电池在充电？_____。

3. 能量流显示

（1）Hybrid Ready。

如图 12-33（a）所示，"hybrid ready"这个显示内容表示混合动力系统已经准备就绪，可以工作了。

（2）电动驱动模式。

高压蓄电池符号和车轮行驶箭头表示正在用高压蓄电池来驱动，且电驱动电机正在工作。组合仪表显示屏上也会显示所有其他的行驶状态，显示内容只针对相应的行车状态。如图 12-33（b）所示，高压蓄电池符号和远离车轮的箭头（绿色）表示正在用高压蓄电池来驱动且电驱动电机正在工作。显示使用电机来驱动车辆行驶。

（3）发动机驱动。

如图 12-33（c）所示，仅用发动机来行车时，发动机（黄色）和车轮行驶箭头（黄色）表示现在是以发动机来驱动车辆行驶的。

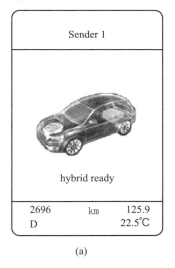 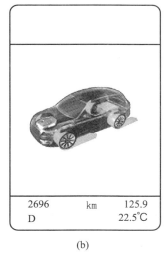 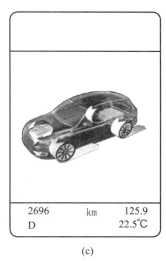

(a)   (b)   (c)

图 12-33　驱动模式（1）

（a）准备就绪显示；（b）电动机驱动显示；（c）发动机驱动显示

（4）混合动力。

如图 12-34（a）所示为使用电驱动和发动机来行车（Boost）。发动机符号、高压蓄电池符号和远离车轮的箭头（黄色–绿色）表示正在用发动机高压蓄电池和电驱动电机来驱动车辆行驶。

（5）能量回收。

如图 12-34（b）所示为车辆滑行时的能量回收（＜160 km/h），高压蓄电池符号和指向车轮的箭头（绿色）表示正在回收能量且正在给高压蓄电池充电。

（6）停车。

如图 12-34（c）所示为停车发动机符号和高压蓄电池符号，表示发动机正在运转且正在给高压蓄电池充电。

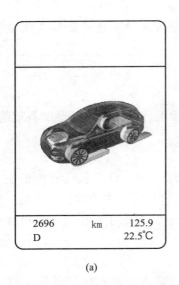
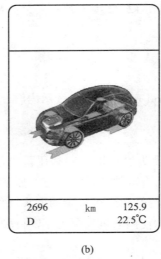
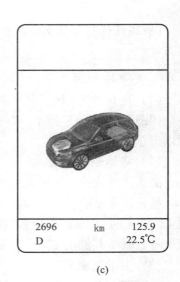

2696　km　125.9	2696　km　125.9	2696　km　125.9
D　22.5℃	D　22.5℃	D　22.5℃
(a)	(b)	(c)

图 12-34　驱动模式（2）

（a）混合驱动显示；（b）能量回收显示；（c）停车显示

[**完成任务**] 仪表中央显示屏出现的能量流动状态显示图共用几屏？_____。
分别是什么？_____。

Audi Q5 hybrid quattro 车上装备有 MMI 增强版导航系统，因此，MMI 显示屏上的显示与组合仪表上的显示有所不同。在 MMI 显示屏上显示使用发动机或者电驱动电机驱动车辆行驶的信息，以及高压蓄电池的充电状态信息。

如图 12-35（a）所示显示内容表示混合动力系统已经准备就绪，可以工作了。如图 12-35（b）所示为仅用电机来驱动车辆行驶，高压蓄电池符号和远离车轮的箭头（绿色）表示正在用高压蓄电池来驱动且电驱动电机正在工作。

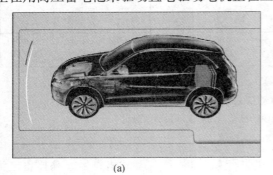
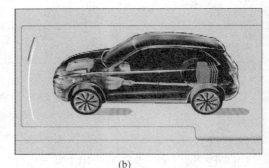

（a）　　　　　　　　　　　　　　（b）

图 12-35　驱动模式（3）

（a）准备就绪显示；（b）电动机驱动显示

如图 12-36（a）所示为仅用发动机来行车，发动机符号、高压蓄电池符号和远离车轮的箭头（黄色）表示现在是以发动机来驱动车辆行驶的。如图 12-36（b）所示为使用电驱动和发动机来行车（Boost），发动机符号、高压蓄电池符号和远离车轮的箭头（黄色－绿色）表示正在用发动机、高压蓄电池和电驱动电机来驱动车辆行驶。

如图 12-37（a）所示为车辆滑行时的能量回收（<160 km/h），高压蓄电池符号和指向车轮的箭头（绿色）表示正在回收能量且正在给高压蓄电池充电。如图 12-37（b）所示为停车

和发动机，发动机符号和高压蓄电池符号表示发动机正在运转且正在给高压蓄电池充电。

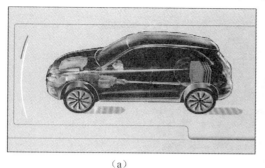
（a）

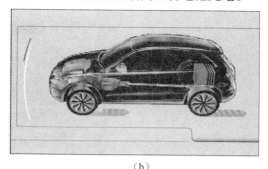
（b）

图 12-36　驱动模式（4）

（a）发动机驱动显示；（b）混合驱动显示

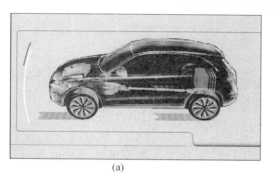
（a）

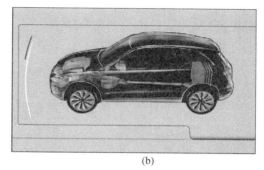
（b）

图 12-37　驱动模式（5）

（a）能量回收显示；（b）停车显示

消耗统计如图 12-38 所示，每 5 min 就会显示一次车辆行驶时的能量消耗和能量回收情况。这些数据表示的是刚刚过去的 60 min 内的情况，以柱形图的形式给出。实心的柱形图表示的是当前的行车状况，空心的柱形图表示的是以前的行车状况。

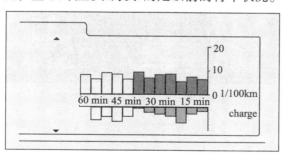

图 12-38　消耗统计

［完成任务］图 12-38 所示的能量消耗统计图中一个柱条代表几分钟？＿＿＿＿＿＿＿；共有多少个柱条？＿＿＿＿＿＿。

三、操纵面板

使用电驱动优先切换按钮 E709 选择 EV 模式，如图 12-39 所示，司机可以扩展电动行驶的极限，电机的全部功率都用于车辆的电动行驶中。只要车速不高于 100 km/h 或者蓄电池的充电状态不低于34%，就可以使用纯电动方式来驱动车辆行驶。

E709

图 12-39　电驱动优先切换按钮 E709

使用 EV 模式行车的先决条件：

- 蓄电池充电状态 >42%
- 高压蓄电池温度 >10 ℃
- 冷却液温度在 5 ℃ ~50 ℃
- 车外温度 ≥10 ℃ （用于 EV 冷起步）
- 12V 起动机已释放

- 海拔高度 <4 000 m
- 非 Tiptronic 模式 （非手自一体模式）
- 系统有效电功率 ≥15 kW
- 停止 – 起动使能仍起作用

如图 12-40 所示，组合仪表上出现一个绿色符号且 EV 模式按钮下出现一个绿色的方块（见图中指示线），就表示 EV 模式已经激活。组合仪表上的这个显示，就表示 EV 模式已经激活。失效对混合动力驱动无影响，只是扩展了的电动行驶的附加功能无法再用了。

组合仪表上的这个显示，就表示EV模式
已经激活了

图 12-40　显示屏显示的 EV 模式

[**完成任务**] 按下电驱动切换按钮 E709 选择 EV 模式，观察仪表显示。EV 模式在电池电量低时发动机会自动起动吗？_____。

第九节　售后服务和车间设备

一、售后服务专用工具 T40262、T40259 和 T40258

售后服务专用工具 T40262、T40259 和 T40258 如图 12-41 所示。

1. 保养用断开锁 T40262

为了在保养时防止高压装置再次合闸接通，保养插头用这个带挂锁的塑料盖给上锁锁住了。检修电气装置时的第二点安全规程"严防设备重新合闸"。

2. 适配头 T40259

适配头 T40259 由三套钩环组成，用于拆装高压蓄电池。

3. 松开工具 T40258

松开工具 T40258 用于拆卸高压插头。

图 12-41　售后服务专用工具 T40262、T40259 和 T40258

二、车间设备

车间设备 VAS 6606、VAS 6649 和 VAS 6650 如图 12-42 所示。

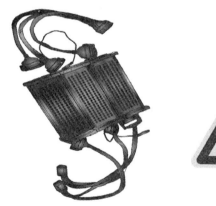

图 12-42　VAS 6606、VAS 6649 和 VAS 6650

1. 检测适配器 VAS 6606/10

高压蓄电池和功率和控制电子装置 JX1 使用分离盒 VAS 6606 中的这些检测适配器来实现在线检查，也称为在线检查盒（或 T 型连接器）。

2. 混合动力警告牌 VAS 6649

在开始检修混合动力车前，必须保证工作地点的安全。因此必须把这个安全警示牌放在车内容易看到的地方，以提醒人们注意高电压的危险性。必须这样做！相关的说明可通过故障导航来查找。

3. 混合动力警告牌 VAS 6650

在开始检修混合动力车前，必须保证工作地点的安全。因此必须把安全警示牌放在车内容易看到的地方，以提醒人们"切勿接通，正在检修"。必须这样做！相关的说明可通过故障导航来查找。

4. 12 V 充电器

如果高压蓄电池的起动能力不足（组合仪表上有显示），那么请用 12 V 充电器（比如 VAS 5904 或 VAS 5903）以不低于 30 A 的电流来进行充电。

说明：高压设备的检修工作只可由经过认证的高压电技工来进行操作。只有受训合格的高压电技工才可以拔保养插头，以保证装置处于停电状态。为保证正确、安全地使用高压专用工具，请务必遵守维修手册上的规定。请注意 ELSA 中的说明。

5. VAS 6558 绝缘电阻测量插头

如图 12-43 所示，VAS 6558 这个测量模块用于通过一个非常小的电流产生一个 500 V（最高可达 1 000 V）的测量电压，供电是通过 USB 2.0 接头获得的。用测量盒借助于某个测量适配器来测量停电（无电压）状态。另外，还可用它来确定绝缘电阻。该测量盒可以与诊断仪 VAS 5051B、VAS 5052A 和 VAS 6150 兼容。

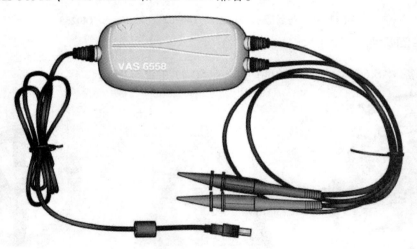

图 12-43　VAS 6558

该接头是组件 VAS 6558/1A 的一部分，用于配合 VAS 6558 来测量高压装置内的停电（无电压）状态和绝缘电阻。

6. 无电压测量适配接头 VAS 6558/1 - 1

如图 12-44 所示为 VAS 6558/1 - 1。该接头直接连在电源、高压蓄电池和功率和控制电子装置 JX1 上，用于测量无电压状态。该接头内装的是高欧姆电阻，以保证在出现故障时，测量插口上只有很小的电流。在每次测量无电压状况前，应检查一下测量适配接头。适配接头的所有高压连接线在外观上都有机械编码，只能用于与其相配的插口上。适配接头的高压连接线插拔都要小心，否则可能会损坏插口。这就会产生接触安全方面的问题。

说明：高压设备的检修工作只可由经过认证的高压电技工来进行操作。只有受训合格的高压电技工才可以拔保养插头，以保证装置处于停电状态。

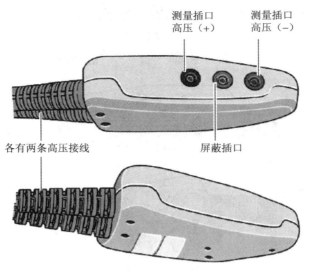

图 12-44   VAS 6558/1 – 1

7. 测量插口 VAS 6558/1 – 2

如图 12-45 所示为 VAS 6558/1 – 2。这两条高压接线是与混合动力蓄电池单元和功率和控制电子装置 JX1 上的接口相配的。该测量接头上的高压插口与混合动力蓄电池单元、功率和控制电子装置 JX1 以及电机的高压线是相配的。使用这个测量接头，可以测得高压供电网的绝缘电阻。

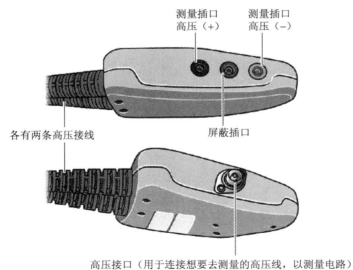

图 12-45   VAS 6558/1 – 2

8. 安全线插口 VAS 6558/1 – 3A

空调压缩机和安全线的绝缘电阻测量接头安全线插口 VAS 6558/1 – 3A 如图 12-46 所示。该测量接头上的一条高压接线只与功率和控制电子装置 JX1 上的空调压缩机测量插口连接。通过这些高压接口可以测得空调压缩机的高压线的绝缘电阻。由于安全线整合在空调压缩机

第十二章   奥迪 Q5 混合动力汽车技术

的高压接线内，因此使用这个测量插头还可以检查安全线。

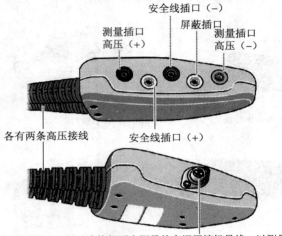

图 12-46 VAS 6558/1 –3A

说明：接头 VAS 6558/1 –2 和 VAS 6558/1 –3A 只可以在确定了没有电压（停电）的时候才可使用。为保证正确、安全地使用高压专用工具，请务必遵守维修手册上的规定。请注意 ELSA 中的说明。

第十三章

大众混合动力汽车技术

第一节　大众途锐混合动力系统简介

随着人们对二氧化碳排放问题的重视，以及化石燃料的日益短缺，为了使 SUV 车型继续为市场所接受，采用混合动力技术变得越来越重要。2011 款途锐混合动力技术保留了 SUV 的典型特征，如爬坡能力、越野能力、拖挂能力和乘坐舒适性。途锐混合动力采用并联的方式，纯电动工况可以行驶大约 2 km，主要靠混合工况实现省油目的。为防止维修站工作人员发生意外，高压供电系统具有多种紧急断电功能以及备用装置。如图 13-1 所示为途锐混合动力汽车的整车结构，表 13-1 列出了途锐混合动力汽车系统主要部件技术参数。

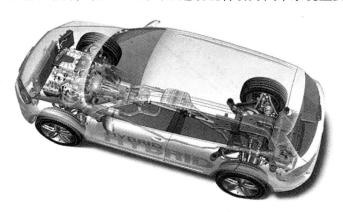

图 13-1　途锐混合动力汽车的整车结构

表 13-1　途锐混合动力汽车系统主要部件技术参数

内燃机	3.0 L V6 TSI 增压发动机
内燃机输出功率/kW	245
电机	三相交流电机
电机输出功率	31 kW 发电机输出功率（输出的电功率） 34 kW 电动机输出功率（输出的机械功率）
电动助推最大输出功率/kW	279
电动助推最大输出扭矩/（N·m）	550

续表

内燃机	3.0 L V6 TSI 增压发动机
高压蓄电池电压/V	288（2×144）
高压蓄电池容量/Ah	6.5（相当于 1.87 kW·h⁻¹）
最高速度/（km·h⁻¹）	240
0～100 km·h⁻¹加速时间/s	6.6
混合动力系统组件附加质量/kg	175

如图 13-2 所示为途锐混合动力汽车发动机和混合动力后的扭矩和功率对比。特别是在低转速范围内，电机能够对内燃机缓慢的扭矩提升做出补偿，因此起步后的加速能力得以提高。在输出功率曲线中，内燃机和电机的总驱动功率峰值达 279 kW。这说明输出功率上升了 34 kW，即电动机的输出功率。只要处于混合动力驱动模式，这种功率提升在整个发动机转速范围内都一直存在，这样就能够控制内燃机在最佳效率范围内运转，这种负载点推移提高了混合动力车辆的总效率。

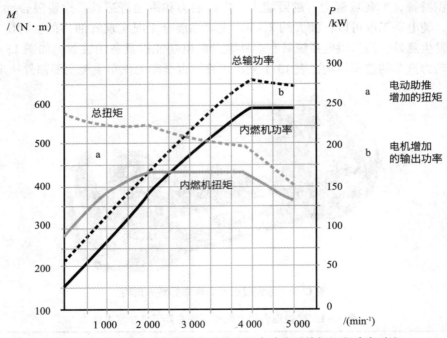

图 13-2　途锐混合动力汽车发动机和混合动力后的扭矩和功率对比

途锐混合动力车型的动力及传动系统由以下几部分组成：3.0 L 245 kW TSI 增压发动机和电机，在内燃机与电机之间的分离式离合器（电动状态保持分离），电机后部的日本 Aisin（爱信）公司的 8 挡自动变速箱，前、后桥分动器内部采用托森差速器。

一、3.0 L 245 kW TSI 增压发动机

发动机为 3.0 L V6 TSI 增压发动机。通过一条皮带驱动增压器，发动机上的另一条皮带驱动冷却液泵。冷却液泵是整个动力传动系热管理系统的一部分。由于安装了电机，因此无

须安装用于 12 V 车载电网的起动机和发电机。因此，TSI 发动机中未安装用于驱动交流发电机的皮带。

二、分离式离合器 K0

分离式离合器 K0 为单盘干式离合器，向前与内燃机曲轴相连，向后与电机转子相连。安装于左前车轮轮罩板后的离合器执行器是压力调节器 N511。由混合动力系统控制，驾驶员不能直接操控此离合器。液压系统的工作液来自制动系统的制动液储液罐。当内燃机开始运转时，离合器才接合输出动力。当内燃机熄火，车辆依靠电力行驶、处于能量再生模式或车处于静止状态时，离合器保持分离，所以称为分离式离合器。但当高压蓄电池电量低时，混合动力系统起动内燃机为高压蓄电池充电。此时，离合器要接合。

[完成任务] 途锐混合动力汽车的离合器 K0 为干式还是湿式？_____；这个离合器在电动工况是否接合？_____；奥迪 Q5 混合动力汽车电机内部的 K0 离合器为干式还是湿式？_____。

三、电机

电机在混合动力系统中承担作为内燃机的起动机、作为高压蓄电池充电的发电机和作为驱动车辆行驶的电动机三个主要功能。它是一台三相交流同步电动机，电力电子装置（逆变器）将 288 V 直流电压转换为三相交流电压。三相交流电在电机中形成一个三相电磁场。在维修和保养资料中，该电机被称为"驱动电机"，电路图元件编号为 V141。

在发电机模式下，电机输出电功率为 38 kW。在电动机模式下，电机输出功率为 34 kW。二者的差距是由于电机结构而普遍存在功率损耗。在纯电力驱动模式下，途锐混合动力车型在平路上的车速可达 50 km/h，最高速度取决于运动阻力和高压蓄电池的电量状态。

四、8 挡自动变速箱

8 挡变速箱与已上市的 6 挡自动变速箱 09D 非常相似。变速器控制单元控制液压系统的阀体，阀体对变速器内的执行元件（湿式离合器和制动器）的油液供给方向和稳态压力以及瞬态压力进行调节，以控制 8 个挡位的切换和换挡工作的平顺性。变速箱内置的电动液压泵用于在车辆静止或电动模式行驶时保持油压，但变速箱仍要安装有传统发动机的机械液压泵，以便在内燃机模式下提供油压。

五、托森差速器

轴间的托森差速器与标准版途锐车型上所使用的相应组件并无区别，未经改装。通常，标准版途锐车型的传动系统有两种布局："4 motion"和"4X motion"。而途锐混合动力车型则仅有"4 motion"一种布局。

六、动力能源

与新途锐 3.0 TSI 车型不同，新途锐混合动力版车型除了配备了 3.0 L V 型六缸 TSI 发动机外，还装配了一个由 240 个单元组成的镍氢（1.2 V，6.5 Ah）电池组，如图 13-3 所示，它能够产生 288 V 的电压，提供 1.7 kW·h 的能量。

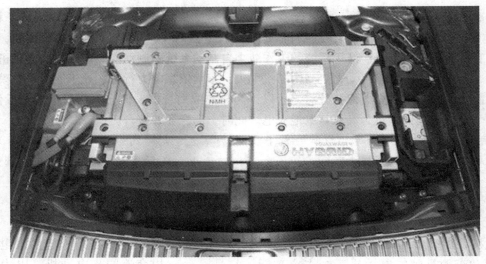

除了发动机外，新途锐混合动力版车型上还装配了一个由240个单元组成的镍氢电池组，可以提供288 V的电压和1.7 kW·h的能量

图 13-3　途锐混合动力汽车蓄电池组

[**完成任务**] 途锐混合动力汽车电池单元个数：_____；每个单元的容量：_____；总能量如何算出的？_____。

七、途锐混合动力汽车工况

途锐混合动力汽车工况如下：

（1）电动工况：离合器 K0 保持分离，电动机驱动 8 挡变速器作为输出。

（2）混合动力工况：离合器接合，发动机被反拖起动，电机和内燃机共同驱动汽车，控制系统通过调节电机扭矩来调节发动机的输出，从而使发动机工作效率提高，实现省油。

（3）发动机工况：当蓄电池能量不足时，离合器接合，只有发动机工作驱动汽车，同时发动机拖动电机发电给蓄电池充电。

与传统汽车相比较，混合动力汽车附件部分发动机系统采用了电动冷却液泵，转向系统采用了电动转向系统，制动系统采用了电动真空泵，空调系统采用了电动空调压缩机，自动变速箱增加了电动油压泵。

八、附录术语

1. 混合动力发动机牵引力矩调节

事实上，发动机牵引力矩调节（MSR）功能是 ABS 系统的扩展功能，功能的执行是发动机系统控制电子节气门实现。

在光滑路面上，发动机牵引力矩调节（MSR）可以防止因发动机制动作用而产生的驱动轮抱死趋势，这种情况出现在司机突然松开油门或者快速降挡时由于传动系统的反拖，产生的发动机制动作用可能导致驱动轮倾向于打滑，驱动轮短时失去了路面附着力，近而导致行驶状态不稳定。在这种情况下，发动机牵引力控制系统（MSR）会保持行驶稳定性，改善了安全性。

发动机牵引力矩调节（MSR）的工作原理如下：MSR控制单元从车轮转速传感器和发动机/变速器控制单元经数据总线来获取所需信息，如果该控制单元识别出驱动轮打滑了，那么MSR就会通过数据总线给发动机控制单元发送一个信号，发动机转速就被稍稍提高了，直至驱动轮转速又恢复到与车速相当的状态，车辆仍保持有转向能力，也就保持了行驶稳定性。发动机牵引力矩调节功能在整个发动机转速范围内都能工作。

2. NTC 电阻

NTC 是 Negative Temperature Coefficient 的缩写，译为负温度系数。NTC 电阻的特性是在高温时的导电性能比在低温时的导电性还要好，这种电阻经常被用来测量温度。

3. PWM 信号

PWM 是 Pulse Width Modulator 的缩写，译为脉冲宽度调制，比如要控制电流值在两个值之间，在这个范围内电流通过 PWM 控制可动态地在范围内选一值，方法是通过改变驱动电子开关管的 PWM 信号来控制输出电压。在电机定子中，由于电感的作用，可以在电感线圈中产生所要控制的电流，这是用数字电压控制模拟电流的方式。

4. PTC 加热原件

PTC 是 Positive Temperature Coefficient 的缩写，译为正温度系数，由于随着温度升高，PTC 加热原件的电阻也升高，因此流过的电流就减小了，这可防止过热。在柴油汽车发动机系统提到 PTC 时是指发动机冷却液加热器。在混合动力汽车 PTC 是指来自高压蓄电池的电能通过 PTC 加热器转换成热能，成为空调电暖风。

5. 能量回收

能量回收的英文是 Regeneration，译为再生，是指车辆减速时车身的平动动能带动传动系统的电动机转动发电，并将其存储到车辆蓄电池上，因此可大大提高电动汽车行驶里程。

6. 旋变信号

电机可用旋变变压器作为解角传感器，监测电机转子的位置、转速和方向信号，通常传感器是三个线圈，一个线圈（变压器的初级）输入一定频率和幅值的正弦信号，由于电机转子位置的作用，另两个线圈（两个次级）输出频率不变，但幅值会发生变化的信号，这两个信号被带有高速数模转换器的处理芯片处理成可代表电机转子位置、转速和方向的数字信号。

7. 安全线

安全线就是一根环形导线，它穿过所有高压元件，如果元件的接头脱开，安全线脱开，安全线的中断被混合动力控制系统识别后将高压上电系统关闭，也叫 HV 互锁线或安全开关。

8. TFSI

TFSI 是 Turbo Fuel Stratified Injection 的缩写，是涡轮增压燃油分层喷射的意思。在这里指的是德国奥迪燃油直喷增压汽油发动机技术。燃油是采用高于 100 bar[①] 的压力喷入的。

---

① 1 bar = 10^5 Pa

9. 检修插头

检修插头、维修塞、保养插头和维修插头等是由于翻译的原因造成同一元件的多种名称，实质都是一个放在若干高压蓄电池中间的插头，插头内置一个保险丝，在检修高压蓄电池时，必须拔掉这个插头，保证全车高压电下电。

第二节　途锐混合动力汽车动力机械装置

一、发动机

途锐混合动力车搭载 3.0 L V6 TSI 发动机，发动机数据见表 13-2。通过混合动力驱动系统在城市道路上往返行驶，可节约燃油 25%，综合（城市、乡村、高速公路）节油率达 17%。

表 13-2　3.0 L V6 TSI 发动机数据

发动机代码	CGEA	电机（功率34 kW）	279 kW（增压模式下）
型号	6 缸 V6 发动机	扭矩	420N·m（2 500~4 850 r·min^{-1}）
排量/cm^3	2 995	点火顺序	1-4-3-6-2-5
冲程/mm	89	CO_2 排放/（g·km^{-1}）	193
各缸气门数	4	发动机管理系统	博世 MED17.1.6
压缩比	10.5	燃油/废气排放标准	95RON/EU 5
输出功率（仅发动机）	7 000 r·min^{-1}时为 245 kW	混合气形成	直喷式 FSI（均质）

通过配有罗茨鼓风机压缩机对发动机进行机械式涡轮增压。压缩机配有的两个集成水冷式增压空气冷却器位于发动机 V 型夹角内侧。压缩机由前侧 V 带驱动，该压缩机未配备电磁离合器，这意味着可以 1:2.5 的比例持续超速驱动压缩机。在主动皮带轮和压缩机转子之间安装有带弹簧减震器的涨紧轮，保证传动稳定。

主水泵由电控真空气动控制阀（与热管理系统连接）控制，可在完全供给和零供给之间调节水泵，实现水泵的零供给的方法是用带孔的圆筒形板覆盖水道。

因为混合动力车也可以仅靠电力驱动行驶且在超速行驶时内燃机关闭，所以车辆需要配备以下电动辅助零件：

（1）电控液压动力转向泵，采用电机 12 V 带动液压泵转动。

（2）12 V 电机带动真空泵用于为制动系统在纯电动态提供真空源。

（3）电动空调压缩机（288 V）。

（4）两个独立冷却系统的电动冷却水泵（12 V）。

二、电动机

如图 13-4 所示为途锐混合动力汽车动力系统元件组成，图 13-5 所示为途锐混合动力汽车电机和自动离合器安装位置，3.0 L V6 TSI 发动机（配有三相交流同步电动机）。

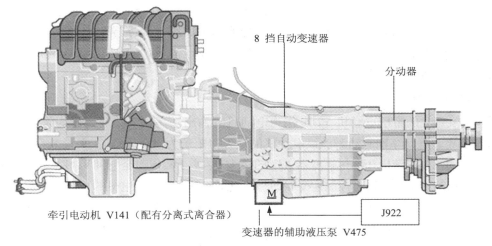

图 13-4　途锐混合动力汽车动力系统元件组成

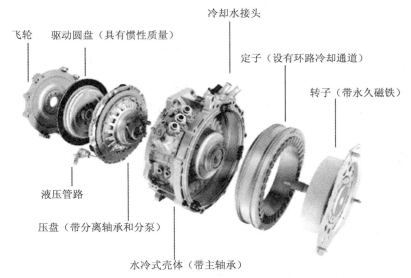

图 13-5　途锐混合动力汽车电机和自动离合器安装位置

1. 车辆可用的驱动方式

（1）仅通过牵引电动机 V141 驱动。

（2）通过内燃机和电动机 V141 混合驱动。

（3）仅通过内燃机驱动。

2. 牵引电动机 V141 的功能

（1）起动内燃机（未单独配备起动机）。

（2）驱动车辆，加速时为内燃机提供辅助动力。

（3）单独驱动车辆（只能缓慢驱动，无高扭矩输出功能）。

（4）给车载电源供电，并为车载电池充电（未单独配备交流发电机）。

（5）在内燃机驱动车辆时，为高压蓄电池充电。

（6）制动和超速时，电机实现能量再生。

在电力牵引模式下，由牵引电动机驱动车辆起动，发动机不工作，变速器由辅助液压泵 V475 为变速器齿轮变速机构和变矩器锁止离合器提供油压，以进行变速器换挡和锁止离合器锁止。驱动辅助液压泵 V475 的是一个三相交流同步电动机，电机根据位于右前车轮罩内的辅助液压泵控制单元 J922 进行变频控制。

3. 牵引电动机 V141

质量为 45 kg 的牵引电动机 V141 作为电动机时输出功率为 34 kW，作为发电机时输出功率为 31 kW。驱动车辆起动时，该电动机的最大扭矩约为 300 N·m，平均效率约为 93%。

电动机的三相交流电压通过逆变器 A37 的接头 U、V、W 传输至电机 V141，或在发电机模式下，电动机的输出功率通过控制逆变器的输出电压和频率控制。电机的每两相线圈在串联的情况下电阻也非常小，因此用常规万用表无法检测。牵引电动机工作时因定子铁损和铜损会产生的热量通过高温冷却回路冷却，冷却回路主要用于定子，冷却水在壳体内围绕定子流动。

位于内燃机和 V141 之间的分离式离合器由发动机管理系统进行电控液压控制，点火开关关闭时和发动机工作时，分离式离合器才接合工作。

（1）转子结构。

三相永磁同步电动机的转速始终与定子产生的旋转磁场的旋转速度一致，转子采用钕铁硼材料的磁铁，可在转子内部产生极小的旋转电阻。精确测量转子的位置和旋转速度是二者转速相同的保证，方法是通过三个霍尔传感器（G713、G714 和 G715）进行测量。电机转子转动时扫描传感器后，传感器能够识别转子的位置、方向和转速以及最低的转速和最终的转差率。

（2）牵引电动机结构。

如图 13-6 所示为途锐混合动力汽车电动机结构。

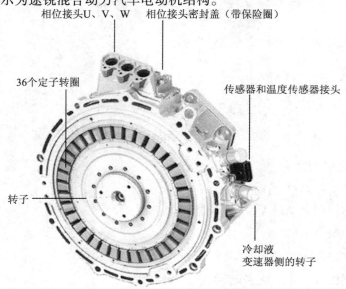

图 13-6　途锐混合动力汽车电动机结构

定子线圈为星形连接，北极和南极的切换偏角为120°相位角，与转子位置相关的实际磁零点由牵引电动机位置传感器确定，通过牵引电动机逆变器内的控制单元进行调节。同时定子线圈内的电压和电流比也会影响相位角，因此精确调节相位角可减少电涡流和谐波的产生，从而提高牵引电动机/发电机的效率。三个位置传感器连接器位于电动机壳体上，逆变器为其提供 5 V 电压。

牵引电动机温度传感器 G712（20 ℃时约为 11 kΩ）测量牵引电动机的温度，从而影响冷却水泵的启动。如果电动机过热，则降低其功率输出或停止功率输出。

4. 牵引电动机逆变器 A37

如图 13-7 所示为途锐混合动力汽车 U、V、W 三相输出电路。

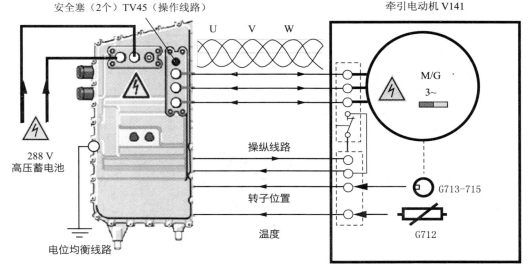

图 13-7　途锐混合动力汽车 U、V、W 三相输出电路

牵引电动机 V141 由混合动力的高压蓄电池 A38 驱动。电位均衡线路（漏电保护电路）是在 A38 的壳体和车身之间设计的漏电保护功能。如果 A38 内部出现故障或对壳体短路，高压上电电路断开高压电，所以在逆变器 A37 和车身之间不会产生危险电压。在进行高电压系统工作前，必须首先对电位均衡线路进行测试。

[**完成任务**] 在老师指导下完成电位均衡线路测试。

保险圈（操纵线路）连接在电动机逆变器 A37 的连接壳体和牵引电动机 V141 上。当卸下安全接头或卸下/拆解连接线路或接头时，保险圈打开。保险圈为串联电路，通过高电压系统的各个模块。理论上，保险圈各接头的电阻均为零。

技师指导：在电机上设置安全线（保险圈）的方法，丰田普锐斯汽车是否有？＿＿＿＿＿＿
＿＿＿＿＿＿。

5. 混合动力汽车蓄电池（高压蓄电池）

如图 13-8 所示为混合动力蓄电池箱，蓄电池单元规格如下：1.2 V/6.5 Ah 镍氢蓄电池（Ni-Mh），额定电压为 1.2 V，最大充电电压为 1.6 V，容量为 6.5 Ah，电解液浓度为20%的凝胶状溶液。蓄电池四个单格电池串联成为一组，240 个单元共计 60 组，每组电池通过蓄电池架内的螺纹母线相互串联，为安装中间保险（检修塞）的需要，混合动力蓄电池又分为两列蓄电池列，每列内含120个蓄电池单元，每列电压为144 V，两列蓄电池通过安全开关串联，提供288 V电压。在高压蓄电池充电至75%时，就可以达到约288 V的电压，即高压蓄电池内储存的能量为1.87 kWh。蓄电池的隔离层用于隔离正负电极。PTC电阻器用于限制蓄电池电流，从而限制蓄电池单元的最高温度。

蓄电池单元密封，电池内部出现过热故障时，安全阀才会打开，气体和电解液会随之泄漏。电池箱内部除了电池之外，高压蓄电池内部的边缘处（图13-8的左下侧）安装电气箱，电气箱内有用于接通正、负极母线的高压上电继电器。

两组各120个蓄电池单元/总容量　65 Ah

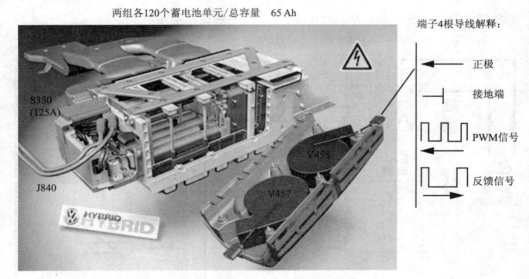

端子4根导线解释：

正极
接地端
PWM信号
反馈信号

图13-8　混合动力蓄电池箱

高压蓄电池在充、放电时会产生热量，因此采用风冷方式进行冷却。两个风扇从车内吸入少量空气。热风通过后保险杠处的强制通风系统排出。混合动力汽车的高压蓄电池风扇V457/V458由蓄电池调节器控制单元J840控制。混合动力汽车的高压蓄电池内设有若干温度传感器，用于检测温度。混合动力汽车的高压蓄电池风扇由风扇启动继电器J937控制，风扇供电电压12 V，并由J840通过PWM信号根据需要进行控制，J840同时会接收有关风扇功能和状态的反馈信号。

[完成任务] 途锐混合动力的电池箱采用什么方式冷却？_____。
奥迪Q5采用什么方式冷却？_____。

当温度在10 ℃~35 ℃时，蓄电池达到最大输出功率38 kW。如果温度低于10 ℃，充放电电流会有效加热蓄电池。受此功能影响，将车辆强劲冷却大约15 min之后，可起动内燃机的起停功能。

某组蓄电池损坏后，更换新的蓄电池组，这组新电池将无法使用其全部容量，因为余下未换的蓄电池容量一致下降，特别是在接近10年的年限时，电池电量下降得更多，为补偿长期使用导致的容量损失，蓄电池管理系统向蓄电池内充入的电量会按多数的未换的电池计算。

更新蓄电池调节器控制单元J840时，需要在诊断测试仪中输入混合动力汽车的高压蓄电池的序列号。

自诊断期间，在 J840 中可检测到下列重要的测量值：

（1）混合动力汽车的高压蓄电池各部位的温度。

（2）冷却风机电动机的上、下游温度。

（3）30 个独立的蓄电池单元组（各组蓄电池架内含有 8 个单元）的充电状态及总充电状态；

（4）电压、充放电电流。

（5）接触器上、下游的电压差（差值即为电压损耗）。

（6）绝缘电阻测量。

绝缘电阻测量方法是在开启点火开关后，一定时间（比如每隔 20 s），在 500 V 测试电压作用下在内部形成一次绝缘电阻值测量。

[完成任务] 大众混合动力汽车的绝缘电阻测试电压为多少？＿＿＿＿＿＿＿＿＿＿＿。

第三节　途锐混合动力汽车 12 V 电源系统

如图 13-9 所示为途锐混合动力汽车 DC/DC 低压充电电路。车载蓄电池和车载电源连接至 A37。A37 中内置直流/直流变压器，可将高压蓄电池的 288 V 直流电压转换为 12 V 直流电压。A37 既能调节输出电压，又能调控车载蓄电池的充电过程。可在传动管理系统的"读取测量值"中读取流向车载电源的输出电流值。

12 V 蓄电池监测控制单元 J367（不是高压蓄电池的控制单元）可测定车载蓄电池的充电状态、充电电流、放电电流和温度。数据通过 LIN 总线传输至数据总线诊断接口 J533 以及能源管理系统。可将车载蓄电池的充电/放电电流、容量和充电状态作为不同于其他测量值的测量数据块来读取。A37 中的直流/直流变压器据此来调节车载电源的电压。

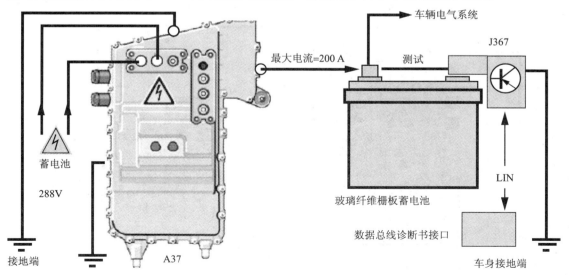

图 13-9　途锐混合动力汽车 DC/DC 低压充电电路

如果车载蓄电池的充电状态允许，在车辆加速时会将该电压调低，而在能量再生过程中将其调高。该方式提高了驱动力矩，同时节省了燃油。

A37 的直流/直流变压器最大额定电流约为 200 A，输出电流值可通过测量数据块读取。能够正确读取测量数据块，就无须使用电流探头进行测量。根据车载电源所需的电源或车载蓄电池的充电状态，可能暂时无法仅以电力来驱动车辆。

[完成任务] 传统燃油汽车在急加速时有控制发电机少发电，使发动机功率全部用于驱动的功能，混合动力汽车是否有此功能？_____。

第四节　途锐混合动力汽车电动空调

一、电动压缩机 V470

如图 13-10 所示为途锐混合动力汽车空调高压电路，高压蓄电池电压进入 A37，并经过 A37 内部的一个 30 A 熔断器后，将高压电输至电动压缩机 V470。V470 包含直流/交流变压器，用于将从高压蓄电池来的直流电逆变成三相交流电，控制电动机。

在电动模式和车辆静止的两种情况下，空调系统也能运行。根据电源需求、高压蓄电池的电量状态以及环境空气和车厢的内外温差，可能暂时无法仅以电力来驱动车辆。压缩机输出功率由压缩机逆变器进行变频调节。当车辆静止时，压缩机转速降低，以减小压缩机运行噪声。

用于脱开高压元件而设计的保险圈集成在连接压缩机的高压线中，保险圈将高压用电器件连成环形，一个元件的脱开被控制单元检测到后，系统将断开高压上电。图 13-10 中拔下 A37 或 V470 上的接头时将中断保险圈的连接，此操作将会中断高压蓄电池的高压继电器对 A37 和 V470 的供电。

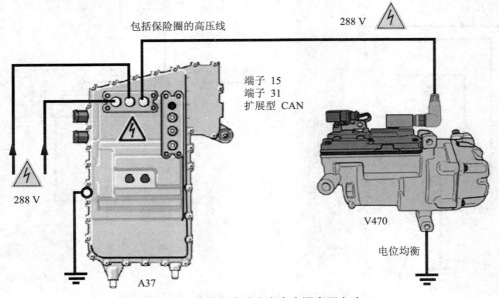

图 13-10　途锐混合动力汽车空调高压电路

二、电动压缩机 V470 的供电

如图 13-11 所示为空调压缩机供电电路，图中在高压蓄电池和 A37 之间省略了高压上电继电器，A37 中的空调系统电动压缩机 V470 为正、负双线并行连接至高压输入端。A37 内置 30 A 熔断器（慢熔）。如果连接压缩机的高压电缆或压缩机内部出现短路，则会毁坏熔断器。如果压缩机无法运行，可通过"读取测量值"测试高压电源。如果未向压缩机供电，可使用 VAS 6568/1 - 2 和 VAS 6558/1 - 3 测量适配器在 A37 内进行正、负极断路检查。只有关闭高压系统后，才能执行该测量。

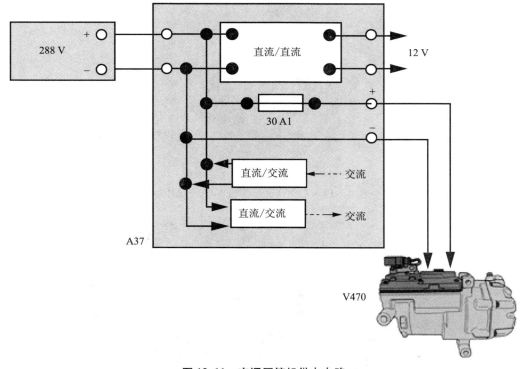

图 13-11　空调压缩机供电电路

[完成任务] 在图 13-11 中找到 A37 内置 30 A 熔断器：＿＿＿＿＿＿＿＿＿＿＿＿。

如果 30 A 的熔断器出现故障，首先要搞清楚的问题是熔断器为什么出现故障。当出现无法单独更换熔断器时，必要时要连同 A37，甚至高压电缆以及 V470 一并更换。电动空调压缩机 V470 分解图如图 13-12 所示。

空调系统电动压缩机 V470 是"涡旋式压缩机"。进、排气阀（平板阀）在电动机壳体上。压缩电机和电机的控制单元（逆变器功能）通过低压气流回路中的残余冷气来降温。根据温度和压力条件，压缩机的功耗可达 7 kW，压缩机在售后服务中只能整机更换。

[完成任务] 电动汽车的电动空调压缩机几乎全部采用什么形式的压缩机？＿＿＿＿＿＿＿
＿＿＿＿＿＿。

三、增压空气冷却器

如图 13-13 所示为配有水冷式增压空气冷却器的机械式压缩机总成（总质量 18 kg），机械式压缩机采用罗茨泵式鼓风机。压缩机总成中罗茨泵两个转子转速较高，轴承要采用高速轴承，由于压力润滑困难，因此通常采用封闭式润滑脂轴承。

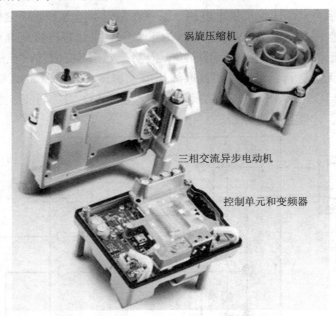

涡旋压缩机

三相交流异步电动机

控制单元和变频器

图 13-12　电动空调压缩机 V470 分解图

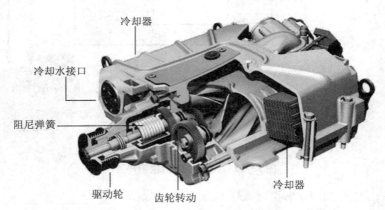

冷却器

冷却水接口

阻尼弹簧

驱动轮　　齿轮转动　　冷却器

图 13-13　配有水冷式增压空气冷却器的机械式压缩机总成

第五节　途锐混合动力汽车第二冷却系统

一、第二冷却系统简介

如图 13-14 所示为途锐混合动力汽车的第二冷却系统，新一代发动机控制单元 MED17.1.6 带有 3 个处理器，从而实现了热管理系统的革新。它的目标是进一步减少燃油消耗和 CO_2 排放。优化的热管理系统将所有受热元件和连接在冷却系统上的部件（例如发动机和变速箱）及组件会被保持在其工作效率最佳的温度范围内。冷却系统分为低温回路和高温回路，除了附加的电动冷却液泵外，还配备了按需工作的主冷却液泵，它能够提供满足冷却效率需求的冷却液流量。

充电过程和放电过程中会产生热量，导致蓄电池发热。如果热量不能充分地散发到环境中，可能会导致蓄电池受损以外，还会增加相关导体的电阻，形成虚接。这会导致电能无法充分转化为动力，而是变成热量散发掉，因此高压蓄电池有一个单独的电动冷却系统。

蓄电池管理控制单元控制的两个 12 V 电动冷却风扇是这个冷却系统的核心组件。两个风扇为高压蓄电池模块的一部分，用来吸入车内的部分空气。在维修和保养资料中，风扇的编号为 V457 和 V458，如图 13-8 所示。

二、第二冷却系统工作原理

工作原理如下：蓄电池管理控制单元通过蓄电池连接端子上的传感器检测到蓄电池的温度过高，启动 2 个冷却风扇，空气被吸入进气管道，该管道位于后座椅下方，并通到高压蓄电池。高压蓄电池的各蓄电池格之间存在狭小的间隙，可以让空气流过，风扇可将热空气吹向后备厢两侧。

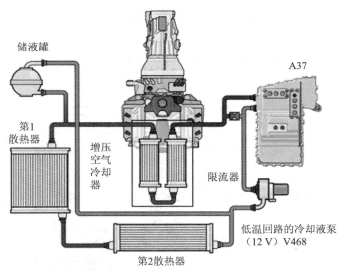

图 13-14 途锐混合动力汽车的第二冷却系统

低温冷却回路与高温冷却回路完全分离，并且分别设有膨胀箱。冷却回路的输出率可达 12.5 L/min。牵引电动机逆变器 A37 中的冷却液最高温度允许达到 65 ℃。低温回路的冷却液泵 V468 的输出是根据 A37 中的进气温度和内燃机增压空气冷却器输出的下游部分的温差而定。第 1 散热器安装在右侧前照灯的后面，第 2 散热器安装在空调系统冷凝器的前面。

第六节　自动离合器和电动真空泵

一、分离式离合器

如图 13-15 所示为途锐混合动力汽车的分离式自动离合器，分离式离合器的压差调节器 N511 的电源电压为 12 V，与扩展型 CAN 相连。扩展型 CAN 是将电动机控制单元、牵引电动机逆变器 A37、蓄电池调节器控制单元 J840 和分离式离合器的压差调节器 N511 相互连接在一起的总线系统。变速器控制单元与传动系统 CAN 总线相连，这些系统组件共同构成了欧洲随车自诊断系统（EOBD Ⅱ）。

N511 安装在左前方车轮罩顶部。N511 安装有传感器，用于检测调节器的压力和位置（包括压力缸压力与行程）传感器，传感器还可检测液压系统是否出现严重泄漏以及离合器磨损情况。原则上，将分离轴承和分泵作为标准液压离合器控制装置来安装。

维修更换维修件以及更换制动液之后，需要通过引导型故障查询，调校分离式离合器。在操作过程中，先将离合器的接触点分开（20 N·m），同时进行调校以进一步实现递增的强制啮合（扭矩高达 60 N·m，然后继续提高），从而确保内燃机起动时以及在混合动力系统中能与内燃机平稳接合。只有当混合动力汽车的高压蓄电池的电量（SOC）超过 35% 时，才能进行该调校操作。如果电量不足，则先短时间内起用内燃机，以便为高压蓄电池充电。

图 13-15　途锐混合动力汽车的分离式自动离合器

分离式离合器的压差调节器 N511 连接至制动液储液罐。更换制动液时，需要为该系统重新注油或放气。因此，牵引电动机壳体上设有放气阀。同时，还要在引导型故障查询中选择对应的功能。诊断程序将压差调节器移至指定位置，在连接注油装置后，可使制动液从储液罐流向放气阀。最后，需要在引导型故障查询中检查液压系统是否存在泄漏和气锁情况，并且需要再次调校分离式离合器（由于时间限制，仅能目检液压系统的微弱泄漏情况）。更新离合器时，在控制单元中重设调校值（磨损值）。

技师指导：维修更换离合器部件以及更换制动液之后，需要通过诊断仪的引导型故障查询，调校分离式离合器。

二、电动真空泵

途锐混合动力分离式离合器的液压四路/制动助力器的真空供给如图 13-16 所示。

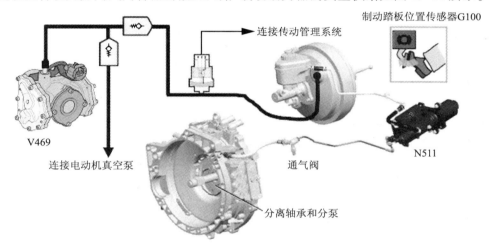

制动踏板位置传感器G100

连接传动管理系统

V469

连接电动机真空泵

N511

通气阀

分离轴承和分泵

图 13-16　途锐混合动力分离式离合器的液压回路/制动助力器的真空供给

压力传感器 G294 监测制动助力器真空压力，当真空度低时，由 12 V 的电动真空泵或后桥的机械真空泵来排空制动助力器。止回阀将电动真空泵和后桥的机械真空泵分离开。V469 由传动管理系统控制，一旦 V469 的输出功率受限，而车辆仅以纯电动工况行驶，并且连续多次使用制动器，将会起动内燃机，以便快速排空制动助力器。

制动踏板位置传感器 G100 根据踏板位置生成 PWM 信号，G100 能在车轮制动器还未制动工作之前，就检测到驾驶员的制动请求。此时发电机通过高效的能量再生功能实现车辆减速。

[**完成任务**] 电动真空泵损坏后，汽车是否以电动工况行驶？＿＿＿＿＿＿＿＿＿＿＿；在图 13-16 中有几个真空源？＿＿＿＿＿＿＿＿＿＿。

第七节　途锐混合动力电路和修理工具

一、电路

途锐混合动力电路如图 13-17 和图 13-18 所示。

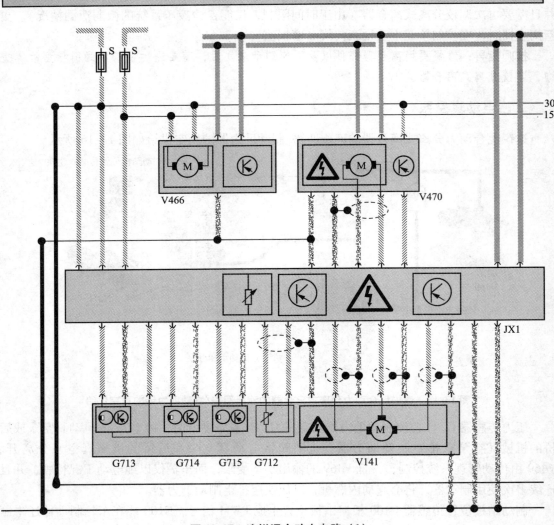

图 13-17　途锐混合动力电路（1）

- G712 驱动电机温度传感器
- G713 驱动电机转子位置传感器 1
- G714 驱动电机转子位置传感器 2
- G715 驱动电机转子位置传感器 3
- JX1 用于电力驱动的功率和控制电子装置
- A38 高压蓄电池
- JX1 用于电力驱动的功率和控制电子装置
- J840 蓄电池调节控制单元
- SX1 接线盒和配电箱（电气箱）
- TV44 安全插头 1

- S 保险丝
- V141 电力驱动电机（电机）
- V466 电动助力转向泵
- V470 空调压缩机

- TW 高电压系统的维修插头
- V457 蓄电池风扇 1
- V458 蓄电池风扇 2
- a 混合动力 CAN 数据总线
- b 驱动系统 CAN 数据总线

[**完成任务**] 写出元件名称，并请在老师的指导下分析电路图 13 – 17 和图 13 – 18。

G712：＿＿＿＿＿＿＿；G715：＿＿＿＿＿＿＿；JX1：＿＿＿＿＿＿＿；G713：＿＿

＿＿＿＿；V141：＿＿＿＿＿＿＿；G714：＿＿＿＿＿＿＿；V466：＿＿＿＿＿＿；

V470：＿＿＿＿＿＿＿；A38：＿＿＿＿＿＿；J840：＿＿＿＿＿＿＿；TV44：＿＿

＿＿＿＿；TW：＿＿＿＿＿＿＿；V457：＿＿＿＿＿＿＿；V458：＿＿＿＿＿＿。

找出高压上电电路：＿＿＿＿＿＿＿＿＿＿＿＿＿＿＿＿＿＿＿＿＿＿＿＿＿＿。

找出电机供电电路：＿＿＿＿＿＿＿＿＿＿＿＿＿＿＿＿＿＿＿＿＿＿＿＿＿＿。

找出空调供电电路：＿＿＿＿＿＿＿＿＿＿＿＿＿＿＿＿＿＿＿＿＿＿＿＿＿＿。

找出电池温度管理电路：＿＿＿＿＿＿＿＿＿＿＿＿＿＿＿＿＿＿＿＿＿＿＿＿。

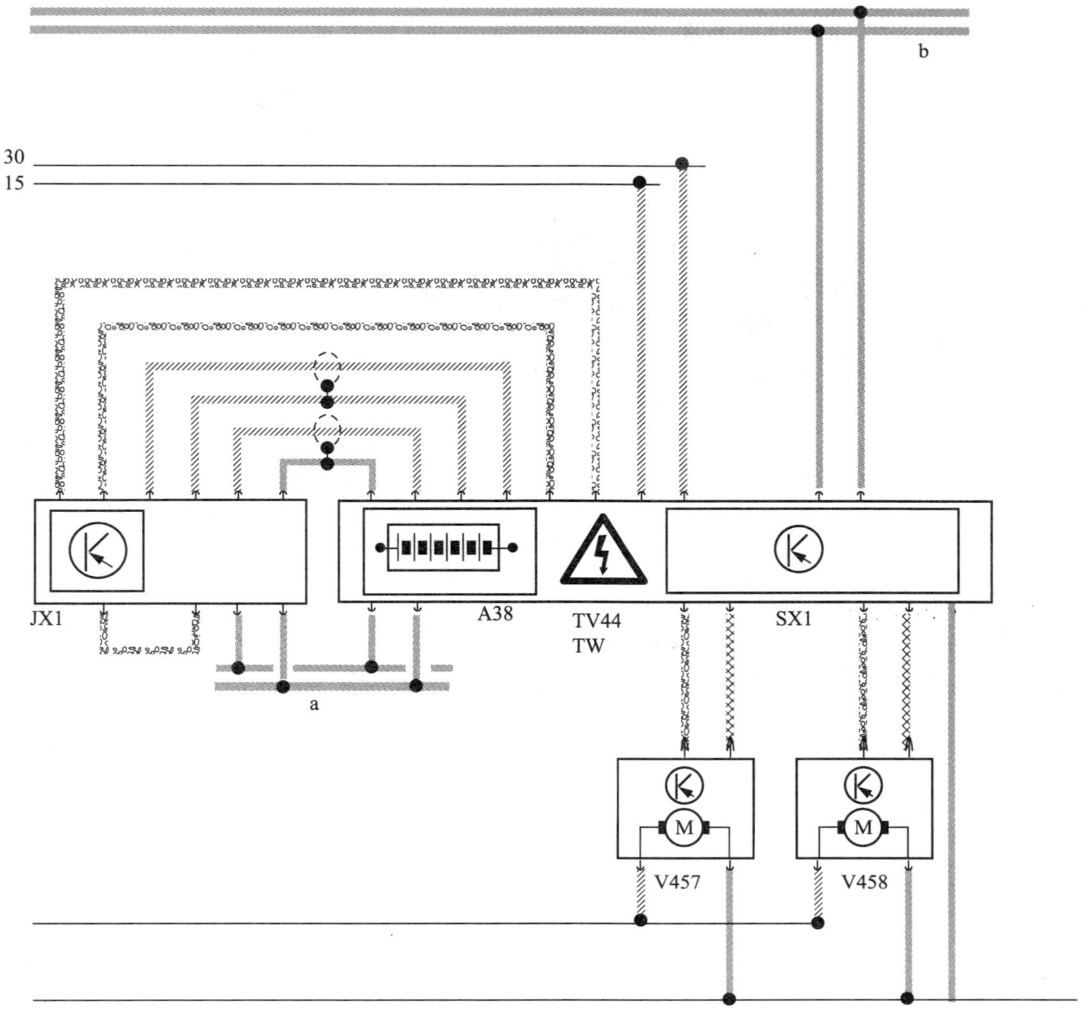

图 13-18　途锐混合动力电路（2）

二、修理工具

修理工具见表 13-3。

表 13-3　修理工具

名称	工具	应用
VAS 6558		混合动力测试模块它可以通过很小的电流，产生 1 000 V 的测试电压。在测试适配器的辅助下，该模块可以用来测试系统是否被断电。它也可以用来测量绝缘电阻。 　　混合动力测试模块可以与 VAS 5051B、VAS 5052A 和 VAS 6150 等诊断装置一起使用
VAS 6558/1－1 VAS 6558/1－2 VAS 6558/1－3		VAS 6558/1－1 混合动力测试适配器（用于测试断电状态）； 　　VAS 6558/1－2 混合动力测试适配器（用于测量绝缘电阻）； 　　VAS 6558/1－3 混合动力测试适配器（用于测量空调压缩机内的绝缘电阻）。 　　适配器是 VAS 6558/1 套件的一部分，可以用来测量绝缘电阻以及测试高电压系统的断电状态。所有测试适配器的高压接线都有编码。每条线只能匹配一个专门的插口。插入或拔出高压插头的测试适配器时要小心，否则可能损坏插口，导致触电保护措施失效

参 考 文 献

［1］赵振宁，王慧怡. 新能源汽车技术［M］. 北京：人民交通出版社，2013.